至誠の人
楫取素彦

畑野孝雄

上毛新聞社

大礼服を着た晩年の楫取素彦
（楫取能彦氏提供）

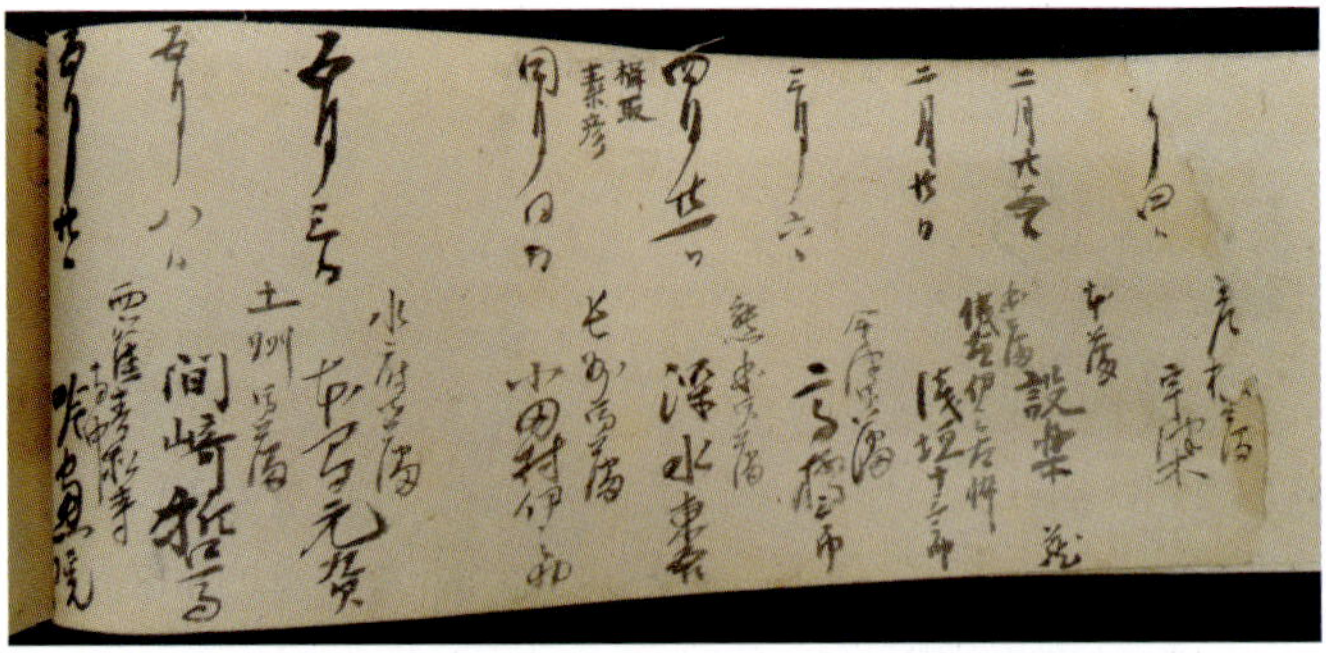

安積艮斎門人帳「授業録三続」（郡山市　安積国造神社所蔵）
嘉永３年４月21日に艮斎塾に入門したことを示す小田村伊之助直筆の署名。小田村は、嘉永６年４月に帰国するまで艮斎塾で学んでいる。

松下村塾（松陰神社境内　国指定史跡）
萩の松本村に、吉田松陰の叔父玉木文之進が開いた私塾が始まりで、久保五郎左衛門から松陰が引き継ぎ主宰者となる。身分に関わらず塾生を受け入れ、1年余りの間に、久坂玄瑞、高杉晋作、伊藤博文等の志士を育てた。

吉田松陰幽囚の旧宅（松陰神社境内　国指定史跡）
安政4年4月、相模の宮田陣屋の任を終えた小田村伊之助が、松陰を訪ねた幽室。旧宅東側にあり広さ三畳半の部屋、小田村と松陰の議論が交わされた。

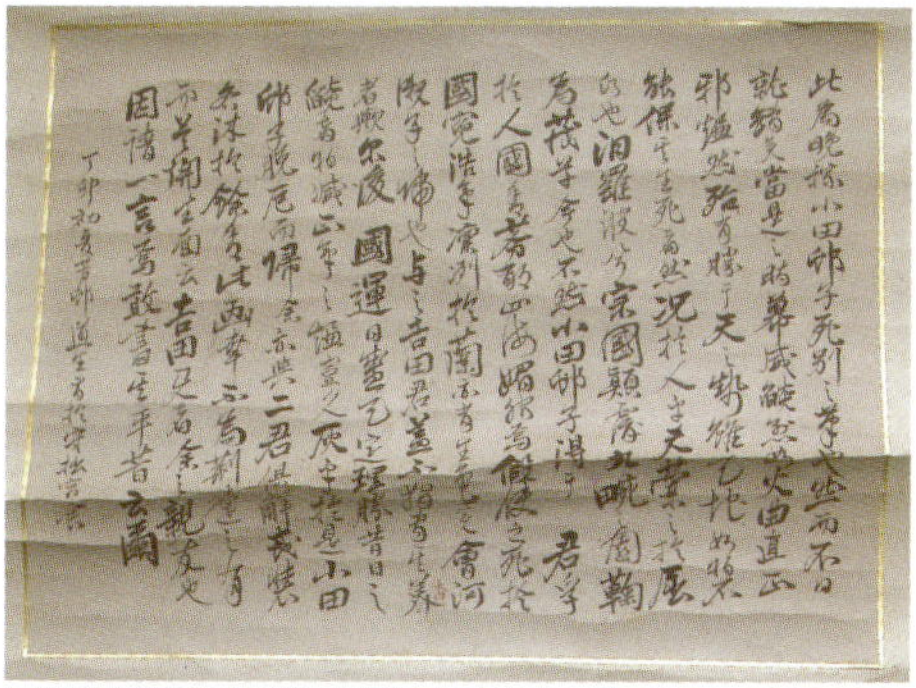

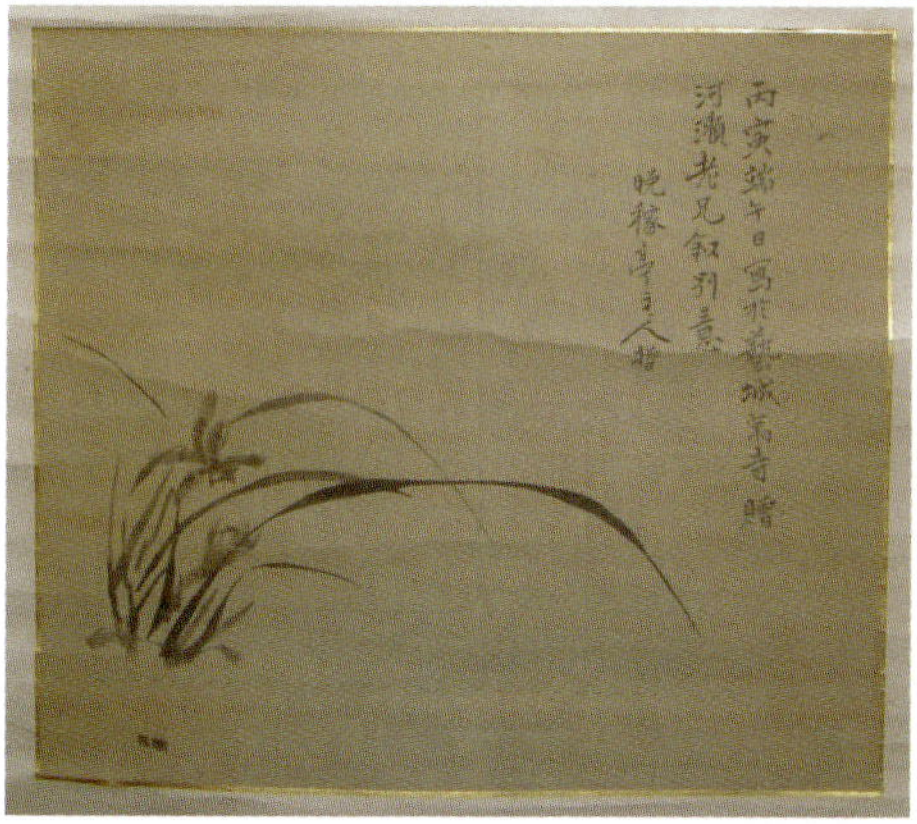

小田村が広島で死を覚悟して描いた欄の図
「楫取素彦画　蘭図　付名和道一添え書き」

（春風文庫所蔵）　四境戦争が勃発する直前、慶応２年４月、小田村は広島で幕府との応接に当たった。小田村は、幕府から激徒藩士に列記され、死を覚悟して５月５日、この蘭の図を描いた。

戊辰戦争時の錦旗の切地で作った火打袋
（楫取能彦氏所蔵）

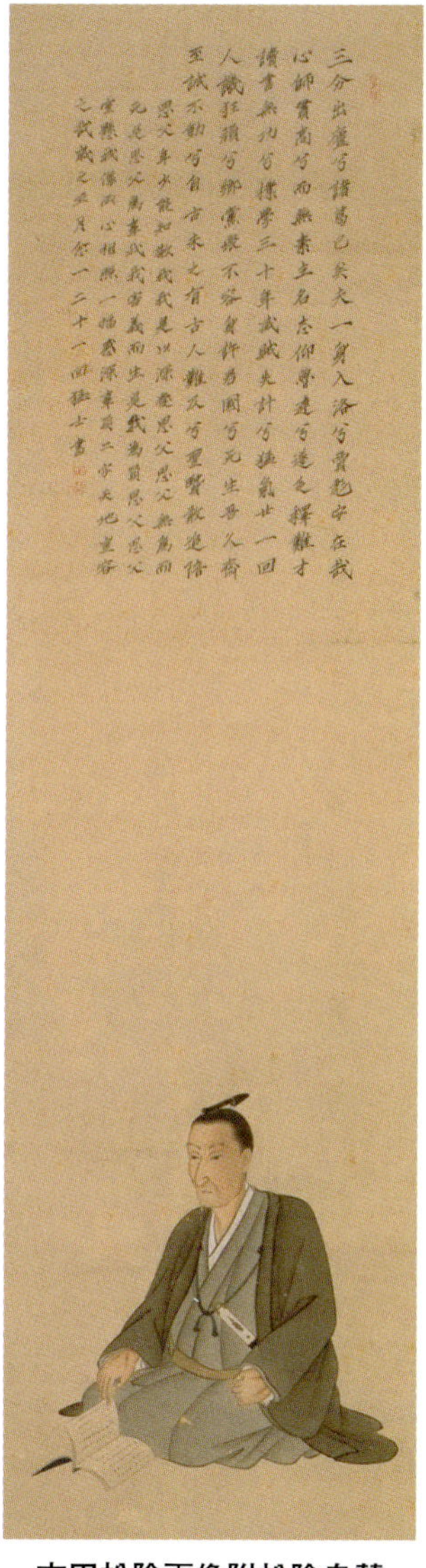

吉田松陰画像附松陰自賛

（京都大学附属図書館所蔵）

東送の命令を告げられ、松陰の再帰は期待できないと考えた久坂玄瑞が、安政６年５月16日、松浦松洞に描かせた肖像画。小田村は、松陰に肖像画に自賛するよう勧めた。

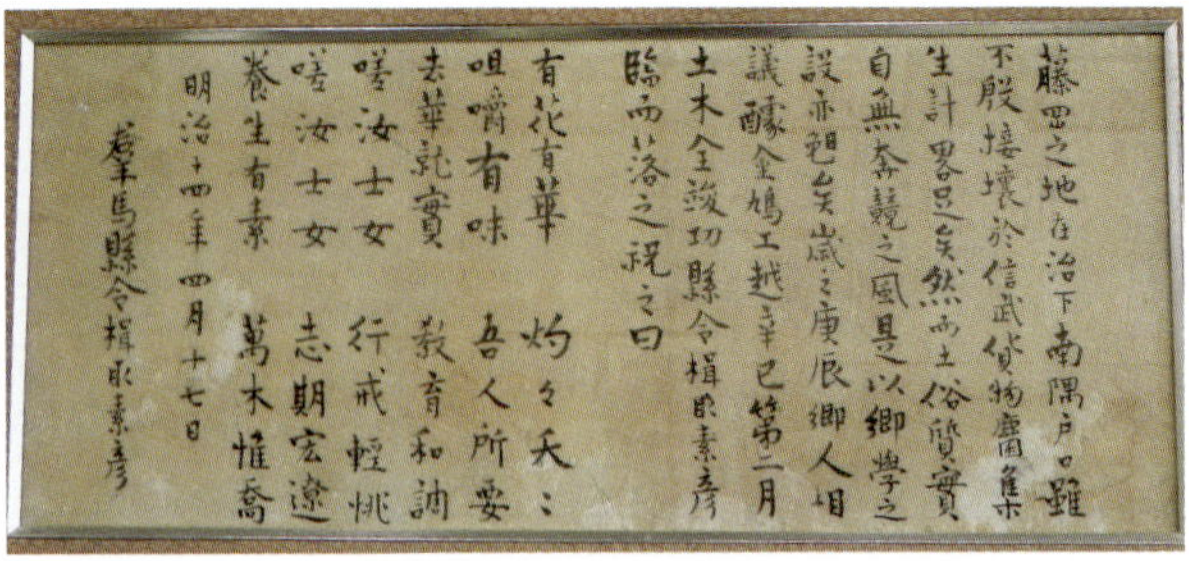

楫取素彦筆　藤岡学校新築落成式の祝辞

（藤岡市立藤岡第一小学校所蔵）　明治14年４月17日、楫取が落成式に来校して述べた祝辞。大意は本文を参照。

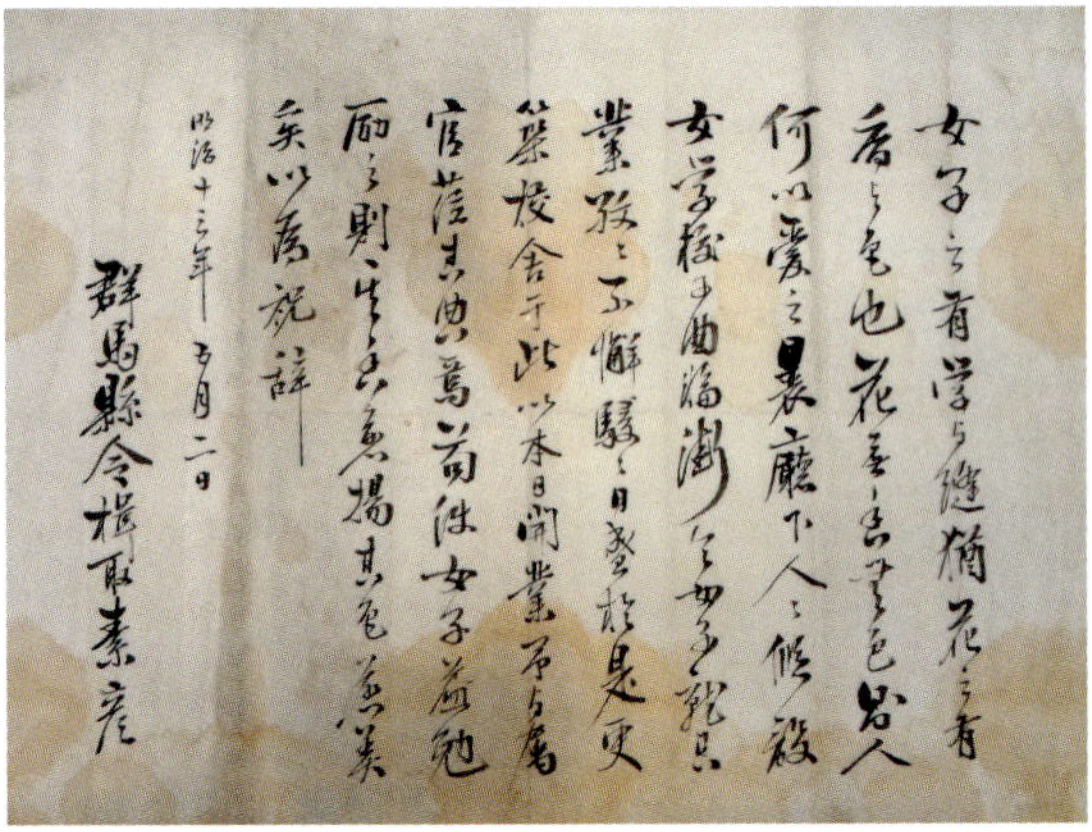

前橋女学校開業式
群馬県令　楫取素彦祝辞

（前橋市総合教育プラザ所蔵）明治13年５月２日、楫取が新築落成式で述べた祝辞。大意は本文を参照。

頑丈な覆屋に保護されている多胡碑

（所在地　高崎市吉井町池１０９５）日本三古碑の一つで昭和29年、国の特別史跡に指定された。

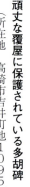

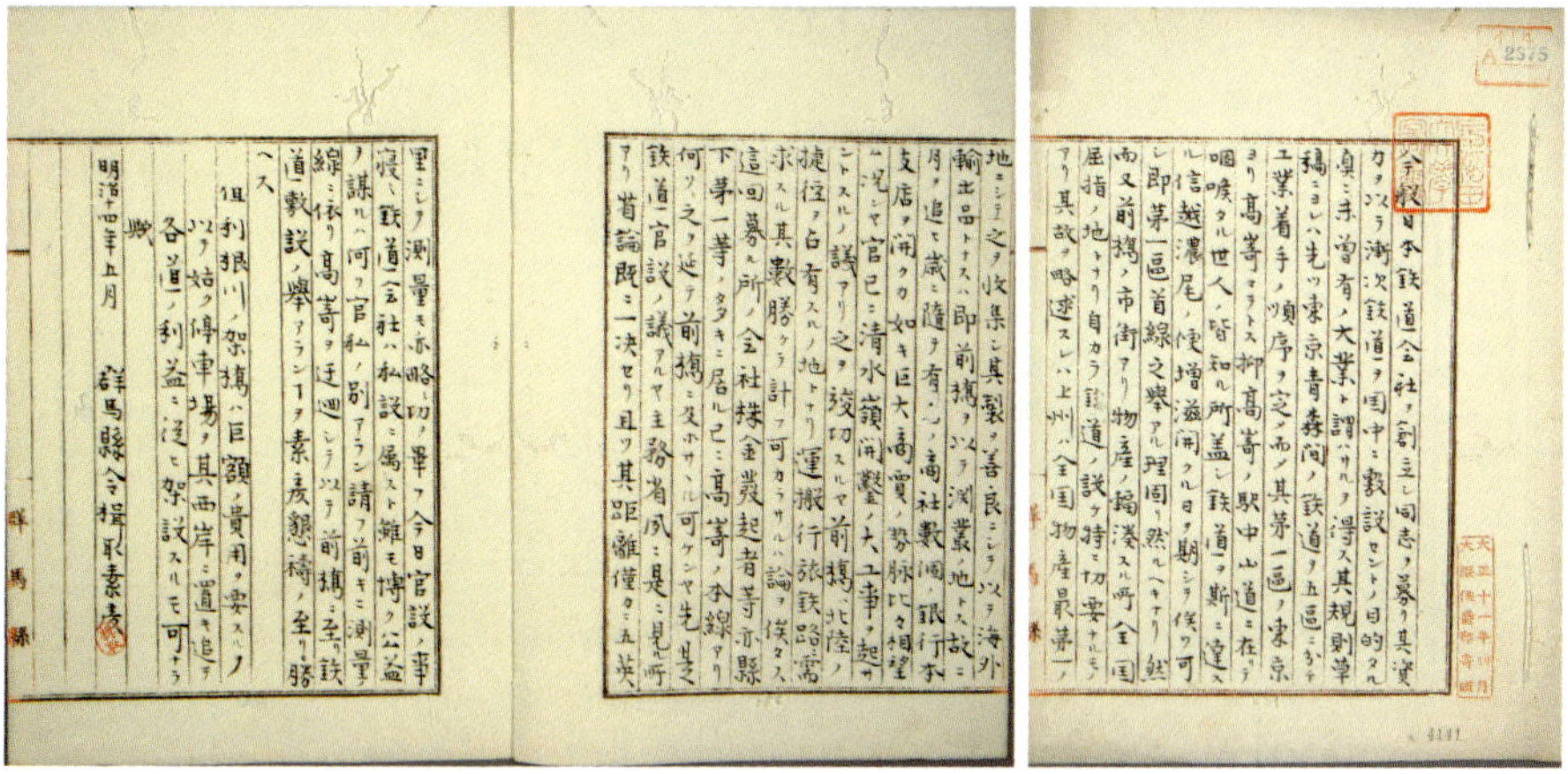

大隈重信に提出した「日本鉄道会社高崎線ヲ前橋迄延長スルノ議」（早稲田大学図書館所蔵）　明治14年５月、楫取が大隈重信に提出した文書で、高崎から前橋まで鉄道を延長する必要性を強く訴えている。

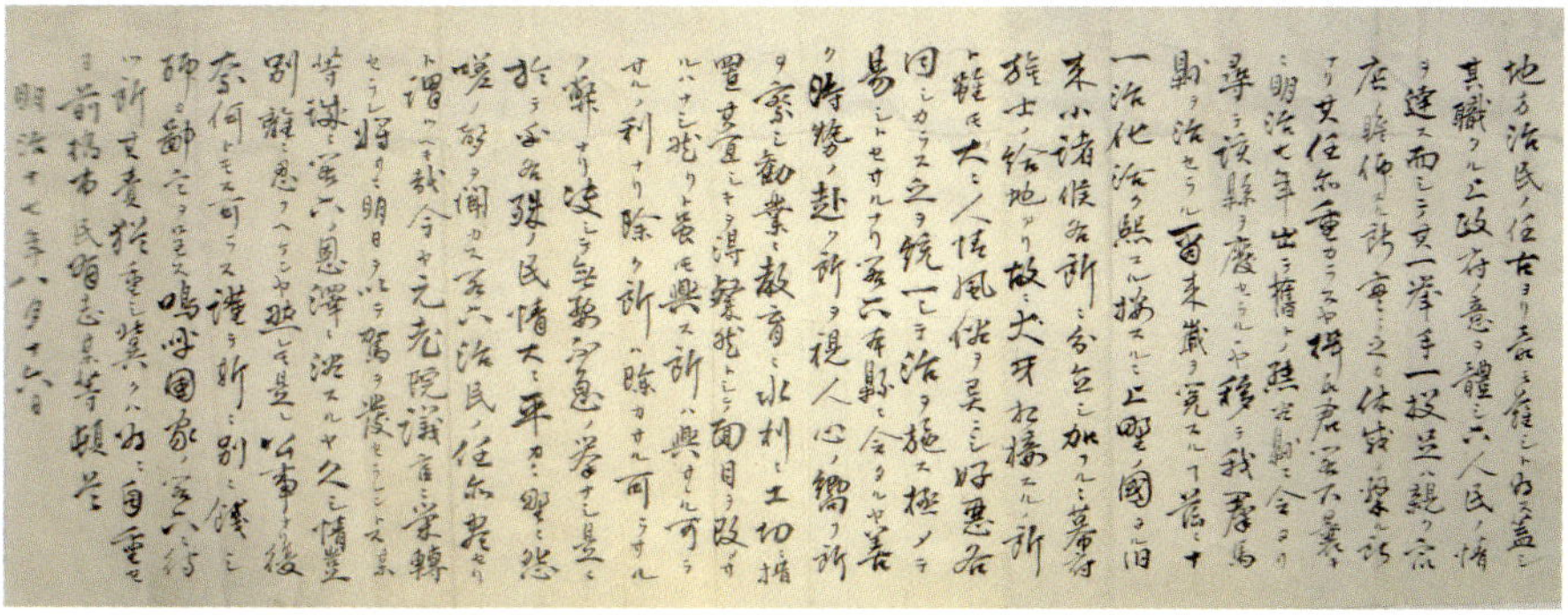

楫取県令訣別の辞＝前橋市民有志　（群馬県立文書館所蔵）
明治17年８月16日､元老院議官転任に伴う事務引継ぎが終わった日、前橋市民有志が未完の臨江閣で送別会を開催した。その時の訣別の辞である。群馬県指定重要文化財

畊堂庵（群馬県指定重要文化財）
楫取と県庁職員の募金で建設され、前橋市に寄付された茶室。命名は雅号から取った。前橋公園の北にあり、臨江閣本館に隣接する。

臨江閣玄関（群馬県指定重要文化財）
楫取が元老院へ転任する際、下村善太郎、大島喜六らに呼びかけて作られた迎賓館。利根川に臨むことから、「臨江閣」と命名された。前橋公園の北にある。

臨江閣玄関の上の題字
楫取が揮毫した「臨江閣」の文字。

楫取夫妻の墓　（防府市・桑山南麓の大楽寺）　右が素彦、左が美和子。

楫取の歌碑

（吉井町・いしぶみの里公園）　明治43年９月６日、多胡碑の拓本を送ってくれた櫛島福七郎氏に、楫取が送った礼状に書かれた和歌を陰刻した歌碑。

楫取寿の墓

（東京・青山墓地）　前面には「従五位楫取素彦妻杉氏墓」とある。裏面には楫取撰文の墓誌が刻されている。墓碑の高さ、325㎝　墓誌は本文参照。

富岡製糸場

（群馬県富岡市富岡1番地1）

楫取が工場閉鎖の危機を救う。平成26年、世界遺産に登録、国宝に指定される。

前群馬県令楫取君功徳之碑

（群馬県庁舎北西の高浜公園内）

明治25年5月10日、楫取も出席して建碑式が行われた。撰文は艮斎塾先輩の重野安繹。高さ３１０cm

（※平成26年12月、前橋公園内へ移設）

楫取君功徳碑賛助人名の石碑

（群馬県庁舎北西の高浜公園内）

功徳之碑の左にあり、数多くの名前が陰刻されている。「在米國紐育　新井領一郎」と、はっきり読み取れる。

（※平成26年12月、前橋公園内へ移設）

目次

第四章　「至誠」の名県令の誕生と治績

第一章

生い立ち～吉田松陰との親交と葛藤

儒家・小田村家を継承

第二次群馬県の初代県令である楫取素彦《かとりもとひこ》は、文政十二（一八二九）年三月十五日、萩魚棚沖町（現山口県萩市）に、父松島瑞蟠《ずいばん》の次男として生まれた。父は長州藩医で、知行高四十七石余だった。通称は久米《くめ》次郎または内蔵《くら》次郎と呼ばれた。

兄は松島虎太郎、剛蔵《ごうぞう》（瑞益《ずいえき》）という。江戸で蘭学を修め、長崎で洋式海軍を研究し、萩海軍局頭人《とうにん》（長官）を務めた人である。

弟は松島百合熊、後に小倉健作《けんさく》、更に松田謙三と称した。小さい頃は神童と言われ、江戸の昌平坂学問所で学び、漢学者になった。後年三兄弟は、志士として活躍した。

「楫取素彦誕生の地」を示す顕彰標　(萩市今魚店町沖ノ町筋)
楫取素彦百回忌記念として、2011年８月14日、誕生地に建てられた。

天保三（一八三二）年一月二十六日、久米次郎四歳の時、実父が三十八歳の若さで病没。残された男子三人は、母一人によって育てられた。楫取が妻に残した遺言状（申残候言の葉）によれば、所帯は甚だ貧乏で学問が出来る状況ではなく、母が賃引、賃織して筆墨を購入するほどで、何事にも不自由を忍んで学問に心掛けてきたという。さらに、八歳の六月十二日、萩城下が洪水に襲われ、家も罹災した。正に波乱と困窮の中で少年時代を過ごした。

小田村氏系図

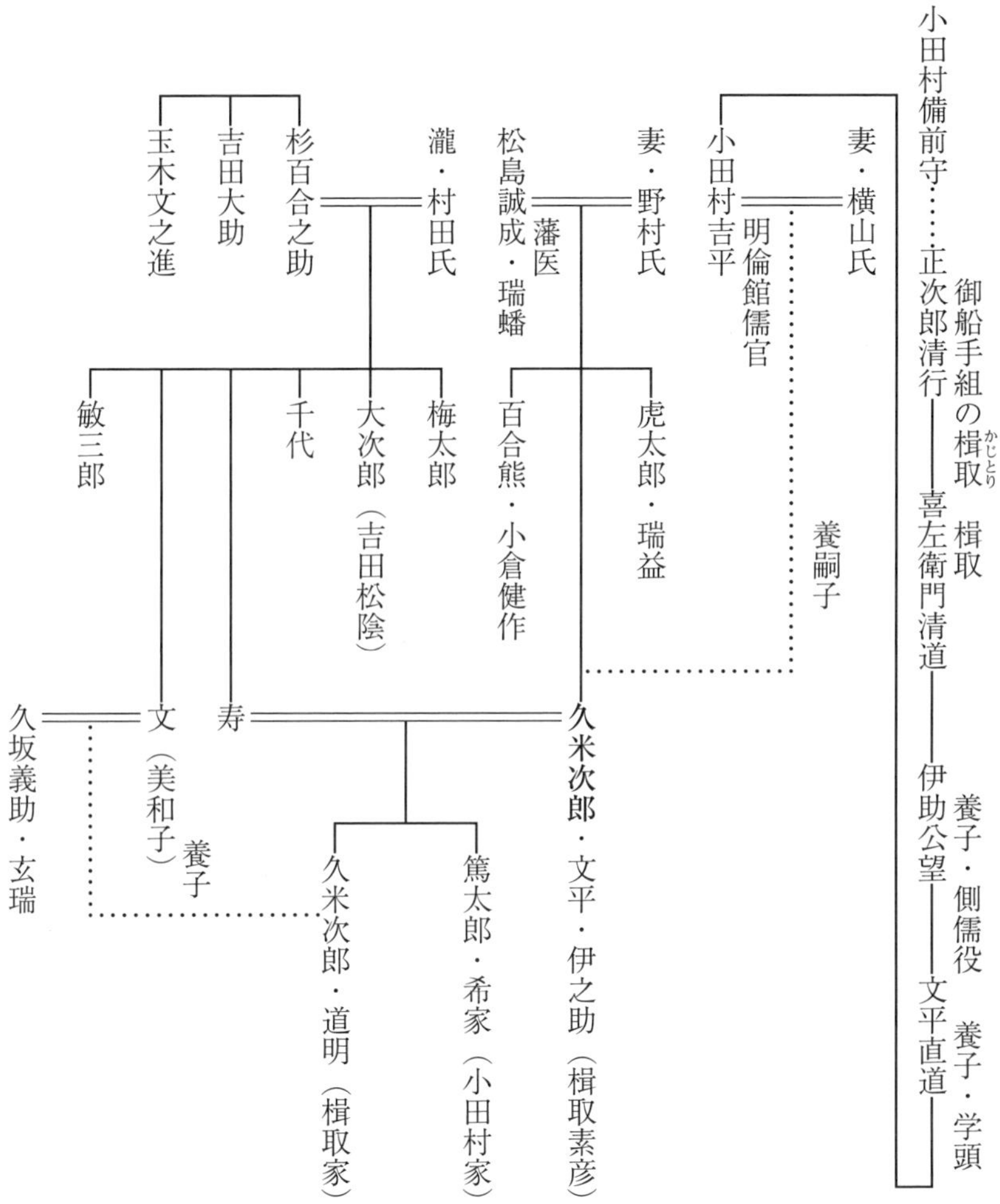
小田村備前守……正次郎清行
御船手組の楫取《かじとり》
喜左衛門清道
楫取
伊助公望
養子・側儒役
文平直道
養子・学頭
妻・横山氏
小田村吉平
明倫館儒官
養嗣子
妻・野村氏
松島誠成・瑞蟠
藩医
瀧・村田氏
杉百合之助
吉田大助
玉木文之進
虎太郎・瑞益
百合熊・小倉健作
梅太郎
大次郎（吉田松陰）
千代
敏三郎
久米次郎・文平・伊之助（楫取素彦）
寿
文（美和子）
養子
久坂義助・玄瑞
篤太郎・希家（小田村家）
久米次郎・道明（楫取家）

天保十一（一八四〇）年六月十五日、久米次郎十二歳のとき、藩校明倫館の儒者小田村吉平《きちへい》の養嗣子になる。儒者の家を継ぐ能力があると認められて、小田村家に迎えられたのだろう。小田村家は、長州藩の御船手組の「楫取《かじとり》」役として奉公していた家である。最初小田村文平、次いで伊之助《いのすけ》と名乗る。

弘化元（一八四四）年九月、十六歳の時、明倫館に入学。儒者の家を継ぐべく朱子学を学んだ。十九歳のとき、養父小田村吉平が五十七歳で没し、九月に家督を継ぐ。十月、明倫館の司典助《してん》役兼助講に挙げられる。司典とは明倫館内の書籍を司る役で、その補佐役に任命された。二十一歳の時、明倫館が再興落成し、講師見習役となる。儒学者として教える立場になったのである。

安政元（一八五四）年～二年の萩城下町絵図によると、住まいは呉服町二丁目法光院の南に「小田村文平」と記されている所と考えられる。萩の御成道《おなりみち》から南に入った白壁が続く伊勢屋横丁の最奥にある。現在の萩市南古萩町の円政寺の南隣である。明倫館の西方にあり、近くて通勤に便利な所である。

松陰との出会い

小田村伊之助は嘉永三（一八五〇）年三月、二十二歳の時大番役のため江戸に出ると、四月二十一日、安積艮斎《あさかごんさい》塾に入門した。艮斎塾では萩へ帰るまでの三年間、文学修行を続けた。藩邸の公務と文学修行を両立させたのである。

一方吉田松陰《よしだしょういん》は一年後の四月九日、藩主の参勤交代に同行し、遊学生として江戸に到着した。

『吉田松陰全集第七巻』によると、松陰は四月十三日、叔父の玉木文之進《たまきぶんのしん》に、次のように書き送っている。

其の外は着当分諸向煩冗《しょむきはんじょう》にて未だ業を始め申さず候へども、宍道恒太《しじつねた》・小田村伊之助等学者衆幾輩も之あり、都合宜しかるべくやと存じ奉り候。

この手紙に「小田村伊之助」の名前があることから、小田村と松陰は、四月九日から十三日の間に知り合ったことが分かる。松陰はこの時二十二歳。小田村は松陰より一歳年長で、しかも松陰より一年早く江戸に出ており、藩邸での生活、江戸の学者等に関する情報を豊富に持っていた。後輩で、同じく学者でもある松陰には何くれと無く便宜を図ったであろう。松陰も小田村等の学者が何人もいて都合が良いと、文之進に書き送っている。

松陰は四月二十五日、艮斎塾に入門した。同日には、宍道恒太・中村百合蔵《ゆりぞう》も入門している。小田村も同席し、紹介の労を取ったかも知れない。また艮斎塾で一緒に学んだこともあったかも知れない。

『同第七巻』によると、松陰は五月十四日、兄梅太郎《うめたろう》宛ての手紙で、高山彦九郎《ひこくろう》のことを紹介している。

高山彦九郎傳、武士たるものの亀鑑《きかん》此の事と存じ奉り候故さし送り申し候。即ち水府会澤常蔵の著はす所に御座候。本藩義勇の衆へも示し候はば、必ず感激発励する所之れあるべきかと存じ奉り候。

松陰から初めて出た「高山彦九郎」の名前である。小田村は感激した松陰から高山のことを聞かされ、その人となりや尊王論が二人の話題になったことだろう。小田村は後年高山を祀る神社の創建に深く関わることになるとは想像さえできなかった。

五月二十日付兄杉梅太郎宛ての手紙で、松陰は次のように書き送っている。（『同第七巻』）

小田村生など時々相逢ひ、老母の様子毎度承り申し候。

小田村は萩にいる実母が高齢で、しかも反胃《ほんい》、食べた物をすぐ吐いてしまうような症状で苦しんでいたこともあり、健康を気遣っていたのだろう。気掛かりで心配だが、麻布藩邸の番手役があって、実母に孝養を尽くせないもどかしさを松陰に語ったのだろうか。

しかし、実母は松陰が手紙を書く少し前、五月十六日に六十歳で没していた。半年後の翌年正月、小田村は、実母の人となりを記した『先妣清涼君行状《せんぴせいりょうくんぎょうじょう》』を書いた。江戸にいて実母に孝養を尽くせなかったことを詫びつつ、女手一つで、三兄弟を育てた実母の苦労を偲びながら、感謝の気持ちを記した。

松陰の東北遊歴を詰問

松陰は熊本藩士宮部鼎蔵《みやべていぞう》、南部藩士江幡五郎《えばたごろう》の三人で、外国船が度々出没する北陸、東北、北海道方面の実情を調べるため、東北方面への遊歴を決心した。

このことを知った小田村は、嘉永四（一八五一）年十二月、「送吉田義卿序」を書き、兵学修行中の松陰にとって、この遊歴は壮挙と言え、実地に見聞したことは後日必ず役に立つと理解を示した。

小田村の檜荘日記（『同別巻』）によると、小田村は麻布檜邸で十二月に入っても、松陰と度々会っている。三日には、海防臆測《かいぼうおくそく》二冊を返却している。七日には、昼過ぎから松陰、宮部鼎蔵、弟の小倉健作達が集まり、酒を酌み交わした。

十四日、松陰は水戸に向けて江戸を出発した。この松陰の東北遊歴に際しては、過所《かしょ》手形の未発行という大問題があったのだが、二人との約束を優先して出発してしまった。

翌十五日、弟の健作が来て、松陰が昨日遊歴のため江戸を出発したことを告げた。小田村は即刻桜田藩邸に行き、栗原良蔵《くるはらりょうぞう》、小川七兵衛に会い、後始末について相談した。帰った時はすでに夜中になっていた。

小田村が慌てたのは当然で、出発の前日麻布藩邸で松陰から、林寿之進と共に「過所がまだ下付されていないので旅の出発を当分見合わせる」と、聞かされていた。松陰は、明日出発することを二人に話せば、二人にも罪が及ぶと考え、あえて口外しなかった。しかし、松陰の意図を察することができなかった小田村達は、だまされたような思いがして、出発した松陰を追うように、手紙を送って詰問した。

松陰は翌年一月十七日、水戸でこの手紙を受け取り、翌十八日、二人に返事を書いている。この返書の内容から、小田村が送った手紙の内容を推測する。

・出発は当分見合わせると言っていたのに、嘘をついて出発した。正直に話してくれれば、相談に乗ることもできたのに大変残念であると詰問した。

・亡命したことを謝罪して、速やかに帰るべきであると諭した。

兵学者として、自分が正しいと思ったことは命を懸けて実行する直情派の松陰に対して、自重派の小田村の性格が表れているように思う。アクセルとブレーキのように相反する二人の関係は、このような形でこの後も続く。

松陰は厳寒の東北を百四十日間遊歴し、四月五日江戸に戻った。十日、桜田藩邸に入った松陰に帰国謹慎の命が出た。十三日、小田村は麻布藩邸の当番だったが、昼頃には桜田藩邸へ行き、松陰と対面した。小田村は松陰の顔を見て無事の帰国を喜び、松陰は東北遊歴で見聞したこと、海防上の課題等を話したことだろう。

十八日、非番だった小田村は、桜田藩邸へ行き、松陰の帰国を見送った。

松陰が帰国して間もない五月二十八日、小田村の養母が没した。江戸詰めで実母と養母の死に目に会えなかったのである。小田村は二十四歳にして、実父母、養父母とも失い、肉親は兄の松島剛蔵、弟の小倉健作の二人になってしまった。

九月十日、小田村は百か日仏参を行い養母の供養をした。

松陰の妹・寿と結婚

嘉永六（一八五三）年四月、小田村は帰国し明倫館新館に復帰した。

八月十四日、江戸にいた松陰に兄梅太郎から、妹寿《ひさ》が小田村と結婚したことを知らせる手紙が届いた。手紙の日付は七月二十六日となっており、結婚したのはそれより少し前と考えられる。小田村二十五歳、寿十五歳の時である。

松陰は『同第七巻』によれば、翌十五日、梅太郎に歓迎の返事を書いた。

　寿妹儀小田村氏へ嫁せられ候由、先々《まずまず》珍喜此の事御同慶仕り候。彼の三兄弟皆読書人、此の一事にても弟が喜ぶ所なり。

早々に送っていることから、小田村と寿の結婚を殊の外喜んだことが分かる。松陰にとっても、この結婚は予想外のことで、喜びも余計大きかったのだろう。

それにしても急な結婚である。四月に帰国すると、すぐ縁談話が持ち上がったのだろう。想像するに、帰国しても身の回りの世話をしてくれる実母・養母は既にこの世になく、また小田村家存続のためにも、小田村と松陰が親しい間柄であることを知った人が、寿に白羽の矢を立てたのではないだろうか。小田村にしても、松陰の妹であれば異存は無く、小田村は梅太郎から松陰の祝福の返事を見せられて安堵し、義兄弟としての契りを固く誓ったことだろう。

結婚後二人が構えた新居の場所は、残念ながら分からない。「楫取素彦旧宅地」の石製の標柱が萩市椿東《ちんとう》にあるが、いつ頃住んだのかは不明である。

伝《てん》馬《ま》町《ちょう》入獄の松陰を援助

小田村は結婚したのも束の間、安政元（一八五四）年の春頃と思われるが、再度江戸藩邸へ派遣された。藩邸では有備館《ゆうびかん》稽《けい》古《こ》係を務め、明倫館版の四書素読本の出版等に当たった。

松陰は三月二十七日、ペリー提督の率いてきた黒船に乗って

楫取素彦旧宅跡にある説明板
（萩市椿東）

楫取素彦旧宅地とある標柱
（萩市椿東）

海外渡航を企てたが失敗し、自首して下田の獄に一時拘禁《こうきん》された。小田村は松陰の密航失敗を聞いても、直情的で兵学家の松陰なら、孫子の兵法「彼を知り己を知らば、百戦して危うからず」を実践したかと、大して驚かなかっただろう。

四月十五日、松陰は下田から江戸伝馬町の獄に移された。小田村はその日から、松陰が萩へ向けて江戸を出発するまでの約五カ月間、何くれと無く身の回りの面倒を見ている。とは言え小田村は、巻き添えを恐れた藩邸の役人から、外出を固く禁じられていたので、直接援助することはできなかった。そのため、獄中の松陰との連絡を弟の健作に託すしかなかった。この時健作は書生で、藩邸の外にいたので、自由に動けたと思われる。この頃の松陰の手紙に、宛名として「剣《けん》槊《さく》兄」「剣槊学兄」とあるのは、健作と同じ音である「剣槊」の二字を取って隠語に用いたからである。松陰にとっても、健作は小田村の弟で、松陰と一緒に江戸遊学に出た同期生でもあるので、信頼のおける連絡係だった。

小田村は松陰から獄中生活に必要な金銭を求められると、その都度工面して提供した。『同第七巻』には、松陰が健作に宛てて、金銭を求めた手紙がいくつかある。例えば八月二日付のものに、

　小田村兄より出で候由にて、初めに二圓、又七月十六日二圓、已上四圓相届き申し候。

とあり、八月八日の手紙にも、

　少しにても宜敷く候間差急ぎ金子御送り下され候様頼み奉り候。〈略〉

　尚々小田村兄へ数々御心配を掛け候段、深く恐れ入り奉り候段御傳語是れ祈る。

『安積艮斎　近代日本の源流』によると、小田村と山県半蔵《やまがたはんぞう》（宍戸《ししど》）は、艮斎のもとに行って、松陰の刑が減免されるようお骨折り戴きたいと懇願した。艮斎はその願いを聞き入れ、老中阿部

正弘に刑の減免を願い出た。この逸話は、門人で漢学者の十河晋斎《そごうしんさい》（二本松藩士）が伝えたとある。

『同別巻』「松陰遺稿序（明治十二（一八七九）年十一月）」によると、松陰が入獄した時、たまたま宮部鼎蔵も江戸にいて、小田村とともに財物を獄中に入れて、松陰を救おうと相談した。しかし、間もなく宮部は国へ帰ってしまった。小田村は一人になり、しかも貧しかったため、甲冑を質入れして金数枚に換え、松陰に提供したとある。

小田村は松陰に求められるままに金銭を提供していたのであるが、松陰からは郷書《きょうしょ》（故郷への便り）のことで、不信感を持たれていたことは知らなかった。『同第七巻』によれば、松陰は獄中から郷書を送りたいと思っていた。しかし、小田村・健作兄弟は、取り次いでくれないのではないかと思い、「起きふしに故郷おもふ吾がこころ文みる人は知るや知らずや」と、気持ちを伝えた。ところが健作の返事に、「郷書のことは見合わせるのが当然です」とあったため、松陰は小田村と健作兄弟が、萩へ書いた手紙を送ってくれなかったと、思い込んでいた。

小田村が松陰のために奔走していた頃、八月二十五日、萩では寿が長男篤太郎《とくたろう》を産んでいた。小田村が大喜びしたことは推測できるが、残念ながら翌年四月の帰国まで、篤太郎の顔を見ることはできなかった。

松陰は長州藩から幽閉を命ぜられ、九月二十三日江戸を出発し、十月二十四日萩に到着した。

野山獄の松陰と詩の交流

野山獄中の松陰は、安政元（一八五四）年十一月九日付、梅太郎からの手紙で、小田村への不信感を払拭することができた。『同第七巻』「一二七　兄杉梅太郎と往復」の一部を意訳する。

汝は江戸在獄中の書を、小田村・小倉健作兄弟は、当地に送らず留め置いたと、蕭海《しょうかい》（土屋《つちや》）へ手紙を通じて言ってきたが、とんでもない、そのようなことでもなく、獄中の状態、幕議の様子まで事細かく、手紙で伝えてきた。郷書は尚更届いている。小田村も嫌疑が多く百喙《ひゃくかい》喋々《ちょうちょう》の中、事を処理するのは実に難しく、心を用いるのに実に苦しみながら、春以来周旋に大いに努力した。愚兄は、小田村の功に報いたい、百方周旋するも愚兄の力は十分ではなかったと思う。それなのに汝は、彼の処置をもって心底満足できないとするか。

手紙を読んだ松陰は、兄の手紙に細字で、「弟は過ちました、弟は過ちを今知りました」と、後悔の気持ちを書いて返送した。

投獄された松陰は江戸藩邸の情報が入らず、健作の言葉を真意と思いこみ、不信感を持ったのである。小田村兄弟は藩の役人の目を誤魔化すため、色々腐心していたのだろうが、真意が伝わらなかったとすれば、甚だ残念なことであったろう。しかし、この誤解は小田村兄弟が、関知しないところで解消した。

翌年一月、江戸藩邸の小田村は野山獄の松陰に、自らの思いを詠んだ詩を送った。この詩の所在は不明であるが、小田村は江戸藩邸の有備館稽古掛の任が忙しくて落ち着かず、学業は成就しないと、焦燥《しょうそう》感を感じていること。さらに、寿と幼い篤太郎は実家に養われ、小田村は何もできず杉家を煩わすばかりで、大変申し訳ないという思いを込めた。

これに対して松陰は、伝馬町の獄に繫《つな》がれた時、小田村兄弟は最も周旋してくれたこと、親戚は相互に愛し助け合うものであること、学問、文章が成就した小田村を婿にできて、杉家の義や美は失われることはないだろうと、梅太郎を通して小田村に感謝と期待の気持ちを伝えた。

安政二（一八五五）年四月、小田村は江戸藩邸の任を解かれた。我が子の顔を早く見たいと帰路を急いだであろう。一年ぶりに帰国した小田村は生後八カ月の篤太郎を抱き、父親となったことを実感し、喜びもまたひとしおだったろう。

帰国した小田村は明倫館の舎長書記兼講師見習となり、親子三人の静かな生活が始まった。

松陰は小田村の帰国を聞き、小田村に無事に帰国し家族と語らう様子を詠んだ詩を送り、帰国を喜んだ。

小田村は自分を引き立ててくれた村田清風《せいふう》が、五月二十六日七十三歳で亡くなると、その死を悼《いた》んで「哭松齋翁」と題する詩を作った。村田の政治や軍事上の業績、先見性、翁の人となりをたたえる六十七句から成る大作で、一句脱落しているようだが、小田村の熱意と意気込みが感じられ、相当なエネルギーを作詩に注いだことが理解できる。小田村はこれを艮斎塾同門の松陰と山県半蔵（宍戸）に見せて、添削を依頼した。

『同第七巻』「一八五　小田村伊之助宛」、七月十四日付の手紙には、感想と提案が記されている。
・村田翁を哭する詩、雄編大作甚だ観るべし。
・貴兄（小田村）が、明倫館の有志をまとめて、村田翁の行実一篇をまとめた伝記を作れば、甚だ素晴らしい。
山口県文書館蔵の「吉田松陰・山県半蔵批評　小田村伊之助詩文」によれば、七月十八日、松陰からは五カ所、山県からは十一カ所の指摘があった。指摘された文字、句を修正したり、削除したりしているので、二人の指摘に納得したのだろう。小田村は自作の詩を松陰や山県に示し、添削や批評をしてもらうことで、自らの詩力を高めようとしていた。また、野山獄の松陰を慰めるという意図もあったかも知れない。このように詩を介して、小田村と獄中の松陰との静かな交流が続いていた。添削の詩は『楫取家文書一』に「悼松齋翁」と題を変えて所収されている。

七月十七日夜、小田村は義兄梅太郎と舟に乗って、月の観賞をしようとした。しかし、急に野山獄に囚われている松陰を思い出すと、何とも忍びなくて船遊びをする気にはならなかった。梅太郎の家に行き、西空に赤く染まる雲を見ながら、庭の縁台に腰掛け扇子で涼を取り、また蚊を払いながら梅太郎と話し込んだ。たまたま小田村は松陰が密航を企て、失敗したことを思い出した。そのために野山獄に囚われているが、心安らかに過ごしていること、長年勉学・読書に励んできたことに感嘆し、松陰をたたえる詩を作った。『同別巻』から引用。詩の最後に、自分は取るに足りない身なので、いつか松陰の謀《はかりごと》を自分のものとして実行する人物の出現に期待する気持ちを込めている。

火雲夜猶赤　涼颸未穿簾　竹榻揮扇坐　流汗蚊雷兼　聊欲向渓上　孤舟賞玉蟾　翻然俄回思

愁緒暗相添　君今在縲絏　久苦三尺厳　寒熱失調度　飲食缺軟甜　何忍遺君輩　避此連句炎

憶昨務遠略　豪気五洲含　半途雖一躓　於義少無嫌　潮州貶退之　儋耳謫子瞻　二儒有気節

険夷両泰然　君亦其流亜　繋囚神気恬　文墨度長日　呻唔嘗不厭　君爲読書士　豈可不謂天

我幸免罪戻　区々老閭閻　事功無毫髪　半生耽牙籤　孰若君定算　萬里胡羯殲

相模の宮田陣屋に派遣

安政二（一八五五）年十二月十五日、松陰は病気保養を名目に野山獄を出され、杉家の幽室に移された。人との接触を禁じられたが、小田村や親戚だけは松陰を訪ね、意見を交換し慰めていた。

翌年二月、二十八歳の小田村は、儒官として相模《さがみ》の宮田陣屋《じんや》に派遣されることが決まった。

この宮田陣屋は、相模の国三浦郡上宮田村（現神奈川県三浦市南下浦上宮田）にあった。幕府から警備を命ぜられた彦根藩主井伊掃部頭直弼《かもんのかみなおすけ》が本拠を置いた所から、海防陣屋と呼ばれた。長州藩は嘉永六（一八五三）年から安政五（一八五八）年にかけて、幕府から、相模国の三浦半島南西海岸一帯の警備を命じられた際にも本拠とした。

「海防陣屋跡」の石碑（三浦市南下浦市民センター内）

陣屋跡は三浦海岸から二百メートル程奥まった所にある。今では民家があって海が見えないが、当時は海が広く見渡せたと思われる。現在陣屋跡には三浦市南下浦市民センターの建物があり、その南に「海防陣屋跡」と刻された石碑、復元した冠木門《かぶきもん》がある。

同センター配布の資料によると、当時の規模は総面積九千七百八十坪、建物面積千五百十五坪、建物数は三十七棟、長州藩の守備人員は九百人内外だったようだ。また、長州藩は善政を敷き、交代の時は三浦、鎌倉両郡の名主、村役人から留任の願書が出されたほどであったという。明倫館の門弟達は遠方へ派遣されることを残念に思い、上書《じょうしょ》を提出して残留を懇願した。しかし、外に人がいないため聞き入れられることはなかった。

『同第二巻』「丙辰幽室文稿」「小田村士毅《しき》の相模に役するを送る序」によれば、小田村は出発する前に松陰を訪ね、「自分は相模の守備に随行することになったが、何をすればその職責を尽くせるか」と質問した。これに対して、松陰は次のように随行の意義を説いた。士毅《しき》は小田村の字《あざな》である。意訳して示す。

今すでに外国と和親し、外国もまた恭順してあえて節度に反することは見せない。守備兵の気持ちは、何事もなく暇な事である。このような状況下では、驕らないにしても怠惰《たいだ》になる。驕惰《きょうだ》の守備兵で、いつ来るか分からない外敵を待つのは、禍が遠くにあってもそれは大きいものである。これでは聖賢の教えを力説しなければならないし、敬義《けいぎ》も説き、論じなければならない。相模の守備で、士毅に必要とされるものは、正にこの役である。兵の害は驕惰より大きいものはない。怠惰は驕りより生じ、驕りは我が儘《まま》から生ずる。今兵はすでに我が儘《まま》になり、まだ甚だ驕っていない者でも、これから驕らないものでもない。怠惰が極まって驕るのではない。しかも今の役人はこのことを理解しておらず、厳命と法で士卒を束縛し、士卒が発奮して、競争して役割を果たそうと思うようにしていない。士毅がこれを左右するのでなければ、誰にこの役を望もうか。礼儀をもって教えれば、驕る者は慎み、道義をもって教えれば、怠惰な者は奮起する。法令を緩やかにして、士卒を奮起させれば、戦うはずであり、守るはずである。
武器や軍隊の側には役人がいる。君がこれまで明倫館で、弟子を指導したのはこれと同じである。もし三藩（細川藩・池田藩・立花藩）が守備兵となり、我藩と相応じて敵に当たるのに、定期的に往来し、交互に激励し、交互に助け合い、手足となり頭・目となれば、本藩に利益があるだけではないだろう。その後で四藩が毅然《きぜん》と対峙《たいじ》して外敵に備え、江戸の人々が枕を高くできるようにすべきである。こういう意味で君の職も空しくないものだ。

小田村は松陰の激励を聞いて、「良し」と納得した。
小田村は宮田の陣屋で、松陰の二月二十五日付の送別の詩を受け取った。小田村はこの詩に次《じ》韻《いん》して松陰に却呈《きゃくてい》した。

『吉田松陰全集別巻』
「松陰有送別兼見寄家弟之作、次韻却呈、弟在江戸未及示、故代謝　安政三年二月」

抽毫従戎幕
姞値夷警絶
閑散事攤書

『吉田松陰全集第六巻』
「小田村士毅相模に戍《じゅ》するを送り、兼ねて其の弟健作の江戸に在るに送る
二月念五日」

厳譴禁錮身
與世全謝絶
故舊断音書

門巷無軌轍
独有村士毅
堂々文場傑
吾家為姻族
交情特懇切
書策通乞假
文詩交論列
今日君東征
嗟吾奈単子
譬如離群鶴
籠樊翼亦折
因憶三年前
吾始繫縲絏
檻輿送江都
叢棘苦幽閉
君家賢兄弟
拯吾於兀鮀
賢弟尚留東
益知砥奇節
議論駆風霆

頭巾未改轍
馬上何草檄
駆役幾豪傑
国是将之非
志士空齒切
何人持正議
肆力又就列
愧吾斗筲才
仁議甘煦孑
経筵嘗進言
梗直未檻折
倖然纔寡尤
苦三尺羈紲
嗟君隻手力
要排皇運閉
時兮其不利
困葛藟兀鮀

憶曾留都年

文章断鋼鐵　奥羽輾輪鐵
不似挫折餘　并力阻其行
一室守迂拙　君反恕迂拙
方思賢弟時　懇款及弟兄
與君又離別　訊弟兼敍別
君東見賢弟　無由使阿弟
為吾歌此闋　次高礎一闋

小田村は松陰からどのように見られていたのだろうか。松陰の送別の詩から、小田村観を考えてみたい。

杉家と姻族となっている小田村は、幽居の身の松陰を訪ねるほど友情に厚い人物で、松陰が文場の傑と認めるほど文章に優れた人物である。自由に身動きできない松陰の求める書物を探してきて、そこにある文章や詩歌を取り上げ、見解を述べ合ったり、文章力を磨き合ったりする存在でもある。また、松陰は弟健作の才能も認めている。

小田村は自分の役割を深く認識し、松陰の思いが詰まった詩を胸に抱き、宮田の海防陣屋の任に就いたことだろう。

小田村は「次《じ》韻《いん》却《きゃく》呈《てい》」とあるように、松陰の送別の詩に応えるべく、宮田から次韻した詩を送っている。松陰が送別の詩の中で用いた句末の韻字を、ほぼ同字・同順で用いていることからして、小田村の詩力は相当なものであることが分かる。さらに、松陰との友情、松陰への敬意が尋常でなかったこともうかがえる。詩の内容は次のようになろうか。

「安政三年二月頃、小田村は宮田の陣屋で儒官の任に就いた。しかし、幕府はすでに下田を開港しており、異国への警戒感が無くなっていた。小田村はこの状態を嘆き、憤慨し、誰もが正義を持って、志士に加われと願わずにはいられなかった。また、松陰に対しては、自分の才能は僅かで、儒学者として仁義を育てることで満足であると謙遜《けんそん》。松陰には皇運《こううん》を開く力があると認めつつ、今は幽室にいる身で、その力を発揮する時ではないと自重を促している。そして、江戸に留学していた時、松陰の奥羽行きを小田村達が力を合わせて阻止しようとしたが、逆に小田村を許してくれたことを思い松陰の慈悲深さをたたえている。さらに、松陰は兄と弟にも慈悲深く、弟のことをも心配し、自分に送別の詩をくれたことに感謝し、弟に松陰の詩を見せると伝えた」

小田村はこの年の春、牡丹《ぼたん》を愛でた詩を作っている。陣屋の様子、松陰の助言に従って、守備兵に鈴韜を講義したことが読みとれる。鈴韜は韜鈴《とうれい》のことと思われ、『続武経総要』の内容にある「韜鈐内篇」「韜鈐外篇」「韜鈐続編」を指すと考えられる。ちなみに「韜鈐内篇」は、古代の「聖王」と「賢将」の陣法を収録し、研究して解説した本であり、正に松陰の助言を実行し、聖《せい》賢《けん》の教えを説いたと思われる。『楫取素彦と幕末・明治の群像』所収、前橋・清光寺所蔵から引用する。

辺警纔収戍舎閑　鈴韜講了旧編殊　鞍頭草檄渾無用　還向春風賞牡丹
相州戍営賞牡丹　不如帰畊主人

意訳　国境警備の兵は僅かで、兵舎はひっそり静まりかえり、鈴韜は殊更に旧編を講義し終了した。馬上から檄《げき》を飛ばすことは全て無用である。春風が吹く頃になり牡丹を観賞している。

相州の宮田陣屋で牡丹を観賞する

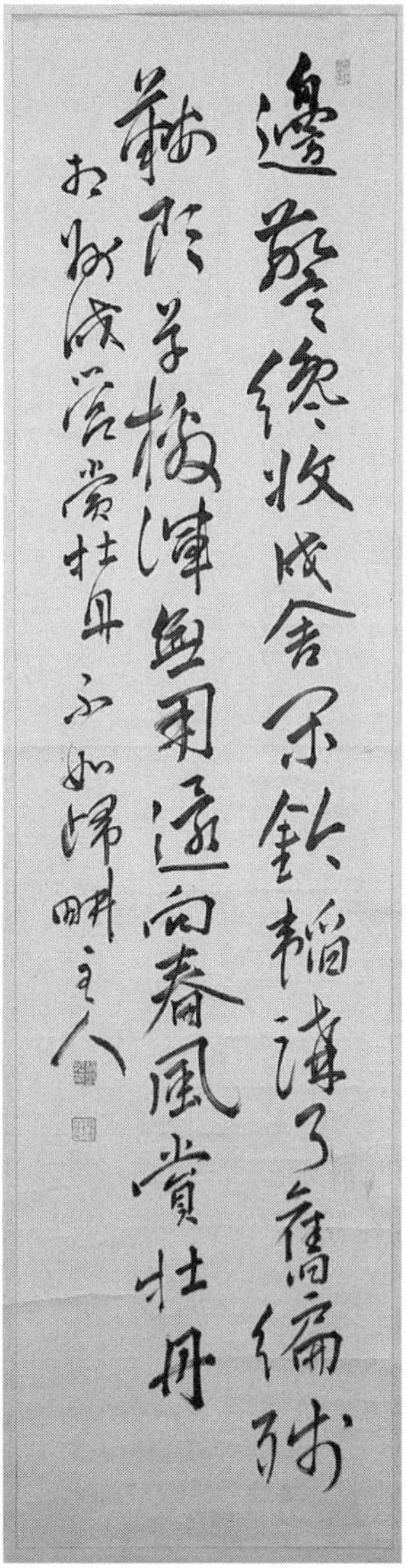

小田村の相州警衛赴任中に
牡丹をめでた詩
（前橋　清光寺所蔵）

相模周辺の情報を収集

小田村は安政三（一八五六）年三月十六日、松本村杉家幽室の松陰から手紙を受け取った。内容は、粟屋《あわや》英次郎に会って、その人となりを聞かせて欲しいという依頼、それに富永有隣《とみながゆうりん》の出獄策の進捗《しんちょく》状況の報告だった。その後も松陰は、鎌倉瑞泉《ずいせん》寺に蔵書が種々あるから借りて見たらと勧めたり、会って欲しい人の名前を挙げて、消息を知らせて欲しいと依頼したり、松陰が得た京都、長州、萩の情報を知らせたりした。また、小田村も相模の近況、松陰の文章の批評、依頼された人物の消息を知らせ、二人の文通は続いた。

小田村は遅くとも九月頃までに、粟屋英次郎を尋ね、人物評を松陰に送ったと考えられる。粟屋は、現在の横須賀市西浦賀にあった千代ヶ崎台場で警備に就いていた。十月初旬までに、下田近辺に築かれている砲台を見て回り、気が付いた問題点を兵学者松陰に書き送り、意見を求めたようだ。さらに毛利庄も詳しく調べたいと考えていた。

宮田陣屋を起点にして、毛利庄、下田へ行くにしても鎌倉は通過点にある。鎌倉を通る時、瑞泉寺の竹院《ちくいん》和尚を訪ね、蔵書を見たことは充分考えられる。ちなみに瑞泉寺の住職竹院和尚は、松陰の母瀧の兄で、松陰が江戸に居た時、度々訪問した人物。

毛利庄は毛利氏発祥の地とされ、相模の愛甲郡《あいこうぐん》、現在の神奈川県厚木市周辺とされている。その起源は天皇の血を引く京都の公家大江広元《おおえのひろもと》が、源頼朝に招かれて鎌倉に居住したことに始まる。広元は鎌倉幕府の守護地頭の制度を整えた功績により、頼朝から「森庄」を授けられた。そして森庄を譲られた四男季光《すえみつ》が、「毛利氏」を名乗ったことから、「毛利庄」に改められた。鎌倉には当時大江広元の墓とされる「やぐら」、毛利季光の墓もあったので、これらも訪れたのではないだろうか。

毛利季光屋敷跡とされる地は、厚木市下古沢の小高い所にある。現在三島神社が鎮座し、境内の大木の下に「毛利氏発祥の地　毛利季光屋敷跡」と記された石碑がある。

小田村が毛利庄を訪れた記録は見つからないが、『楫取家文書一』にある次の歌から、いちはつの花が咲く頃に訪れた

毛利氏発祥の地　毛利季光屋敷跡の石碑
（厚木市下古沢の三島神社境内）

毛利季光　大江広元のやぐら（鎌倉市）
季光のやぐらは、大正10年に移された。

と思われる。

　相模の任にありし時村めくりして津久井の郡にゆけるをり
　土あけし草やのむねに夏の来て高くも咲けるいちはつの花

相模の津久井郡は愛甲郡に接して北西にあり、元は愛甲郡の一部であった。毛利庄を訪れた小田村が、更に足を延ばして訪れたのではないかと考える。この歌は小田村の最も若い頃のものであり、小田村の眼の前の景色が、一幅の絵を見るかのように浮かぶ作である。

子を思う親心

萩から遠い宮田にあっても、小田村は二歳の篤太郎の弱々しさを心配していたようだ。『同第七巻』(二五三)によると、そのことを知った松陰は、十一月二十日付の往復書簡に、「令息の事御気遣ひ成され候由、御尤に存じ奉り候」と書き、小田村はその横に、細字で次のように記している。

　他日の賢愚未だ知るべからず、但だ其の孱弱《せんじゃく》、丈夫の群中に伍する能はざるを慮るのみ、抱児の情此くの如し、兄輩或は其の癡《ち》を嗤《わら》はん。

小田村も人の親である。将来の篤太郎の賢愚はまだ分からない。ただ弱々しくて、丈夫な男達と肩を並べられないことを心配している。子供を抱える親の情はこのようなもの、松陰兄はこの愚かさを笑うだろうなと、親心を述べている。

さらに、松陰から松下の村学を起こして欲しいと頼まれたが、小田村は、

僕亦少しく意あり、独り学内の網羅を懼《おそ》る。

と返答している。明倫館での役目もあり、学内全部の面倒を見ることは無理であると思ったのだろう。松下の村学とは、久保五郎左衛門の塾のこと。松陰は、久保のために「松下村塾記」をつくり、以後この塾は「松下村塾」と名乗ることになる。

帰国し松陰を杉家幽室に訪ねる

安政四（一八五七）年四月の初め、二十八歳になった小田村は、相模の宮田陣屋儒官の任を終え、ほぼ一年振りに帰国した。四月五日の夕、小田村は帰国の挨拶も兼ねて、杉家の幽室に松陰を訪ねた。この時の様子は、小田村が書いた『同別巻』「評義卿《ぎけい》壽序」に詳しく書かれている。

話が文章のことに及んだところ、松陰は旧稿を抜いて小田村に示した。それは長編大作で、その時の二人の議論は痛快で、刀で物を切るようだった。しかし、いつの間にか二人は、考えの似ているところを見出していた。旧稿は周布政之助《すふまさのすけ》が亡き母に孝養を尽くしたことを記した文と考

えられる。小田村は、周布の母を祝福する文章を読み、慈《じ》母《ぼ》孝《こう》子《し》の親子の情を記した所では、我が身にしみて痛ましく心を動かされた。文章は良かったが、小田村は思わず亡き母を思い出し、多くを読むことができなかった。そして、母が今生きていれば、周布を見習って、宴を設けて祝杯を母に捧げたいと思った。

松陰はこの時の議論について、小田村から道理深く精妙で知り難い論を聞くことができ、塞いでいた気持ちが洗われたと書き送っている。想像するに小田村は、儒学者の立場から考えを述べたのだろう。兵学者の松陰とは発想が違っていて、異なる考え方に触れ、塞いでいた気持ちが一掃されたのではないだろうか。

さらに、昨夜会って色々議論したが、まだまだ議論したいことがあるので時間の余裕のある時を待っている。一つか二つあなたの著実論を聞かせて欲しい。私の拙い論も聞いて、曖昧な点があればどんどん質問して頂きたい。そうして私の論を更に充実させたい。このような気持ちを小田村に伝えている。

杉家幽室の松陰にとって、小田村は儒学者の発想から、しかも自分と互角に議論できる相手で、自分の考えをより明確にしてくれる存在であり、また心を慰めてくれる存在でもあった。

また、同書の後半で小田村は、松陰と彼の文章を次のように評価し賞賛している。

吉田松陰幽囚の旧宅（萩市椿東松陰神社境内）

意訳

言うまでもなく、私は文章をもって、幸いにもあなたに特別に目を掛けて頂いている。しかもあなたは、姻族の左親者、学識、文章は社中の中心人物である。顧みるに、私に祝杯を挙げさせるならば、どうして最高の文章力を示して素晴らしい文章を書くことを惜しみようか。しかし、今はその能力がなく、いたずらに私に他人の幸福を羨ましがらせるだけだ。そもそも周布の慶びは、あなたの文章を待って顕れた。私の悲しみ痛む心もまたあなたの文章をもって発した。あなたの文は、ただ雄奇だけでなく、文章が真摯なこと、人の世の道徳と人の心に関係するものがあり、後世に伝えるべきである。

松陰がこの「評義卿壽序」を筆写したことから、小田村の評価を是認し気に入ったのだろう。義卿は松陰の字《あざな》である。

帰国した小田村は明倫館の助講に復帰した。五月には明倫館用所において賞賜を受けた。さらに六月には講師本役、七月には小学教諭役兼勤になった。上級課程の講師だけでなく、入門段階にある子弟の指導にも当たったようだ。

一方この頃の松陰は、杉家の幽室内で講義を盛んに行っていた。松下村塾（久保塾）の塾生も、この講義に参加するようになり、十一月五日には、杉家の宅地内にあった小屋を補修して、松下村塾に充てた。塾主は久保五郎左衛門だったが、

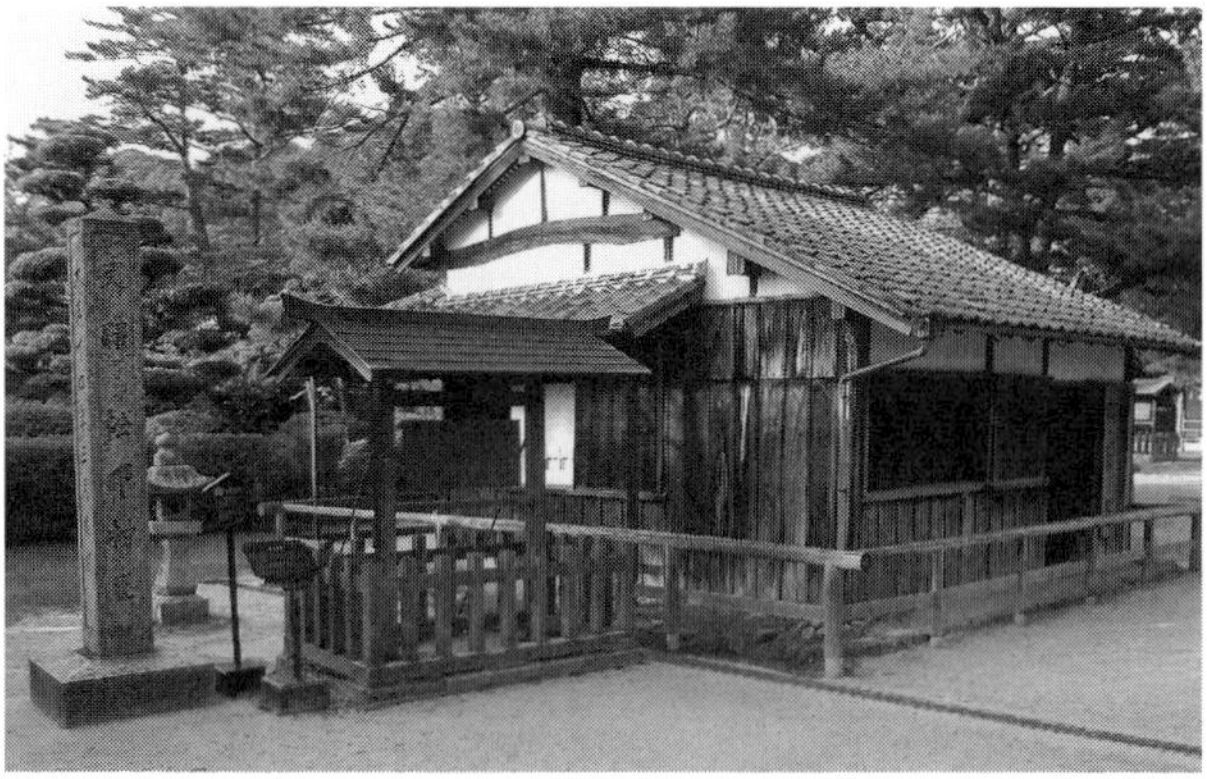

松下村塾（松陰神社境内）

事実上の主宰者は松陰だった。

小田村は明倫館で講師として多忙な日々を過ごしていて、直接松下村塾で指導することはほとんど無かったのではないだろうか。その代わり小田村は松陰から相談されて、弟の健作を指導者として迎え入れようとした。

さらに、松陰が塩谷宕陰《しおのやとういん》の著「大統歌」を塾で印刷する際、小田村は藩政府との間を取り持ち、補助金を引き出している。このように小田村は、間接的ながらも松下村塾を支援していた。

松陰、藩主へ意見書を提出

安政五（一八五八）年一月は、日米修好《しゅうこう》通商条約調印をめぐって、幕府が諸大名を説得し、何とか朝廷の勅許を得るため朝廷工作を開始した頃である。この条約は、日本にとっては不平等な条約だった。

このような状況が聞こえてくると、杉家幽室中の松陰はじっとしていられなかった。国の将来を憂慮しこれに対処するため一月六日、藩主毛利敬親《たかちか》に「狂夫の言」を作って進言。更に松陰は、四月中旬には「対策一道」、五月には「愚論」、「続愚論」を作り進言を続けた。

この間幕府では四月二十三日、彦根藩主の井伊直弼《いいなおすけ》が大老に就任し、勅許が得られないまま六月十九日、ポーハタン号上で条約に調印した。これに異を唱えた尾張藩主徳川慶勝《よしかつ》、前水戸藩主徳川斉昭《なりあき》等を隠居・謹慎の処分にした。これが安政の大獄の始まりである。

毛利敬親は六月十五日、江戸から萩に帰国した。「狂夫の言を」読み、松陰にはいつでも上書させるようにと側近に厳命した。

違勅《いちょく》条約調印を知った松陰は、七月に「大義を議す」、「時義略論」を作り進言を続けた。この頃の松陰は、心血を注いで、アメリカを始めとする諸外国の侵略から、国家を維持するため、朝廷や長州藩が講ずべき対策を藩主に進言し続けた。藩政府も、幽室から憂国の思いを発信し続ける松陰に対して、まだ寛容だった。

一方小田村は五月二十七日、次男久米次郎《くめじろう》（道明）が生まれ、二人の男子の父親になった。三十歳になったばかりであるが、妻子三人を扶養する責務を実感し心新たにしたことだろう。

松陰の罪名を問う

安政五（一八五六）年九月七日、梅田雲浜《うんぴん》の伏見奉行所への連行を皮切りに、京都でも志士に対する弾圧が始まった。

幽室の身でこれを知らない松陰は九月二十八日、左近衛権《さこんえごん》中将正三位大原重徳《しげとみ》の西下《さいか》を画策した。十一月六日には、老中間部詮勝《まなべあきかつ》を討ちたいと政務座の周布政之助に申し出、勤王の実行を主張した。政務座は右筆《ゆうひつ》役とも言い、機密文書や辞令を取り扱う役職である。

これに対して周布は、松陰の過激な言動が藩に災いを招くと危惧《きぐ》し、その場しのぎの方策を伝えて何とか松陰の企てを断念させようとした。

十一月中旬、松陰は、知己の来原良蔵から、勤王のことは周布に任せる、信じる、と諭され、渋々ながらも間部要撃《ようげき》策を諦めた。しかし松陰は、周布の論策が変わる度に不信感を募らせ、岡部富《とみ》太郎《たろう》・福原又四郎・小田村に告げて嘘を暴こうとした。

小田村は十一月十九日夜、遜齋《そんさい》宅にて議論した。安政五年の明倫館の学頭は小倉遜齋と言い、この人か否かは不明。議論の内容も分からないが、小田村は議論したが、最早手遅れになりました。それには偏った議論が激しくなり、こだわった見解をもとへ戻すことができにくくなったためと、二十日付の松陰との往復文書で返答し、同夜松陰を訪ねて詳しく報告した。

想像ではあるが、この頃の松陰の手紙には「周布対決の事」「中村道太郎先日の言に周布の此の言間違いなれば拙者差し違え申すべき由」「周布早く機を知り退き候はば誠に平穏の処置と云うべし」とあり、周布の排斥に関する議論だったのだろうか。

『同第四巻』「周布公輔の事二條、（戊午幽室文稿《ぼごゆうしつぶんこう》）」によれば小田村は、正義感の強い松陰の意を体して、周布は本当に勤王をする意志があるのか否か確認しようと動き出した。

十一月二十一日、小田村は藤井庄兵衛を訪ねた。

翌二十二日には、行相益田弾正《ますだだんじょう》に直接会って答えを求めた。弾正は「周布は病気であることを文書で伝えてきて出勤していない。周布の出勤を待ち、納得のいくまでよく話し合って、これに答えたい」と回答した。周布の上司が即答できないのは、周布の論策が藩政府の方針になっていない証拠である。

翌二十三日には、国相府手元役の前田孫右衛門《まえだまごえもん》も訪ねた。

数日後、周布が出勤し話すことが出来た。小田村の役職は明倫館都講《とこう》で、以前周布と度々学中の事を論じたが、今回周布と話すとやはり嘘をついていた。

周布は、苦しんでとうとう「寅二は学術純ならず、人心を動揺す。因ってこれを野山（獄）に下さん」と言い始めた。

小田村は周布の嘘「勤王の請詔」に関して、内容は想像するしかないが、「良蔵を介して周布を諭し、密かに請詔したらどうか」と、請詔の実行を松陰に提案したと考えられる。

この提案に対して十二月一日、杉家に幽囚された松陰から「高文拝誦妙々、どうして私がくちばしを容れることができましょうか。長井請詔の実否は全て老兄に託し置きます。弾正より何とか返事無くては済まないことと思います」と賞賛と一任の返事が届いた。

この後の経過は、『同第四巻』「投獄紀事《とうごくきじ》（戊午幽室文稿）」、『同第八巻』を参考にする。

十二月五日、小田村は用件（請詔の事か）があって周布を尋ねたが、病気を理由に面会を断られた。不審に思ったが、その理由が分からないので、退出して周布の同僚である兼重譲蔵《かねしげじょうぞう》を尋ねた。譲蔵が言うのに、「松陰隠士《いんし》は救済のしようがない。今日すでに投獄の命が出た。僕が本当にその支配書を書いたのだ」

小田村は愕然《がくぜん》として聞き返した。

「罪名は何か」

「言えない」

そこで小田村は、松陰が藩主の理解ある言葉に感激して、言いたい事を少しも遠慮せず直言したが、行相府の周布が松陰を欺き偽ったことを詳しく語って聞かせた。小田村が一語を発する毎に譲蔵は驚いて目を見張り「私は、井上、周布と同じ部署にいたが、そのことは全く知らなかった」

小田村はここまで聞くと、松陰の家へ走って行った。

同日午後七時頃、杉家へ一通の支配書が届いた。父杉百合之助《ゆりのすけ》が開いて読むと、

「吉田寅次郎《とらじろう》罪あり、父親からの借牢願《しゃくろうねが》い出の形式でもって投獄させよ」とあった。

村塾生が集まっているところへ、投獄の命が出たことを知った小田村と実兄の松島瑞益も現れ、

十名程が集まった。この夜は寒く月も没していた。松陰は酒を出し、一座の者に
「悲しいことは、藩主が幕府に建白し、臣下に広く示した攘夷勤王《じょういきんのう》の旨が上下に満ち溢れたが、一旦奸吏《かんり》が権力を思うままに操ると、寅次を獄につなぐ、寅次が獄につながれては攘夷はできない、勤王もできなければ天下の人々に、長門《ながと》には一人吉田寅次郎あるのみと言わせてしまうことである。かつ国事をどうするのか」

と主張した。十名はしばらく黙っていた。

松島は小田村と相談して、

「先日政府が玉木翁に言った事は皆でたらめだ。これは詰問しない訳にはいかない。諸君、罪名を問うべきである」

と言った。この時、玉木文之進は、先に政府から松陰を投獄しない約束を取り付けて、その管《かん》掌《しょう》地である吉田（現下関市）へ巡察に出かけていた。佐世八十郎《させやそろう》（前原一誠《まえばらいっせい》）と入江杉蔵《いりえすぎぞう》（九一《くいち》）も、支配書に納得できずに言った。

「急いで行相府へ行って、先生の罪名を聞こう。聞く通りならば、行相府は以前、先生の学術は純ならずと言った。果たして学術をもって罪を被るならば、我々教えを受ける者は皆免れる事はできない」

一同は勢いよく立ち上がって、

「そうだ、そうだ」と言いながら、それぞれ大盃を飲み干して走り出た。

小田村は明倫館に帰り、赤川淡水《おうみ》を呼び起こして言った。

「義卿《ぎけい》が野山獄に入れられてしまう、君はまだ知らないのか」

赤川は驚いて起きて、

「ああ、義卿は同志の士である。義卿が野山獄に入れば、私も同じようにする」

小田村も心底同感だった。

小田村は翌六日、内藤と兼重の元へ行き、松陰の罪名を明示するよう強く求めた。

六日夜、小田村は諸同志に檄を回し、杉家に集まって対応策を話し合った。松陰門下の八人は既に軟禁状態にあり、集まったのは佐世八十郎の父彦七、久保清太郎《くぼせいたろう》だけで、主として罪名は何かという議論になった。密議は長時間に及び、小田村と久保は、益々罪名を問うことを自らの任務とした。

小田村は翌日も内藤と兼重の元へ行った。また国相府《こくしょうふ》手元役前田孫右衛門、中村道太郎と繰り返し相談し、しばしば行相府《ぎょうしょうふ》御用談役井上與四郎の元へも行った。井上は固く拒否して会わなかった。そこで書を書いて送った。

「八人の者は、皆忠義で利害を顧みない者である。直ちに犯した罪を軽くせよ。僕は寅次に代わって益々その性を養成し、そして国家に報いるようにする。寅次の行状についてはその著厳囚紀事《じ》一巻があり、松陰と対面する日、手に取って読めば、重罪を犯していないことを確認できるはずだ。あなたはなぜ度々僕を拒絶するのか」

八日、松陰から小田村と久保に届いた手紙には、次のようなことが記されていた。「天下には真勤王と偽勤王がある。私と同志は真勤王のため、偽勤王の忌諱《きい》に触れてこのようになった。僕の投獄は、これが最後と思うので軽いことではない。罪名が明白にならなければ、直ぐに獄へ行く道理はない。私の厳囚がどのような罪名に基づくのかを究明しなければ、偽勤王を恐れて獄中へ逃げたと思われては同志の面目を失ってしまう」

九日、松陰は品川弥二郎《やじろう》に「小田村・久保は、誠に英発、国事未だ地に墜ちずと思います」と手紙を書き送り、小田村達の才能と実行力を認めている。

十四日、松陰は佐世八十郎に「僕の罪名一件につき、昨夜小田村殊の外周旋《しゅうぜん》してくれたけれども、行相府と国相府の役人一口も開かず、さればとて縄で縛られることもない」と知らせている。

小田村と久保は、依然として罪名を明らかにできなかったが、政府は松陰の入獄を督促してきた。この時になって、松陰の父・杉百合之助の病が重くなったため、松陰は前田に「数日間看護し、病状が回復したら獄に行くことを許してくれれば幸いである。そうすれば罪名を問うことは止める。父子の至情には代えられない」と書を送ったところ、行相府も認めた。これで罪名を問う論議は終わった。

十六日、松陰は周布と小田村の違いを次のように述べている。

周布は東北亡命の時、士籍、禄を奪い、下田踏海《とうかい》の時は、野山獄に投じ、今再び獄に投ずる。小田村士毅はこれと逆だった。亡命・踏海の時は、弟の健作と共に周旋救護に尽力した。私に再入獄の命令が下りた段階では死力を出して私を救出しようとした。たとえ重い罪を被るとしても気に掛けなかった。

松陰は兵学家で、勤王の実行方法を探ってきた。

小田村は儒学者で、安政五（一八五八）年十一月には明倫館助教、都講《とこう》座用務取計を命ぜられていた。都講とは明倫館の寮生を監督する役。藩の役職にある小田村が、支配書に正面から反対することは出来なかった。そこで小田村達は、松陰の罪名を問い続けることで、再入獄を阻止しようとした。また、行相府も罪名を問われたことを理由に、小田村達を罰することは出来なかった。慎重派の小田村の知恵が勝ったと言える。

小田村は、以前から京都遊学の志を持っていたが、松陰がこのような状況では、とても言い出せなかった。

小田村の気力、詩力、酒力

松陰は父の病状が回復してきたので、安政五（一八五八）年十二月二十六日夜、野山獄に身を投じることになった。この日別れを惜しんで、親戚、門生二十余名が集まり、送別の宴が開かれた。小田村も宴の中で松陰を激励する詩を作ったり、松陰と連句を作ったりした。二人の漢詩は、『同第四巻』にある。

別筵《べつえん》の作　　小田村士毅

胡塵漠々晝冥濛　天下無人護聖躬　九闕它年遭吉夢　金剛山在野山中

後醍醐《ごだいご》天皇が霊夢によって金剛山下で楠木正成《くすのきまさしげ》を得られた故事を引き合いに、外国が我が国をうかがっているのに希望が見出せない今、天子がもしいつの日か吉夢に遭われて、天子を護る人を得られるとすれば、その人は野山の中にいるだろう。それは野山獄の松陰その人で、勤王を本当に実行するのは松陰その人であると詠んだ詩である。

又　聯句

天子頻憂國若何　吾人此際故坎軻　寅二
平生不灑丈夫涙　翻向忠臣離席多　士毅

天子は国をどうしたものかと頻《しき》りに憂えているのに、私は一層志を得ないでいる。（松陰）
松陰は普段涙を流さないが、むしろ忠臣の離席を嘆いて多く流す。（士毅）
松陰の胸中を思いやる詩である。
松陰は送別の宴が盛り上がった時に気持ちを奮い起こし、父に別れを告げた。小田村は別れの酒宴の中で、一人でしきりに大杯を傾けながら悲憤慷慨《ひふんこうがい》した。「投獄紀事」から引用する。

是れ不平の酒なり、百杯するも酔はず。義卿は忠義の士なり、上《かみ》、天勅を奉じ、中《なか》、公の旨を仰ぎ、下《しも》、胡虜《こりょ》の塵を掃はんとす、是れ其の素志のみ。翻《かへ》って奸吏の歯牙に触れ、身を岸獄に投ず。吾れ自ら任じて其の罪名を白《あきらか》にせんとせしに、罪名白ならず、義卿往けり。吾れ其れ如何せん。

小田村は松陰を見送った後も、気に掛かる事があって眠れず、四首の詩を作って自ら野山獄の松陰に届けた。

松陰と別る、是の夜耿々《こうこう》として眠を成さず、此れを書して自ら遣《や》る（四首）　小田村士毅
臣而幸不死　報國可復為　岸獄是何物　牛舎艱天騏
天道非歟是　晁錯不謀身　忠冤一夜涕　何時灑帝宸

畢生竭王事　嘗盡萬苦辛　然諾姑相許　掩耳竊鈴人
歳杪乾坤雪満城　悲歌一闋割離情　酒醒半夜不成夢　燈火時為爆竹聲

意訳

松陰は野山獄に身を投じたが、家臣で幸いにも死ななければ、また国の恩に報いなければならない。狭い獄は、国の存亡を憂える松陰を苦しめる。

天は悪人に災いを、善人には福を与えるというが、松陰は自分のために企てたのではない。冤《えん》罪《ざい》を着せられた忠臣の一夜の涙を、何時の日かきっと、天皇の前で流そうではないか。

松陰は一生涯を天皇のために尽くし、たくさんの辛苦を味わってきた。それなのに承諾してしばらくの間、松陰の言葉を聞かない人を許す。

年の暮れの大地は雪に覆われ、悲しい歌が一曲終える毎に、別れの気持ちを割く。真夜中なのに酒が覚めて夢も見ず、仄かな燈火、時には爆竹の音がする。

小田村は松陰の事を思うと眠れず、国の将来を憂える松陰の再帰を期して、天皇のために尽くす日が来ることを信じ、今までにも十分辛苦を味わってきたので、もうしばらくの間忍ぼうではないか、和解すべき時を待って和解しても遅くはないと、呼びかけた。

二十七日、獄中で朝を迎えた松陰は、起きて昨夜の連句の下二句を小声で歌い、続けて自作の上二句を口ずさんだ。小田村が寄こした絶句「然諾姑相許　掩耳竊鈴人」の意図も考え、「和すべきの時を待ちて和するも未だ晩からざるなり」ということかと納得した。ここまで考えた松陰は、正に小田村が明倫館・松下村塾に屹立《きつりつ》し、だれもが尊敬する人物であると感服した。

さらに、松陰は前日の送別会を振り返り、小田村をたたえながらも、別れの寂しさを吐露した手紙を書いた。村塾生には詩を送った。「戊午幽室文稿」から引用する。

老兄の気力・詩力・酒力、皆僕の当る所に非ず。之れを終ふるに老兄は慍《いか》りて僕は楽しみ、老兄は留まりて僕は去る、頗る殺風景に属す。

同日、村塾來送の諸君に贈る　　松陰
送吾十四名　訣別曷多情　松塾當隆起　村君主義盟

意訳　我を送る者十四名、仲間と別れて、どうして気持ちが高ぶるのか。松下村塾は本当に勢いを高めるべきで、小田村君が義塾の盟主である。
松陰は村塾の益々の隆盛を願って、今後村塾を主宰するのは小田村であると、塾生たちに宣言した。いわゆる後継者の指名をした。

大原《おおはら》 卿《きょう》 西下策《さいかさく》を批判

松陰入獄後の小田村の考え・行動を、『同第五巻・八巻』から拾って追ってみる。
松陰が入獄した翌二十七日夜、小田村は、行相府手元役内藤万里助《ないとうまりのすけ》を訪ねた。内藤は松陰が入獄したので大変安心した様子で

野村　靖（入江和作）
（国立国会図書館所蔵）

「伊東伝之助・入江和作《わさく》（後の野村靖《やすし》）は、京都にいて密かに大原卿への要請策を行っていたが、事が洩《も》れ、昨日二人を獄に入れた」

小田村は知らない者のように大袈裟に驚いて見せ、さらに探ったところ、内藤は

「この事は全て松陰の暴挙から出たことだ。松陰は大原卿を盲信している。しかし、大原卿は一介の公卿に過ぎず、力のある公卿は度外視している。大原卿と共謀してはならないということは、京都の著名な公卿から密かに報告されている。しかし、二人は松陰の意を体して、正に事を起こそうとした。粗暴も甚だしい」と言った。

小田村はたまりかねて

「私は松陰の志を引き継ぐつもりだ。そして何時の日か大原卿の要請策をこれからの任務とする。そうして大原が本当に来たらどうする」

内藤

「これを阻む理由はないし、当然来るわけがない」

小田村

「そうならば私が思うに、松下村塾には大原卿に悪影響を及ぼすものがあるんだろう。私はこれを糾明《きゅうめい》することを要求する」

内藤は困惑したが、小田村はそれ以上責めなかった。

二十八日朝、小田村は伝之助を訪ね、垣根越しに伝之助を呼び出し、失敗の概略を聞いた。伝

之助は本当に熱心だったことを確認し、彼の気概に感服し労ってその場を去った。このことを松陰に知らせようと野山獄に行った。しかし、小田村はいまだに松陰が野山獄に投じられた事態を説明できず、面会のための方策も極めて下手で、番人が帰るところとなったため、不満足ながらその場を去り帰宅した。すでに夜になっていた。

二十九日、水戸藩士の弓削《ゆげ》三之允《さんのじょう》と三好貫太郎が萩に現れた。小田村は、同盟の話であろうと推察したが、藩政府は殊の外持て余しているようだった。何卒他国人の信を失わず、藩主の顔が汚れるようなことを言わなければ良いが、とばかり心配していた。

安政六（一八五九）年正月四日朝、然るべき役人は対応でき兼ねないと見え、山縣與一兵衛を暫定政府の替え玉として、対応させることを内藤が一決した。小田村は、内藤に次のように言った。

「櫻井純蔵も廣瀬謙吉も他国人で、この両人には政府全員が会ったのに、水戸藩士へは一人しか相対しないのは誠に疑問である」

小田村は勤王の取り締りを恐れる気持ちが心底にあったからだろうと思うと、実に嘆かわしかった。

四日、小田村は杉蔵からの手紙が最終的には獄中へ届くようにしたことを松陰に伝え、松陰に対応策を求めた。

五日、小田村の元に松陰から、「今日の急は、分からないように二、三人の志士を派遣し、密かに大原卿のもとに参上し、伝之助・和作の失敗を償い、これを成功させることのみ、その他は翼をおさめて、何も措置しないことが第一の措置である。また、新年より杉蔵の書を得た外、未だに諸友の新しい意見に接していない。熱望殊に甚だしい。老台には成説があると想像する。回答を祈る」と返事が届いた。松陰は塾生から何の連絡もないことが殊の外不満で、共に語れる友がいないことにも寂しさを感じていた。

六日の夜中、小田村は二人の水戸藩士と藩政府は協議すべきであると考えて、行相府右筆兼重譲蔵を訪ねて相談した。しかし、兼重からは水戸藩士の追放が一決されたことを知らされた。小田村は、藩政府が最近特に保守的になり、自分の意見を採用することはないことを悟った。

小田村は九日までに松陰の大原卿西下策について、杉蔵達と相談し「この策は炎火に身を投じるようなもので、塾中の志が伝わらない内に捕らえられてしまう。井上、周布、北條《ほうじょう》が京都に来ているのは、志士の義挙《ぎきょ》を阻むためであり、多分事は成功しないだろう。計画は綿密に立てなければ失敗する。吉凶《きっきょう》禍福《かふく》は予測できないがこの策は適当ではない」と、自分の意見を率直に松陰に伝えた。

十一日、小田村は松陰を諭す手紙を送った。翌十二日、松陰から反論する書が届いた。これから小田村の考えを推察すると、次のようになろう。水戸藩士を返してはならない、大原策を成功させるのは難しい、政府の反逆の炎は日に日に厳しく、我が党引き下がってじっとしているべき、この佐世彦七の説を当然とする。そして、諸友の多くはこれを支持している。

これに対して、松陰は十三日、兄杉梅太郎に「この度の臆病論、佐世彦七翁より出て、小田村以下諸同志皆々同調のことと思います。何分極論しなければいかん」と書を送った。また、十五日、久保清太郎には「投獄以来一書を得ていない。熱望殊に甚だしい。〈中略〉小田村も挫折の様子、佐世・岡部も同じと察せられます。杉蔵兄弟だけが頼りである」と小田村が臆病になり、挫折したと批判を繰り返した。松陰は野山獄にあって、目や耳を奪われ、情報が入らないため、狭い考えに陥っていた。

一方小田村は、松陰の見方とは違い、勤王に孤軍奮闘していた。十六日、小田村は前田孫右衛門に書を送り、杉蔵と和作兄弟を相対させること、十五日に来萩した播磨の大高又治郎《おおたかまたじろう》と備中の平島武次郎《ひらしまたけじろう》に、誰かが応接すれば、京都辺りの事情が分かるのではないかと意見具申した。しかし、前田から前向きな返事を得ることはできなかった。

十七日頃、小田村の元に松陰から、「子遠《しえん》（杉蔵）から来た書では、『大高・平島の二士が来た時、老台《ろうだい》は周旋に甚だ務めた。しかし、ことは遂に叶わなかった』叶わずと言えども、労は甚だ多い。両府の議論、詳しく老台から報告して欲しい。僕は耳を傾け目を拭い高報を待つ」と書が届いた。

この手紙にある通り、小田村が勤王に努めていることを知った松陰は、労いの言葉を贈った。この後の松陰は、小田村の勤王を貫くひたむきな態度に感じ入ったのか、小田村を非難する言葉はなくなり、信頼する言葉に変わっていった。また松陰が外界の情報に飢えていた様子もうかがえる。

松陰はこの頃の小田村を次のように評している。『同第八巻』「四五八」より引用する。

小田村人となり正直すぎるに困る。憤激の余りには心事を奸吏《かんり》へ吐き散し、却って奸吏を恐らかし、益々備をさする弊あり。中には此の事同志の妨げに相成る事あり。併し権謀なき所は天地に対すべし。

小田村が内藤に、松陰の志である大原卿西下策を引き継ぐと言ったり、村塾の何が大原卿に悪影響を及ぼすのか糾明して欲しいと迫ったりしたこと。さらに大原卿西下策は不適当な策であるとし、松陰が手足と頼む杉蔵の意識を変えてしまうのではないかと心配したことが、その理由と考えられる。

松陰は入獄後外部の者へ度々手紙を出したが、返事は全くなかった。小田村と杉蔵だけは、松陰と手紙の往復があった。しかし小田村も、十一日以降、佐世彦七翁の意見に従って、松陰から手紙が来ても返事を書かなかった。

二十三日、兄梅太郎が野山獄に来て松陰に「昨日、桂《かつら》小五郎《こごろう》が玉木叔父の所に来て、叔父が松陰をそれとなく批判して、諸同志との書信を絶たせようとした」と告げた。松陰はこれを聞いて、入獄以来塾生から手紙が全く届かなかった理由が分かった。落胆《らくたん》した松陰は、二十四日の午後から飲食を絶ち、「今より後、一つ喜快事あれば一飲食を進めよう、そうでなければ倒れるのみ」と誓った。松陰にとって最も耐えられなかったことは、親交《しんこう》と思っていた小田村と杉蔵が、松陰と絶交して手紙一本も寄こさず、深知《しんち》の桂は手紙の返事も寄こさないことだった。そこで松陰は同志と絶交することも宣言した。

絶食を松陰の父から聞いた小田村、佐世八十郎、岡部富太郎達は、殊の外悲しみ色々心配した。絶望のあまり絶食を宣言した松陰だが、父百合之助や母・瀧の情に訴える手紙、叔父の情理を尽くした手紙に心を動かされて、一日で絶食をやめた。

二十六日松陰は、小田村にこれまでの狂悖《きょうはい》の論から脱却したこと、以後は口を断って尊攘を言わない、筆を断って王夷《おうい》を書かない、老台その意味を了解して欲しいと、反省と覚悟を伝える手紙を書いた。

二十四日小田村は、杉蔵（この時は幽囚中）から、大高と平島が持参した定策《ていさく》の書面を良く見たいと、色々手段を講じてみたが難しかったと、報告を受けた。定策とは、臣下が天子を擁立する意味である。

伏見要駕策《ふしみようがさく》を阻止

安政六（一八五九）年一月末、松陰は清末《きよすえ》出身の舟越清蔵《ふなこしせいぞう》が萩に来たことを知ると、小田村に、佐世、久保清太郎の三人で清末論について、深く論議したらどうかと勧めた。清末論とは、清末（末家毛利讃岐守元純一万石の城下。現在の下関市清末）に同志が立てこもり、色々と策をめぐらす本拠地にしようというものである。杉蔵にも清末論について、小田村と論議を始めよと勧めたり段取りを伝えたりした。

尊王攘夷《そんのうじょうい》を口にしないと宣言した松陰であるが、好機到来と見るや、居ても立っても居られない気持ちを小田村や杉蔵にぶつけているのだろう。

一方小田村は、清末論に対抗する論を松陰に伝えたと考えられる。松陰は小田村の論では折り合えないと杉蔵に伝えたが、小田村は松陰が何と言おうと相手にしなかった。松陰は、杉蔵が小田村の論に同調すれば、自分は手足を奪われた猛士と嘆き、杉蔵に、「絶交してくれ」と求めた。

ところが、二月三日、松陰は杉蔵以下の四人が一時に釈放されたのを聞き大喜びし、怒りの気持ちを少し収めた。李卓吾の書を読んだところ、「逆則相反（逆《さから》エバ則チ相反シ）、順則相成（順《したが》エバ則チ相成《たいら》グ）」の八字を見つけて、自分のこれまでの言動は、正にこの通りで誤っていたことに気が付いた。

この前日、松陰は評定所に願い出て、要駕策について詳しく説明し、取り調べの場で堂々と正義を主張して一死を賜ろうという評定策を言い出した。これを聞いた小田村は、今まで松陰の策に不同意ばかりだったのに、この策には同意した。

しかし、四日になると松陰は小田村に、評定策を進めることは政府に逆らうことになり、自分を捨てさせる手段を進めるだけになってしまうのではないかと、迷いを伝えた。

松陰は清末策が小田村に反対され、評定策も適策ではないと考え、伏見要駕策の実現を期待して動き出した。伏見要駕作とは、参勤する藩主・毛利敬親が、参勤交代のため、伏見を通る際、大原卿に出向いて貰って、志士と共に藩主の京都入りを説得するというものである。

一方小田村は、要駕策は藩政府に相応に処置できる人がいないので成功しないというのが持論で、松陰が考えた謙遜策《けんそんさく》を政府に進言していた。謙遜策とは、参勤する藩主が、伏見で大高や平島等の勤王の志士から、入京を請われたとしても、随行する役人は概して度胸がなく、適切に対応できないだろうから、「謙譲《けんじょう》」の二字をもって拒むという策である。

二月十九日、慎重派の小田村は強行策を採る松陰と、考えが決定的に合わないことを知り、とうとう松陰には手紙をやらないと伝えた。

松陰は要駕策実現のため、杉蔵と和作兄弟と相談し、杉蔵を脱走させることを決めた。ところが杉蔵は、小田村や久坂玄瑞《くさかげんずい》達に度々押し止められ、結局挫折してしまった。これを見た弟の和作は奮い立ち、二月二十四日、杉蔵に代わって脱走し京都に向かった。これを知った小田村は、藩政府に通報し和作の追手が向かった。

小田村は杉蔵や和作が脱走・亡命すれば、一家の禄が削られてしまい、老母が餓死《がし》しかねないと考えて、二人の強行策には断固反対したのである。元々小田村は、亡命というのは人情と義理を尽くしきるまでは、誰であっても許すべきではないという考えを持っていた。

松陰は小田村によって、和作の脱走が露見してしまったため憤懣《ふんまん》やるかたなく、小田村は元来小量人であり、元来の大根本勤王腹でもなく藩政府のまわし者であると、いまだ嘗て無い程痛烈に非難した。また、昨年からの苦心が、小田村や玄瑞に悉《ことごと》く破られて、いつまでも牢獄に入っていなければならない不満をぶつけたりもした。さらに、小田村などの学者は死んでも益はなく、罪を責められて功なしなどと馬鹿なことを言って、官にしがみつき、妻子を守ることをもって祖先への大孝としていると、非難を繰り返した。

小田村は松陰から度々非難、憤懣を伝えられたり、自分と杉蔵兄弟の死罪を取り計らうよう依頼されたりしたが取り合わなかった。松陰の論策に回答すれば、火に油を注ぐようなもので、松陰の論が益々過激になり、外部へ漏れた場合最悪の事態を招くと恐れたのだ。

小田村はこれまで松陰からどんなに挑発されても、過激な尊王攘夷には走れなかったというのが真実だろう。小田村の境遇を考えれば当然だ。

実父母、養父母に先立たれて経済的に支えてくれる人はなく、自らの力で生活の糧を得る必要があり官吏の職を続けざるを得なかった。妻寿と幼い篤太郎と久米次郎の生活を支えるためには、現実的な選択をせざるを得なかった。これに対して、松陰は独身で経済的には親や兄梅太郎に頼っていた。さらに、小田村が万が一にも、入獄、死罪等になった場合、養子となって継いだ小田村家が絶えてしまうことを心配してもいた。

松陰は三月二十六日、小田村、岡部宛ての手紙の中で、勤王の手段として「草莽崛起《そうもうくっき》」という考えを伝え、以後草莽崛起への期待感を大きくしていった。草莽崛起とは、国事のために立ち上がる在野の志士を言う。松陰は冷静に現状を全体的に見た場合、勤王は長州藩だけではとても出来ないし義士もいないので、在野の志士の力に期待するしかないという考えに至ったと考えられる。

一方松陰は、勤王を考えながらも少しずつ冷静になり、小田村や諸友に対する言動を顧みるようになってきた。

四月十三日、小田村の所に松陰から漢詩と手紙が届いた。松陰が野山獄の中で、これまでの狂《きょう》狷《けん》な言動、今の苦しい境遇、身の処し方に苦しんでいる胸の内を赤裸々に詠み込んだ詩である。

この漢詩に続いて小田村は、松陰から小田村、久保、久坂に賜死《しし》の周旋を頼んだことは非情だった。さらに久坂、佐世、岡部、松浦を罵ったことを後悔していると、諸友に伝えて、自分を許して欲しいと依頼された。小田村に、心機一転し深い自省の気持ちを伝えたのだが、憤懣や狂狷のためと言い訳している松陰でもある。小田村は松陰の思い通りにならない存在だが、松陰が頼りにするのはやはり小田村である。

吉田松陰像
（京都大学附属図書館所蔵）

松陰に東送の命

安政六（一八五九）年五月十四日、松陰は兄梅太郎から幕府が発した東送の命を告げられた。

十五日夜、野山獄に兄、小田村、品川弥二郎、久坂玄瑞が相次いで集まった。松陰の過激な言動が幕府に知られないようにと、手紙の交換も絶っていたのに、幕府の知るところとなり愕然《がくぜん》としたことだろう。松陰を中心に、東送命令の意図、対策等が夜更けまで話し合われた。

十六日の朝、松陰の再帰は期待できないと考えた久坂は、松浦松洞《まつうらしょうどう》に松陰の肖像を描かせた。

小田村は、松陰に肖像画に自賛するよう勧めた。

十八日、小田村は松陰から、孟子の言葉「至誠而不動者未之有也」を送られた。松陰は我が至誠が伝わるか否か、身をもって試そうと決意した。『同第九巻』から引用する。

至誠にして動かざる者未《いま》だ之れあらざるなり。
吾れ学問二十年、齢《よわい》亦而立《じりつ》なり。然《しか》れども未だ能く斯の一語を解する能《あた》はず。今茲《ここ》に関左《かんさ》の行《こう》、願はくは身を以て之れを験《ため》さん。乃ち死生の大事の若《ごと》きは、姑《しばら》くこれを置く。己未五月。
二十一回猛士
此の語他日験《しるし》あらば、幸いにこれを世に傳へ、湮滅《いんめつ》を致すことなかれ。若し或は索然《さくぜん》として蹟《あと》なくんば、又幸に之を焚《や》き、醜《しゅう》を友朋に貽《のこ》すことなかれ。渾《すべ》て老兄の處分を仰ぐ。
辱愛友矩方再拝
五月十八日
彝堂村君士毅　足下

小田村のこれ以後の言動は、正にこの「至誠」を指針としているようである。彝堂《いどう》は楫取の号。

さらに松陰から別れの言葉の代わりに、次男久米次郎の初節句を祝う詩を贈られた。詩は割愛し跋文《ばつぶん》を『同第九巻』から引用する。

小田村米甥《べいせい》を賀するの詩に跋す

吾が妹婿《まいせい》彜堂村君は頸直敢言《けいちょくかんげん》、夙《つと》に風采《ふうさい》を著《あら》はす。吾れ曾て三次《みたび》罪を獲《え》しに、君皆其の間に周旋す。吾れ再び野山獄に繋がるるに及ぶや、君力を致すこと最も多し。此の行再帰、期なし、安《いず》くんぞ一言なきを得んや。然れども情懐蝟聚《じょうかいいしゅう》し、言豈に措き易からんや。因って今茲に端午阿甥《あせい》に贈るの詩を書し、以て永訣《えいけつ》の詞に代《か》ふ。時己未の皐月、梅雨連天、白日《はくじつ》見えず、中情知るべきなり。

松陰はこの跋文・漢詩において、小田村の人柄や人間性を端的に表現した。さらに、一番助力してくれた小田村には感謝の気持ちを込め、兄弟には父の職を継いで、家系を繁栄させよと言い残した。

同日、松陰は塾生から、松下村塾の塾政並びに教諭方について訪ねられると、次のように明快に回答した。『同第八巻』から引用する。

村塾、彜堂先生あり、何ぞ吾が言を待たん。塾政の大眼目は唯だ先生を尊奉するあるのみ。

松下村塾の後継者は、小田村であることを宣言したのである。

二十四日、松陰は東送の幕命を告げられ、司獄福川犀之助《しごくふくがわさいのすけ》の計らいで杉家に帰り、父母親戚と別れの挨拶を交わして、翌二十五日、萩から護送されていった。

松陰は十月二十五日から二十六日にかけて、門弟への遺書とも言える「留魂録《りゅうこんろく》」を書き、二十七日刑場の露と消えた。留魂録の始めには辞世の句が記されている。

身はたとひ武蔵《むさし》の野辺《のべ》に朽《く》ちぬとも留置《とどめおか》まし大和魂

この後小田村が江戸に滞在したのは、文久元（一八六一）年九月十六日藩主の東行に従って萩を出発し、十一月中旬頃江戸に到着してから、翌年六月三日頃までである。非番の日には松陰が埋葬された回向院《えこういん》の墓地を訪ねたのではないか。次の和歌二首は、この間に松陰の墓がある回向院に参詣し、詠んだと思われる。文久二年六月三日まで江戸に滞在していたので、第二首も不合理ではない。『同別巻（関係雑纂四五）』から引用。

千住なる吉田松陰のおくつきに詣ふて
去年見てし花は今年もかはらねとかれにし松の陰そ悲しき

五月廿五日亡友松陰ぬしかかへらぬ旅ちの別を思ひ出て
我も亦身を雲霧につゝまれて道ある空にいつか逢はなん

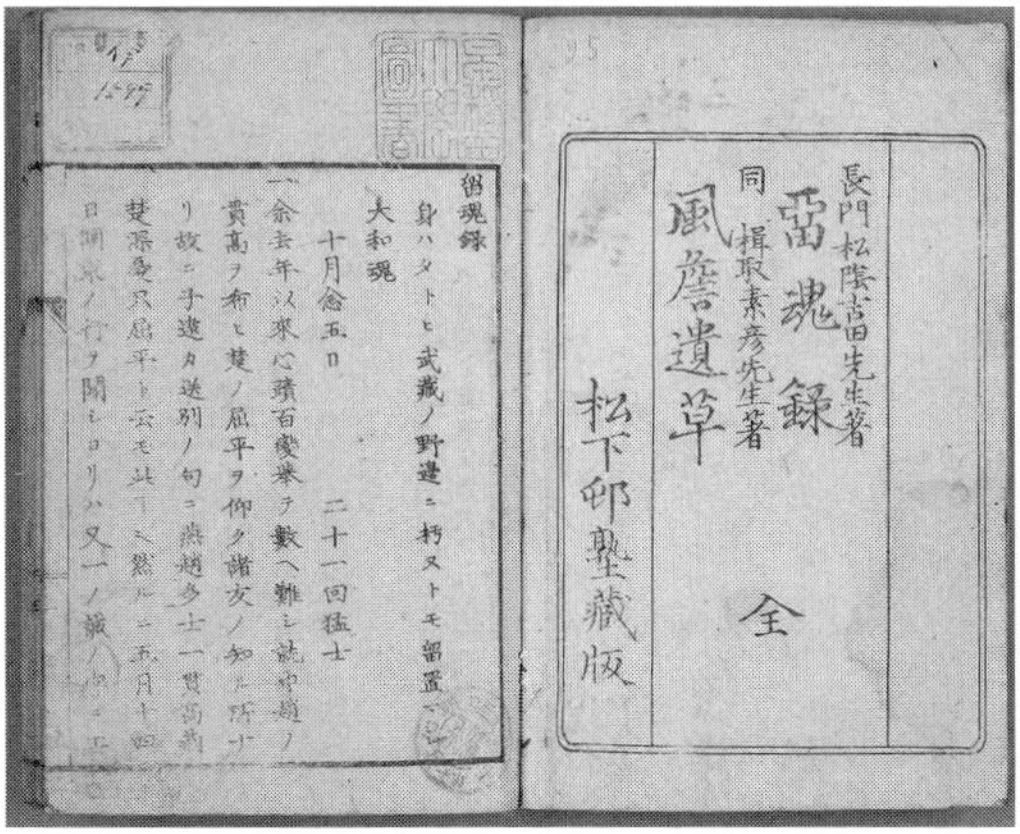

「留魂録　風詹遺草」（早稲田大学図書館所蔵）

『同別巻（関係雑纂六九）』「書松陰遺墨後」によると、明治四十四（一九一一）年六月三十日、楫取は松陰との関係を次のように回想している。

松陰は兵学で藩から禄を貰い、自分（楫取）は漢学で藩から禄を貰い、生業が各異なる。それゆえにまま議論が合わない事柄がある。松陰は議論厳正、議論しなければならない場合に当たって、回避するところがない。幕府は災いを恐れて死刑にした。

こぼればなし

境遇や性格が正反対だった二人

吉田松陰全集を元に、楫取と松陰の交友について記した。幕末長州藩の有名な志士と言えば、桂小五郎、高杉晋作、久坂玄瑞、伊藤博文の名が挙げられるが、彼らは松陰の門下生である。

楫取は松陰と対等の関係にあった友である。楫取の経歴として、松下村塾で松陰に学んだと記す文献もあるが、それは全くの誤解である。友ではあるが、どちらかと言うと、楫取が窮地に陥った松陰を金銭的に救ったり、話し相手になって気を紛らわしたりした、と言っても過言ではないように思う。甘えん坊で駄々をこねる松陰を、大人らしく優しく見守ってきたのが楫取であるように思う。なぜ楫取はこんなに優しく接することができたのかと、凡人には不思議なくらいである。磁石のプラス極とマイナス極が引き合うのと同じように、境遇、生業、性格が対極的であったがゆえに、互いに引き合ったのだろうか。また、二人共非常に生真面目で、当時の若者が遊びそうなことを全くしなかったことは、尊敬に値する。楫取は正に「歩く修身」だったと思わざるを得ない。

第二章

波乱の幕末——二度死を覚悟

俗論党により野山獄に投獄

元治《げんじ》元（一八六四）年七月十九日の「蛤御門《はまぐりごもん》の変」で大敗した長州藩では、長州征討（第一次）を決定した幕府への恭順を示す俗論党《ぞくろん》（保守派）が、九月に正義党（尊攘派）から政権を奪取した。

九月、三十六歳の楫取は予州宇和島藩へ、長州と幕府との調停を依頼するために派遣されたが、成果が得られず九月十七日帰藩する。同日藩命により素太郎《もとたろう》と改名する。

帰宅した小田村は、俗論党による粛清を予想し、妻寿には昨日まで着ていて垢や汗にまみれた旅衣を形見とし、身体の弱い篤太郎十歳には学者になれと、久米次郎六歳には武士になれと、父の願いを込めた歌を残した。『松陰先生にゆかり深き婦人』より引用する。

久しく旅にありて家に帰りけるに、程なく国難にあひて獄に下る事のありければ、妻に別るとて

きのふまで着つゝなれにし旅衣せご（夫）が残せし形見とも見よ

同じ時篤太郎（長子）にしめす

たらちねの親の諫《いさめ》をこゝろにて雪の窓にも文をよまなん

久米次郎（次子）に鎧櫃《よろいびつ》をのこすとて

亡きあとのかたみとのこすよろひびつあけてこそ知れ親のこゝろを

小田村の予想通り、俗論党による粛清が始まった。

九月二十五日、井上聞多《もんた》（馨《かおる》）が夜道で刺客に襲われた。翌二十六日には周布政之助が自刃した。十月十三日、山県半蔵（宍戸備後助《ししどびんごのすけ》）は罷免され、馬関《ばかん》（現下関市）へ逃亡した。同日小田村も、小納戸役ならびに書物掛、長崎聞役を罷免された。十七日、高杉晋作は政務役を罷免され、二十七日、脱藩し博多（現福岡市）にある野村望東尼《もとに》の平尾山荘に潜伏した。

『楫取素彦と幕末・明治の群像』所収の「楫取素彦書簡（楢崎弥八郎あて）」によると、閉居の身となった小田村は、十月に楢崎弥八郎《ならざきやはちろう》に手紙を送った。藩論が幕府恭順に変わって残念なこと、五卿の追放が気掛かりなことなど、さらに心境を歌に詠んで送った。

かしましき人の誹りは遮莫《さもあらばあれ》　赤き心は神やしるらむ

十一月二日、小田村は親類預けの沙汰を受けた。蛤御門の変で、義弟の久坂義助《よしすけ》（玄瑞）は自刃、松下村塾生の入江九一《いりえくいち》、寺島忠三郎《てらしまちゅうざぶろう》が討ち死にし、小田村も同志と見做《みな》されてのことである。

『楫取家文書二』（一七六）に、寿に宛てた遺言状（申残候言の葉）があり、沙汰を受ける直前の十一月に書いたと思われる。意訳する。

申残候言の葉

邪と正が混雑し、善と悪が入り乱れている情勢なので、我々の身の上は御裁許によっては、遠島、投獄、または減知、没収、どのような事態になるかも予測が難しい。しかしながら、我々のことは、御主意を承り、道理をゆがめないよう心掛けていれば、天地神明へ対し恥ずべきこととも思わないので、即今罪の有無をぺらぺらと言い訳はしない。天道は循環して端がないものならば、只今の情勢それほどまでに永続するものでもない。我々の冤罪も晴れる時が無いとも言えず、このような苦しみを気の毒とは思うな。昔年松陰兄がそなた達へ残された歌に、かくあらんをば武夫《もののふ》の常とも申されたのは、この時のことと思い合わせなければならない。これからは我々の心を察し、武人の子供を養育し、忠義の道を教え導き、賤しく浅ましいことは見習わぬよう、心を用いるよう頼む。

昔菅原道真丞相《じょうしょう》は博士の家柄だけれども、宇多天皇の御寵愛をもって三公と申し、朝政の御相談相手になられ、藤原時平などにその上首尾を妬まれ、遂に太宰府へ配流の御身となられた。そうとしても菅丞相の御誠忠は、長い年月までも光り輝き、天満宮と御崇敬され、時平の仕打ちを憎まない者はいない。我々が不肖で菅丞相に較べるのはもったいないことではあるが、御上の御寵愛を受け、直接の御用筋までも承って遂げてきた。その時は菅公の宇多天皇に御信用されたのにも似ていることなので、よそからの嫉妬《しっと》、讒言《ざんげん》をたくさん蒙ったことは、本よりその筈と言うべきである。これによって罪名が情実で軽くなることは、とても思えない身柄で、このように穏やかに落着をつければ、家内は本より骨肉眷族《けんぞく》に至るまで、上を怨み法吏を残酷と思って、怨んだり嘆いたりしてはならない。

これまではお役の余沢にて、篤太郎・久米次郎達の身の回りから腰物類、雪駄・下駄等に至るまで、人並みに劣らないよう仕立て、筆墨や紙、その外不足は見せないようにしたけれども、家門が衰微に向かうことから、以前の当たり前のことを捨てて不自由を忍び、金持ちの家の子弟を見習わぬよう、厳重に言って聞かせることが肝要である。私の身柄は、幼年より父上から離れ、三人の兄弟は、母上の養育によって人となることができた。その時のことを思い出せば、所帯などは甚だ貧乏で、物習いができる状況でもなく、母上は賃引織しわずかな工賃で、筆墨の買い出しまでもなされたくらい、何でも我々不自由を忍び、物習いも心掛ければ、今日に至りともかく人並みに劣らぬように世に立つことができた。その時より後幼年のことを思い出され、母上様の御辛抱を手本とし、子供等に不自由を耐え忍ばせて養育して欲しい。

身柄十二歳にして小田村姓を継ぎ、その時以来艱難《かんなん》流離《りゅうり》の身となり、二十一歳にして江戸へ行き、永い勤務中母上様亡き人となり、五カ年を経て帰国したけれども、我が家と決まった家もなく、御親族中の厄介となり、気兼ね気苦労で暮らしていたところ、そなたが当家に嫁した時の状況は、煮る、焼くの道具さえ不足して困りがちの事は承知しているだろう。その後互いの辛抱でかろうじて一軒を起こし、建具、敷物、台所道具までも、蟻の餌を拾うようにして集めた事なので、汗の油とも言うべきである。只今では我が身の存亡すら予測が難しく、家財の損失を懸念する必要もないけれども、一軒を起こして居れば、日用道具は無くてはならぬ物なので、家財の整理も心掛けて欲しいことである。まして目の前の身の回りの調度は、互いに辛抱の種なので、おおかた心得て取り扱うべきことである。

具足箱にしまってある小具足・陣羽織等、これまた家伝来の物とは言えない物だが、やはりその時以来の辛抱溜まりで調え置き、なお蔵書類も沢山はないけれども、四書・五経その外この節の物には事欠かないように調えてある。なかんずく四書並びに詩経・易経等は、以前骨を折って読んだので書き入れもしてあるゆえ、格別他人へ見せても得にもならないが、子供へはよくよく父の勤学の有様を、これで知らせて欲しい。だから子供等が物事について納得できるようになるまでは、あなたの元で念を入れて、書物類も紛失しないように心遣いせよ。

身柄は大逆無道の罪を犯した覚えもなければ、拝領の品まで取り上げられることは無いと思う。これまで頂いた御品は、皆々御上の御垢に染まった呉服で、もったいない物なので、大切に持ち伝えて欲しい。また家に残した御先祖方の筆物並びに名高い人の掛け物類も、粗末には取り扱ってはいけない。これも自分自身物好きで集めたものでなく、やはり子供から成長した後、手跡を見るもその人となりを思い出せば、成人になる助けともなるであろう。

親類、親族の交際を始め、格別出費して付き合いをするには及ばない。自らの人柄を良くして浅ましくでたらめな者の仲間に入らず、武士の楯を崩さず、婦徳を失わないよう心得ておいて欲しい。

元治元年子の霜月

もと太郎

お久どのへ

申のこし候

述懐
空蝉の命をたにもおしまぬに忍ふものかは主しの衛りを
玉となり砕くることそ嬉しけれ仇に命を惜しむものかは
一すしの臣の道さへ欠なくは蝦夷か千島も何かいとわん
さき達し人のあはれを身にそへて身の行末を思ひけるかな
いそのかみふるの道とてたとり行道こそ我は践な迷はす
浮雲の定めなき世をうれたみて袖は時雨ぬ時なかりけり

高杉晋作（国立国会図書館所蔵）

元治元（一八六四）年十一月十二日、俗論党政権は、幕府への恭順の意を示すために、「蛤御門の変」の責任者である益田右衛門介《ますだうえもんのすけ》、国司信濃《くにししなの》、福原越後《ふくはらえちご》の三家老を自刃させ、宍戸左馬之介《さまのすけ》、佐久間左兵衛《さへえ》、竹内正兵衛《しょうべえ》、中村九郎の四参謀を斬首した。

一方馬関（現下関市）に亡命していた高杉晋作は、十二月十五日、俗論党を打倒するため、五卿（三条実《さね》美《とみ》・三条西季知《さんじょうにしすえとも》・東久世通禧《ひがしくぜみちとみ》・壬生基修《みぶもとおさ》・四条隆《しじょうたか》謌《うた》）が潜伏していた功山寺《こうざんじ》（下関市長府）で挙兵し、下関新地《しんち》の役所を襲撃した。高杉挙兵の報が広まると井上聞多や品川弥二郎、山田市之允《いちのじょう》（顕義《あきよし》）、伊藤博文等の吉田松陰門下生達が呼応した。いわゆる元治の内乱の勃発である。

俗論党政権はこれらの動きを封じるため、十二月十八日、正義党の前田孫右衛門（政務係）、毛利登人《のぼる》（政務員）、大和邦之助（出納役）、渡辺内蔵太《くらた》（世子付）、山田亦助《またすけ》（政務員）、楢崎弥八郎（政務役）、松島剛蔵（海軍頭人）を野山獄に投じ、翌日斬首した。

実兄の松島剛蔵が俗論党により斬首された十二月十九日、小田村も波多野金吾《きんご》（広沢真臣《さねおみ》）、村田次郎三郎（大津唯雪《おおつただゆき》）、滝弥太郎《やたろう》とともに野山獄に投ぜられた。兄の投獄を知り、自分の死をも覚悟したであろう、迎えに来た輿《こし》に座ろうという時に、寿に詩を示し長年の苦労を労った。

勤倹十年労家政　裁縫紡績幾営為　糟糠未報阿卿徳　又向獄中賦別離

甲子臘月《ろうげつ》十九日投獄之命あり、将に輿《よ》に坐せんとして書して家人に似《しめ》す

組頭の宅で縄をかけられる時

十重二十重黒きなはめにかゝるとも
　　赤きこゝろをうつしやはする

『楫取家文書一』にも投獄される時の歌がある。

元治甲子の冬投獄の折たまたま雪といふ題にて
わか宿の軒にしけれる呉竹も夕の雪にふしやわふらむ

小田村は慶応元（一八六五）年の元日を野山獄で迎えた。この頃、我が身の潔白を訴え、いずれは出獄する時が来ると信じた歌を詠んでいる。

獄中の元日乙丑のとし
なき罪を知る人あらは我もまた春の恵に逢はさらめやは

同じ頃、雪が降る日の朝詠んだ歌がある。囚われて処刑される身の上を儚み、悲しくなって詠んだ歌である。『類題和歌月波集下』

野山獄跡　萩市にあり、吉田松陰や小田村が拘禁された獄。

おもひきやとまらぬ春の雪ながらなごりさへかくなくならんとは

寒く辛い日々の中にあっても、家族の消息に接して嬉しくなって詠んだ歌もある。囚われの身で何も出来ないため、逆境にある子供達の安泰を寿に託している。

朝夕のうきが中にも嬉しさは故里人のおとづれもがな
木がらしに吹立られし撫子もはゝその森にかげたのむなり

ある夜寿が子供を抱いて野山獄の門前で、父のいる方を指して教えていると、人が知らせてくれた時に、小田村は声を出して応えたい衝動を抑えつつ、やるせない気持ちを歌に込めて詠んでいる。

たれこめておきて（規則）きびしきわれなれば聲さへよそに洩らしかねつゝ

寿の心遣い

『松陰先生にゆかり深き婦人』に、小田村の獄中での不自由な生活を支えた寿の心遣いが二つある。

その一つは、差し入れた瀬戸の茶碗にまつわる話である。茶碗が「づく入道」の顔に似ているとして、投獄された仲間達が「づくにう」とあだ名を付け、食器兼洗面器として共同使用したという。小田村は後になって投獄された十二月十九日を遭難の記念日とし、獄中生活を忘れないように記念の集いをすることにした。ある年の集まりに、この瀬戸の茶碗について詠んでいる。

すえ物の思ひまはせばつくづくとひとや（牢）のむかししのび顔なる

同囚だった村田（大津唯雪）も、その蓋箱に「づくにう」を懐かしく思う歌を記している。もう一つは、「唐鋏《とうばさみ》」にまつわる話である。ある時寿は差し入れの握り飯の中に、長さ七、八センチの鋏を忍ばせて送った。小田村は元より仲間達が、これで爪やひげを切ることができて大いに重宝した。小田村は明治十七（一八八四）年の遭難記念日に、表包みの紙に「とうばさ美」と記し、中に次のように記した。

此ノ小鋏子ハ昔元治甲子ノ冬防長ノ國ニ内乱アリテ某等國事ニ坐シ獄ニ下レリ獄中寸鐵ヲモ禁ズルハ古今同一ナルニ家人ノ厚意ヨリ此ノ鋏子ヲ食物中ニ密蔵シ獄窓ニ投ジタリ即是某ト艱難《かんなん》ヲ偕《とも》ニスル一品ナレバ永ク遺失セシムルコト勿レ

明治十七年甲申十二月十九日記　哲

亡き寿の心遣い、夫婦の絆の証しでもある「づくにう」と「唐鋏」を、思い出の遺品として残したかったのであろう。

小田村は風流を解する寿の心遣いにより、獄中にありながらも詩歌を楽しむ心の潤いを持ち続けることができた。

女（妻）のもとより宿の春を見よとて柳一もと送りければ
青柳の緑はいとを結びつゝ妹が垣根の春ぞこひしき

妻のもとより梅一本をおくりければ
梅が枝に妹が情も見ゆるかな花のかほりに身をばよそへて

また、寿の姉、千代から届いた慰問の手紙を読んで、希望を強く持ったようである。

女の姉のかたより音信《おとづれ》ければ
春おそき花もまだきの梅が枝にこゝろありげに鶯のなく

小田村は高杉等の挙兵を知り、いつ処刑されるか不安な中にも、生への一縷《いちる》の望みを抱いたとも考えられる。

野山獄の外では、高杉達の正義党が慶応元（一八六五）年一月六日、山口県中央部の内陸にある大田《おおだ》・絵堂《えどう》で俗論党と戦い、一月十六日辛勝した。玉木文之進の息子である玉木彦介《ひこすけ》はこの戦いで負傷し、一月二十一日自害した。これを知った後に詠んだと思われる歌がある。（『吉田松陰全集別巻』）

吉田矩方《のりかた》（松陰）か死せるのちひき続久坂よし助兄なる松島久誠（剛蔵）おほやけのことにかゝつらひて身まかり（る）に玉木正弘（彦介）も絵堂の戦に打死ぬ己れはた国事にかゝりて獄に下りたれは世になからふへき身にもあらしとおほゆるまゝに
われをさへその人数にかそへましうからやからも国につくして
吉田矩方か涙松集をよんで
なき人の言の葉くさの跡わけて今そ知らるゝ深きこゝろの
敷しまの大和の道はひとすしに赤きこゝろの外なかりけり

女の母よりおとつれし時
うとまれて物のかすにもあらぬ身をうとまぬ人は君ならて誰そ

寿の実母瀧も野山獄に出向き、小田村を慰問している。獄につながれて疎んじられている身にもかかわらず、激励に訪れてくれた義母に感謝する。

野山獄から出獄

二月十一日、藩主敬親は孫の誕生をもって大赦《たいしゃ》を布告し、二月十四日、小田村たちは放免・自宅謹慎を命じられた。同日正義党が萩まで進軍し萩を囲んだところ、俗論党の中心人物である椋《むく》梨藤太《なしとうた》達が萩を脱出して内乱は終結した。

二月十五日の朝、小田村は出獄し、その時の喜びを歌に詠んでいる。（『楫取家文書一』）

二月十五日の朝出獄のおほせあれは
おもひきやきゆはかりなる露の身のふたゝひ御代の春に逢はんと

小田村が投獄された時の寿、家族の献身的な行動と、小田村の詠んだ歌をここに記した。小田村と寿が固い絆で結ばれていたことが理解できると思う。また、小田村は獄にありながらも志を強く持ち続けた。

慶応元（一八六五）年三月十日、小田村は謹慎を解かれた。

後年明治十四（一八八一）年九月、楫取はこの時の経緯を寿の墓碑の裏に、「甲子之變藩議鼎沸大起黨錮之獄余座下獄姻戚畏禍莫敢存問君爾然獨立倍信余輩所為」と、寿の愛情と献身的な行動に感謝し記している。

坂本龍馬《りょうま》との邂逅《かいこう》と薩長連合

出獄後の五月十四日、小田村は塩間鉄蔵と名を変え、三條実美以下五卿への使者として太宰府《だざいふ》へ赴くため山口を出発した。大正元年発行の『防長史談会雑誌第四巻（第三十三号）』所収の「薩長連合の発端」によると、太宰府滞在中、小田村が坂本龍馬に会ったことが、「薩長講和の開始になった」と楫取は答えている。この前後の経過を同誌により跡付けてみる。

このとき龍馬は京都から鹿児島へ行って、その帰りがけに太宰府へ寄ったようだ。この頃、長州藩内でも薩摩藩との連合論があり、薩長連合を受け入れる素地はあった。

薩摩藩・大山格之助《おおやまかくのすけ》との出会い

小田村は太宰府へ行く途中で、薩摩藩の大山格之助とたまたま会った。格之助は西郷隆盛や大久保利通の同志で、維新後は初代鹿児島県参事、権令、県令と昇進し、西南戦争では西郷軍に協力し、西郷軍の敗北後その罪により長崎で斬首された人である。

格之助から「京都の形勢はどうか」と聞かれ、何処かで話そうということになって、腰掛け茶屋で情報交換する。格之助から、現状を打開するためには、薩摩藩と長州藩は手を組むべきであるということが熱く語られたと想像する。

別れる時格之助から

「私はこれから京都へ上った以上は、考えも段々あるから、京都へ着いた上で、その考えを詳しく話そうと思うが、毛利の方はどうか」と聞かれる。

小田村は

「それは格別はないが、お前の考えを一応聞いてみても、どうしても薩長が反目していては事が行われない。どうにかして協力しなければなるまいと思うから、その辺は安心するがよい。京都へ上ったら、どうか京都の形勢を知らせてくれ」と言って別れた。

龍馬と巡り合う

五月二十三日、小田村が太宰府に滞在していると、旅館へ安藝守衛《あきしゅえい》（黒岩直方《くろいわなおかた》の変名、土佐勤王党、維新後は東京府に出仕）という人物が尋ねて来て

「君に一つ相談があって来た。というのは外ではないが、坂本龍馬が鹿児島から出て来たので、坂本に会ってくれないか」と告げられた。

小田村は

坂本龍馬
（国立国会図書館所蔵）

木戸孝允
（国立国会図書館所蔵）

「そこは会って話もしようが、一体主義はどう言うのか」と問い返した。

翌二十四日、龍馬が旅館に来て、小田村に考えを伝えた。

「このように薩長が反目していては、天下の事が思うようにならない。その辺の考えが大いにあるから、貴様にも一応話しておきたい。馬関（下関）に桂小五郎（木戸孝允《きどこういん》）が出ているから、桂に会って話そうと思う。しかし、今日馬関は厳重に閉鎖しているので、他藩の考えを入れることが容易でない。もし馬関へ突然行って思わぬ殺害にでも遭っては何にもならないから、貴様から一つ馬関へそのことを先に通じておいてくれ。桂に宛ててそのことを言ってやっておいてくれ」

小田村も

「それは容易なことで、貴様の考えも、わが輩の今ここでの考えも、先ず同じことであるから、桂においても格別異論はあるまいと思う。というのは、『これはどうしても連合しなければならない』と桂が言っていたのをわが輩は承知しているから、桂においても異論は無かろうと思う。試しに手紙を一つやるからその返事が来るまで待て」

龍馬は

「それはよい」

小田村が直ぐに手紙を書いて出したところ、桂から次のよう伝えてきた。

「それは差し支えないから、坂本なるものに来てもよいと言ってくれ。今馬関に散在している各隊の者にも決して粗暴のことをしないように注意しておくから、気掛かり無く来るように」

小田村がその手紙を龍馬に見せて、二人の会談のお膳立てができた。また、この時小田村は、馬関に着いたらまず入江和作を訪ねるよう示した。

山口に帰っていた小田村に時田《ときた》少輔《しょうすけ》から手紙で、慶応元（一八六五）年閏五月一日の夕方、龍馬と安藝守衛が馬関に現れたと入江和作から届け出があったこと、前に約束した通り桂に面談するつもりで来たのだろうと知らせてきた。

入江和作の邸跡（下関市）

龍馬は小田村に示された通り、入江和作の家を訪ねて薩長連合を説き、協力を求めたのであろう。入江和作は後の野村靖である。馬関の豪商「奈良屋」の次男として生まれる。兄は入江杉蔵（九一）である。吉田松陰の門下生で、尊王攘夷活動に参画するとともに、勤王の志士を物心両面から援助した。小田村が和作を訪ねるようにと言ったのは、龍馬への援助を期待してのことだろう。

桂との面談の内容は、西郷が近日上京するので、行きがけに馬関に立ち寄って桂に会いたいという西郷の意向を伝えるものだった。しかし、西郷は大久保一蔵《いちぞう》（利通）の要請で、長州再征を阻止するため汽船で京都へ直行することを優先したため、桂との会談は実現しなかった。

八月三日、小田村は山県半蔵とともに家業の侍儒を免ぜられて平士に任じられた。

右先年巳來御側儒被召仕候處兼て學術宜敷御主意筋を奉じ時務之建言も不少時勢切迫之折柄諸藩へ御使者事情探索等偏に御國家之御爲不一形遂苦勞畢竟愛國之心厚く別て御用に相立候に付是迄平役に被召遣候儀も有之旁格別之御心入を以て家業被成御免平士に被召仕候事

『防長回天史』七

龍馬と藩庁を仲介

慶応元（一八六五）年十月三日、小田村は小姓役筆頭役人通仕成に任じられ、備前の人で廣田稼之助の応接のために宮市（現山口県防府市）に出ていた。そこへ桂に会うために龍馬も来た。龍馬の目的は、京都の様子と西郷の意向を長州藩中枢に伝えるためだったが、桂は馬関にいて会えないので、小田村に仲介を頼みに来たのである。

このとき小田村は、龍馬から次のようなことを告げられた。

「九月二十一日、朝廷は徳川家茂《いえもち》から征長《せいちょう》（第二次長州征討）の勅許《ちょっきょ》を請われ、やむを得ず勅許を出した。薩摩藩の西郷達は大いに尽力したが、その効果もなかった。そのため蒸気船で早急に帰国し、兵を率いて大阪へ上り、兵力で再度阻止しようという策をとった。しかし、薩摩藩では兵糧米が不足し、馬関において求めたい。この西郷の意向を伝えるために自分はやって来た」

これを聞いた小田村は重大事と判断して、龍馬を山口の藩庁へ連れて行った。着いた頃はすでに暗くなっていた。

旧山口藩庁門（山口市）

小田村は藩庁で山田宇右衛門《うえもん》達に龍馬の来意を報告した。協議の結果、西郷の要請を受け入れる方向で対応策がまとまった。明けて四日の朝、藩庁では用所役の広沢兵助（真臣）、松原音三、小田村の三人が応対した。龍馬から同様のことが告げられた。

山口の藩庁は、西郷の要請を受け入れることになり、山田宇右衛門達四名連名の桂宛ての手紙により、その対応を桂に一任し、出せるだけの兵糧米を提供することが伝えられた。

小田村は五日の明け方までに、桂に宛てた一連の経過報告書（『防長回天史』七第十六章）を書き上げた。これは龍馬に託されて桂へ送られたようだ。これには、小田村の幕府への悲憤慷慨《ひふんこうがい》や桂への進言も記されており、小田村の考えを知ることが出来るので大要を記す。

去る三日、坂本竜馬が老兄（桂小五郎）を目指して宮市まで来着。同人の話の内容は重大事であり、私が同道して山口まで連れ帰り、広沢、松原などに引き合わせました。さてさて京都辺りの様子は嘆かわしい限りです。幕政が虚勢を張るのは今日に始まった事ではなく、珍しいことではないが、朝廷も微力で非常に嘆かわしく涙が流れます。坂本氏から直に話をお聞き取りになれば、まさに仰天と想像します。もっともこの件については薩摩藩はかなり抗論に及んだ様子。このことで参内の手はずなどあれこれあるように聞こえます。西郷の意向は広沢達も了承しているので、私どもよりは格別に申し上げません。ただただ非義の勅書《ちょくしょ》を取り戻すことは、どう考えても急ぐこと当然です。

この勅書がこのまま渡ってしまっては朝廷の失徳を天下に暴露してしまうことになり、恐れながら聖明のご威光にも疵が附くことなので、薩摩藩でも考えがあるならば、早急に速効策を天子に申し上げるよう神州のため希望します。幸いにも老兄が馬関に滞在しているならば、この辺の事を厳しく督促され成功を促していただきたい。長州藩はすでに決定した事筋も通るので、この際に臨んでいかなることがあろうとも声色を変えないのは当然であり、ただ一層兵士の士気を奮い立たせ、衆人の装いを戒めることが肝要な時期になり、これらに手抜かりにならぬよう、いずれも尽力していただかなければ叶いません。

さてさて、大臣（老臣であろう）が大阪へ行く相談も先ず前議を踏む手はずに決し、最も今日芸州の使者が山口へ入るはずで、右応答の上確固と進退を決めて頂きたい。何しろ大本を決める場が何より大切ですので、貴地の御用を早々に片づけて山口へ帰るのをお待ちしています。兼ねてからのお考えもあると思います。例の督責論現在丁度良い時と考えて申し上げました。賢明なる配慮をお願いします。

十月初五日暁天　素太郎

薩長連合成立の功労者

龍馬の話にある通り、幕府は慶応元（一八六五）年九月二十一日、長州再征の勅許を得た。しかし、幕府は動けないまま年を越し、翌年一月二十三日になって、長州処分が朝廷に受け入れられた。

一方龍馬が推進した薩長連合は、長州藩が薩摩藩に糧米を提供し、薩摩藩は長州藩の要請で名義を貸して汽船購入の便宜を図ったことで両藩の信頼関係が築かれ、一月二十一日、京都薩摩藩邸で、西郷隆盛、桂小五郎、龍馬の三者会談により両藩が和解し成立した。長州藩にとっては、長州再征に対する備えが出来た。

西郷と桂を仲介した功労者は龍馬であるが、龍馬と桂や藩庁との間を仲介したのは小田村である。小田村の時代の動向を見る先見性、行動力がなければ、龍馬の考える薩長連合を理解し、その実現のために即座に行動することは出来なかった。また、この時の役職が小姓役筆頭であり、龍馬から詳細な説明を聞いていた小田村の発言は、かなり影響力があったと思われる。

龍馬にしても小田村の力量を見抜いたが故に、頼りになる存在として小田村に協力を求めたと考えられる。

龍馬の語る薩長連合に意気投合し、共に語り合う中で、龍馬を信頼し、龍馬の意を汲んで即座に行動したことが薩長連合の発端になったと考えると、小田村の果たした役割は相当大きかった。

四境戦争直前―死を覚悟した幕府との応接

長州征討は、長州藩が恭順の意を示すため、長州藩と征長総督徳川慶勝《よしかつ》との間で、元治元（一八六四）年十一月、次の四項目を協定して長州処分とし、終結となるはずであった。①藩主父子の伏罪書と請書の提出②山口城の破却③三家老の自刃と四参謀の斬首④五卿の五藩への引き渡し

一方幕府はこの協定で征討を終結したことに不満で、もっと強硬な長州処分を言い渡すために、翌慶応元（一八六五）年、長州藩主敬親父子を江戸へ召致した。しかし、長州藩はその命令には従わなかった。

藩主敬親は三月藩是を「武備《ぶび》恭順《きょうじゅん》」とし、三支藩主や領民に明示した。幕府の長州再征が予想されていたからである。幕府の軍事力に対抗するためには、国内の武備を充実させる必要があるが、一朝一夕には出来ないので、当面は幕府に逆らうことはせず、「恭順」の姿勢を示して時間を稼ごうと考えていた。

長州藩は再度幕府から、徳山・岩国藩主の上坂に差し支えがあるなら、家来を上坂させよと命ぜられ、同年十月十一日、井原主計《いばらかずえ》と宍戸備後助（山県半蔵）を仲介藩の芸州藩へ派遣することにした。小田村はこの使節の付き添いを命ぜられた。

十一月四日、小笠原壱岐守《おがさわらいきのかみ》から芸州藩に長州藩主父子の伏罪については疑惑があり、糾問《きゅうもん》するため大目付永井主水正《もんどのしょう》を派遣するので、末家並びに家老を広島へ出頭させよとの命令が届いた。小田村はこの報告のため即日帰国し八日、藩主に上申した。

十一月十七日、小田村は一人で幕府問罪使《もんざいし》に対応することになった宍戸を支援するため、再度芸州行きを命ぜられた。この時、小田村の脳裏には、吉田松陰が敬慕する人物、留魂録にも書き残された一節、「趙《ちょう》の貫高《かんこう》を希ひ、楚の屈平《くっぺい》を仰ぐ」があったと思われる。評定所で信念を述べ、死罪となった松陰に我が身を重ね、自分も貫高や貫彪《かひょう》のように、命を懸けて信念を貫くという覚悟を詠んだ詩が『楫取家文書一』にある。

乙丑十一月十八日将再赴芸州加藤有隣来叙別席上賦似
風霜千里出郷闈　欲爲邦家釋積疑　前哲于今典刑在　貫高貫彪是吾師

意訳　厳しい苦難の続く遠い道を目指して郷関を出る。幕府から長州藩に積まれた疑いを解きたいからである。昔の哲人は、これまでにも刑罰にあっている。貫高・貫彪は、私の師である。

また、小田村が桂小五郎に宛てた手紙『木戸孝允《こういん》関係文書』「一七二　楫取素彦」によると「出先之儀は身命限尽力可仕候」と、自らの覚悟を伝えている。この手紙には、前出の「風霜千里出郷闈」の詩の外にもう一つの詩が記されている。これも幕府との交渉に当たっては、貫高、屈平、貫彪の教えをかたく守るという胸中を吐露している。

閑却家山旧講閙　不関進止渉群疑　孤忠唯有遵経語　墨守当仁不譲師

意訳　故郷のかつての騒動は打ち捨てておき、進止に関わらず、多くの疑惑について交渉する。一人の忠臣はただ聖人の教えに従い、墨守はなすべき事を自ら進んでやる。

慶応二（一八六六）年二月、四支藩（長府・清末・徳山・岩国）は、幕府から藩主・家老を広島に出頭させよとの命令を受けたが、今回も病気と称して応じなかった。

四月二日、小笠原壱岐守は、藩主父子・孫・四支藩主及び老臣宍戸備前・毛利筑前を広島に召致する幕命を発し、期限を四月二十一日とした。藩主父子孫については名代でも差し障りなしという命令だった。そこで、四月十三日藩主は、親書で自らの考えを告げ、宍戸備後助を名代に任命した。同日、小田村、赤川又太郎《またたろう》、佐伯太郎左衛門、藩医松村玄仲は、宍戸の随員を命じられた。小田村は広島の善正寺を宿泊所とした。

小田村達は期限の四月二十一日、宍戸が到着しないので、途中病のため一日猶予して欲しい旨の上申書を作って要請した。これも引き延ばし作戦であろう。

この頃小田村は、京都から小田村を訪ねた薩摩藩の福島新三郎から、京都の形勢と薩摩藩が再征の出兵を辞退したことを知らされた。

四月二十五日、芸州藩の寺尾生十郎が宍戸・小田村のもとに来て、二十七日前後、小笠原壱岐守から宍戸・小田村以下を国泰寺に召致して処分令を下すと伝えた。その時、芸州藩の意見として、命令に接して直ちに拒絶すると幕府の譴責《けんせき》を受ける虞《おそれ》があり、一度命令を受けた後、おもむろに藩内士民の嘆願を伝えて幕府の再考を促すようにしたらどうかと助言された。これに対して小田村は、長州処分を断っても幕府は聞き入れないだろうから必戦の外はなく、宍戸は元より自分も死ぬ覚悟である。中付日を絶縁の日として、四境を閉鎖して迎撃の外はないと覚悟を述べた。自藩が幕府の再征を想定して、昨年八月二十六日までに、ミニエー銃四千三百挺・ゲベール銃三千挺を入手し、これまで迎撃態勢を整えてきた。また、自らが関わった薩長同盟に基づき、薩摩藩が再征を辞退したことを直前に知り得た。このような内外共に整いつつある環境が強気の応答になったと考えられる。

死別の覚悟・蘭図

慶応二（一八六六）年四月二十八日夜、芸州藩経由で宍戸と四家（長府・徳山・清末・岩国）名代に、「明後朔日四時国泰寺へ罷出候様」と幕命が伝えられた。

二十九日、宍戸は病を理由に猶予を願い出た。小田村は芸州藩に、宍戸の猶予願いと四家名代の服装と通路について照会した。

五月一日午前八時頃、小田村・赤川又太郎・四家用人は、願成寺に集合し、四家名代に先立って国泰寺に行き待機した。境内では幕府の兵士数百人が武器を持って整列していて、厳重な警戒態勢が敷かれていた。

午後三時頃、四家名代は小笠原壱岐守から、長州藩及び四家に対する最終的な長州処分を伝えられた。

①高の内十万石を召し上げ②大膳《だいぜん》（藩主敬親）は蟄居《ちっきょ》隠居③長門（世子定広）は永蟄居《えいちっきょ》④家督《かとく》

は輿丸（敬親孫）で二十六万九千四百十一石とする―そして請け書の提出期限は二十日と告げられた。

さらに幕府は、檄徒藩士として、高杉晋作・桂小五郎・小田村文助・山県半蔵達十二人を広島へ出頭させるよう命令を出した。幕府はこの時点では、山県半蔵と宍戸、小田村文助と小田村素太郎が、同一人であることを認識していなかった。

同日芸州藩士が宍戸の旅宿に来て、宍戸・小田村の二人に滞留の命を伝えた。

翌二日、宍戸・小田村の二人は滞留の命を受け、しかも名前が檄徒藩士中に列記されているのを知り、到底帰郷は不可能であろうと覚悟した。五日付の藩庁への報告書「『防長回天史』八第二十五章」で、小田村は覚悟を大要次のように伝えた。

小田村が広島で死を覚悟して描いた欄の図
（「楫取素彦画　蘭図」　春風文庫所蔵）

> 拘留は兼ねてから覚悟していたことであり、失礼な扱いや残忍な所業をされたとしても、幕府の罪名を天下に暴く証拠ともなり、国にとっても損はない。

また、同時に使いを高森に派遣し、遊撃隊の河瀬安四郎（真孝《まさたか》）を招き後事を相談した。河瀬は五月五日帰国した。河瀬の帰国に際して、小田村は広島の善正寺で蘭の図を写し、河瀬に別れの意を述べて贈った。蘭図には次のような添え書きがある。晩稼は小田村の号である。

丙寅端午日写於藝城寓寺贈河瀬老兄叙別意
晩稼亭主人哲

翌慶応三年の初夏、名和道一《なわどういち》は、小田村が河瀬に述べた別意を添え書きとして残している。口絵写真を参照されたい。本文は『楫取素彦と幕末・明治の群像』から引用した。

此為晩稼小田村子死別之筆也、然而不日就縛矣、当是之時幕威燄然如火、曲直正邪燼然殆有勝于、天之勢雖天地如物、不能保其生死者、然況於人乎、夫蘭之於屈氏也、洞羅波兮、宗国顛覆九畹之園鞠為茂草今也、不然小田村子得于、君孚於人国香芬郁四海媚服為假使之死、於国寃浩筆凛洌於蘭亦有生色矣、会河瀬子之嘯也、与之吉田君蓋不独専其香者歟、爾後国運日盛天定理勝昔日之燄者、物滅正筆之燼豈久灰乎、於是小田村子脱厄而帰、余亦与二君倶解戎装各沐於余香、此画幸不為荊楚之有而益開生面云、吉田君者余之親友也、因譜一言為敢書其平昔云爾
丁卯初夏芳村道生書於守拙寓舎

小田村は次のようなことを言ったと思われる。

天の勢いでも世の中は物のごとく、その生死は保つことができない。ましてや人であればなおさらである。そもそも蘭が屈原《くつげん》に例えられる通りである。屈原が入水した汨羅《べきら》の波で、楚の国は転覆し、広大な園は今草が茂っている。そうならないよう私は幕府の謀略を見抜き罪を得る。屈原は江南で死んだ。他国で信任され、匂いは国中に香り、媚服は死に例えられる。屈原は自国で

は冤罪を着せられたが、多くの著述や凛冽《りんれつ》な気性は、聖なる蘭に例えられてもまた生色がある。

屈原（屈平）は、春秋戦国時代の楚国の政治家、詩人で、五月五日に汨羅江に入水自殺したと言う。屈原作と言われている「離騒《りそう》」の中には、香木、香草の名が多くあり、皆その身を美しく潔くする意味が含まれる。中でも蘭は香りが高い香草である。

小田村は幕府と自藩の関係を、春秋戦国時代の秦と楚の関係に例えた。その頃の秦は、謀略を企てて楚を併合しようと考えていた。秦は楚の懐王《かいおう》に会談を持ちかけて、秦に来るように申し入れた。この時屈原は、秦は信用できないから、秦に行かないように進言した。しかし懐王は、子《し》蘭《らん》に、交誼を結ぶよう勧められて秦に行ったところ、監禁され翌年客死してしまった。

小田村は死後蘭に例えられた屈原が、秦の謀略を見抜いて楚の国を守ろうとしたように、幕府の謀略にのって自藩を滅亡させるようなことは絶対しない。死を覚悟して応接に当たった決意を、蘭の絵に込めたのではないか。

また、この頃旅宿で、松原・広沢の二人と別れる際に詠んだ歌が、『松陰先生にゆかり深き婦人』にある。

広島のやどりにて松原・廣澤二氏に別るとて
神かけて誓ひし君が眞心を國の柱と我や頼まむ

土蔵に監禁

慶応二（一八六六）年五月八日夜、芸州藩から宍戸・小田村に、九日午前九時頃国泰寺へ出頭するよう、小笠原壱岐守の命令が伝えられた。しかし、宍戸は九日朝、病と称して今回も猶予を要請した。同日、小田村も宍戸の旅宿に来るようにという命令を受け取っていた。

その日の午後四時頃、芸州藩の目付・幕府の徒目付《かちめつけ》が幕兵を引き連れ、寺町の宍戸の旅宿を五重に取り囲んだ。芸州藩の目付が宍戸・小田村を幕吏の前に導くと、幕吏は不審ありと称し、二人を松平安芸守《あきのかみ》に預け置く命令を伝えた。

命令伝達が終わると、宍戸・小田村は、すぐ監輿《かんよ》に乗せられて旅宿に連れ戻された。徒目付がそこへ来て、書類を調べたり、残留できないからと、宍戸の手箱、二人の帯刀、持ち物を収容したりした。

この時、宍戸・小田村は、旅宿内で中村誠一・河北一《はじめ》達と永訣の酒を酌み交わしたり、書画を揮毫したりして目付の来るのを待っていた。河北達はその間に、書類を調べて有用の物を衣中に隠したり、館外に運び出したりしていた。宍戸・小田村は、芸州藩吏が目付を誘ってきても、なお酒を酌んでいて出ようともしなかった。芸州藩吏がしばしば宍戸を促すと、宍戸は静かに腫れ物に包帯を巻き、家来の肩に寄りかかって歩行困難の様子を装って出た。目付が命令を伝えると、宍戸は跪《ひざまず》いて黙って聞き、その指示する通り監輿に入った。幕吏は輿《こし》の戸を閉じ、細縄で輿を縛った。小田村も同様な取り扱いを受けたと思われる。

この時の意気込みを詠んだ歌が、『楫取家文書一』にある。外は梅雨時の雨が降っていたのであろう。

五月九日ひろ島の宿を出るとき
さみたれに残る花さへくちはてゝそれとも見えぬ大和撫子

二人は小笠原壱岐守が宿陣していた旅宿前の土蔵に幽閉された。宍戸は二階に、小田村は下に置かれた。死を覚悟した小田村が、故郷の妻や子供を案じて作ったと思われる歌が、『松陰先生にゆかり深き婦人』にある。

ふるさとの妹が垣根は五月雨におひやそふらん大和撫子
五月雨に打しをれつゝ撫子のぬれにし後の色ぞ増すなる

囚室に差し込む弱い光の中で、楚の国が滅んだ原因に思いを寄せながら、幕吏の主張を批判して詠んだと思われる詩もある。（『楫取家文書一』）

丙寅五月遭厄中偶作
晨光連日太熹微　満地陰雲掩客幃　鵑語何知楚囚意　向人謾叫不如帰

意訳　窓から差す早朝の光が、連日はなはだ柔らかくて弱いのは、雨雲が旅先の囚室を一面に覆っているからだ。ほととぎすは、楚の懐王がどうして囚われたのか訳を知るかと語り、人に向かって、帰る方が良いと強く叫んでいる。

また、囚室の中で、死後は賛美されるよりカラスやトビに食われて消えていきたいと、ふと起こった思いを詠んだと思われる詩もある。（『楫取家文書一』）

囚室偶感

魂神一躍去升天　身後何遑営墓田　磔柱塗金非我願　好将腐尸砲烏鳶

意訳　魂神は一足飛びに天へと去る。死後どうして墓場に押し込められようか。磔柱《はりつけばしら》に金を塗るのは私の願いではない。好ましいのはやはり、腐った屍となり、カラスやトンビに食われることだ。

釈放され帰国の途に

長州処分の拒絶は既定路線だが、今回も請け書の提出期限の延期を申し出た。小笠原壱岐守は、受け入れて二十九日とし、幕命に従わない場合は六月五日を防長侵攻の日とした。

四境戦争の戦闘は六月七日、幕府軍艦による瀬戸内海に浮かぶ周防《すおう》大島の砲撃から始まった。芸州方面は十四日、石州《せきしゅう》方面は十六日、小倉方面は十七日で、四方面とも長州軍が幕軍を破るという戦果を挙げていた。

六月二十一日夜、幽閉中の宍戸は、松平伯耆守《ほうきのかみ》（宗秀）からそっと招かれ、意向を聞かされた。松平伯耆守は小笠原壱岐守に代わって広島にいたのだが、幕府に不利な戦況を見て、宍戸・小田村を釈放して、和平策を講じようと考えた。しかし、宍戸は国情を説明し、説得は困難であると辞退した。

翌二十二日、宍戸・小田村は松平伯耆守から再び呼び出されて、釈放すると告げられた。何とか休戦に持ち込みたいという松平伯耆守の苦渋の独断であろうか。それとも休戦協定の立て役者としての功名心からだろうか。

二十五日、宍戸・小田村は五月九日以来、四十数日間の拘禁を解かれ、帰国の途についた。

これで小田村は、死を覚悟した幕府との応接から解放された。小田村が死を覚悟したのは今回で二度目である。初めは俗論党により野山獄に投獄された時で、元治元（一八六四）年十二月のこと。わずか一年半の間に、二度も死を覚悟した小田村だった。

こぼればなし

「竜馬がゆく」でデビュー

楫取素彦の玄孫《やしゃご》、楫取能彦氏の思い出に、氏が大学三年生の八月、両親と山口県に旅行に行き、楫取の旧宅があった三隅町二条窪を訪ねた時のことがある。その日は日曜日だったので、夜のNHKテレビ番組で大河ドラマ「竜馬がゆく」があり、丁度その日の放送で、大宰府に滞在している坂本龍馬を楫取が訪ねる場面があった。せりふ上だけの登場だが、「只今、小田村素太郎殿が到着されました」とドラマの中で放送されたのだと言う。何と、『花燃ゆ』が初めてではないのである。既に楫取はNHK大河ドラマにデビューしていたのである。司馬遼太郎氏の小説「竜馬がゆく」がデビュー作になったのである。しかし、拙著で記したように、楫取は「龍馬が自分を訪ねて来て、薩長連合の必要性を説いた。自分も同じ意見だったので、桂との間を取り持った」と、述べていることも忘れないで欲しい。

第三章

栄光の維新前夜

東上軍総督・毛利内匠の参謀となる

長州藩主毛利敬親と世子《せいし》定広《さだひろ》は、元治元（一八六四）年の蛤御門の変で、御所に発砲した責任を問われ、服罪のため、元治元年と慶応二（一八六六）年の二回、幕府から征討を受けた。

慶応三（一八六七）年七月、四境《しきょう》戦争（第二次長州征討）の停戦後、長州処分を伝達すると称して、「三末家中の一人吉川《きっかわ》氏並びに老臣一人を大坂に召致する」との幕命を受けた。このような長州藩の処分を伝達する幕府の召命は、これまでにも何回か出されていた。今回も処分を伝える使者には小田村が応接した。これまでにも同趣旨の使者に応接していたため、処分と対応の経緯について、誰よりも把握していたからだ。

長州藩ではこの幕命を失地回復の好機と捉え、この機に応じて重臣一人に上坂を命じ、警衛のために守護兵を従わせ、薩摩藩と協調して非常事態に備えることにした。この方針の下、九月十四日、家老の毛利内匠《たくみ》に上坂が命ぜられた。

毛利内匠は名を親信《ちかのぶ》、通称を常太郎、内匠、藤内《とうない》という。嘉永二（一八四九）年一月十日生まれ、長州藩一門の家老である右田《みぎた》毛利家の十二代目で、この時十八歳であった。

十九日、長州藩の宍戸、柏村《かしわむら》、木戸は、薩摩藩の大久保一蔵（利通《としみち》）、大山格之助（綱良《つなよし》）と協議して、二十五、六日頃薩長兵の同時東上を約束した。翌二十日、芸州藩とも出兵について協議し、毛利内匠を誘導する風を装って出兵することに決め、三藩連合東上が成立した。

二十一日、國貞直《くにさだなお》人《と》、小田村、長松文輔、山田市之允《いちのじょう》（顕義）達に上坂命令が出され、東上軍の幹部人事、組織編成が行われた。『防長回天史九』に辞令がある。

右毛利内匠参謀被仰付候事

國定直人
小田村素太郎

小田村はこの時三十八歳であった。幕府との交渉の経緯を詳しく知り、才知に長け応接についても如才ないため、若い内匠の参謀役に抜擢された。

二十四日、小田村は「楫取素彦」と改名し、同月二十五日には奥番頭に任じられた。楫取の名字は、小田村家が元は船の楫《かじ》を取っていた家柄に由来するという。奥番頭は、手廻組配下で、記録所役担当以外の藩主側近業務の一切を統括する。藩によっては「側用人《そばようにん》」とも言われている。格付けは五百石位で、役務では軍事指揮官に相当する。総督毛利内匠を補佐する参謀の役目が果たせるように、相当の格付けが与えられたと考えられる。

東上軍は奇兵隊、遊撃隊、整武隊、鋭武隊、膺《よう》懲《ちょう》隊、第二奇兵隊、参謀等からなり、総勢四百八十人。最終的には七百人に及んだ。

小松帯刀（国立国会図書館所蔵）

西郷との交渉役

慶応三（一八六七）年十月十四日、「討幕及び会桑征討の綸旨《りんじ》」が、長州藩と薩摩藩に発せられた。二十三日、今回は薩摩藩の小松帯刀《こまつたてわき》、西郷吉之助《きちのすけ》（隆盛《たかもり》）が山口に入り、薩摩軍の東上について再度協約が成立した。

翌二十四日、小松、西郷、大久保が薩摩に帰国する際、薩摩煙草、松魚節《かつおぶし》を、長州藩東上当局者である楫取、國貞、石部（東上軍蔵本役）、飯田（大検使）、長松（右筆）に贈り留別の意を表した。また楫取達も酒一樽を贈り餞《はなむけ》とした。

贈り物の交換から、二十三日の協議の場は、小松や西郷と長州藩東上当事者の初顔合わせだったと考えられる。酒肴《しゅこう》も供していることから、情報や意見交換しながら、信頼関係を深めたのだろう。

この後も協議は続けられ、十一月十八日の午後、毛利内匠及び楫取、國貞、山田、片野の当事者は、西郷達と協議して今後の方針六箇条を決定した。楫取自筆の原本が残っていることから、参謀役の楫取が中心になって、西郷達との協議を進めたと考えられる。

一　三藩共浪華《なにわ》根拠の事
一　根拠守衛薩藩二小隊長芸の内相加候事
一　薩侯御一手は京師を専任とす
一　長芸の内一藩京師を応援す
一　薩侯御着坂二十一日にて二十三日御入京二十五日三田尻出浮《しゅっふ》候兵（長兵）出帆二十八日
　　西ノ宮着薩藩より京師の模様報知の上進入の筈
一　〇之義は山崎路より西ノ宮へ脱詰まり芸州まで之事

『防長回天史九』

東上軍が摂津打出浜に上陸

慶応三（一八六七）年十一月二十五日、総督及び楫取達の属員は鞠府《まりふ》艦に搭乗し、奇兵隊等は六艦に分乗して三田尻（現防府市）を出港した。同月二十九日早朝、摂津《せっつ》の打出浜《うちではま》（現兵庫県芦屋市）に上陸し、親王寺を本営とした。この頃楫取が詠んだ歌が、『楫取家文書一』にある。

丁卯《ひのとう》の冬都へ戦たちして西宮にやとりしをり
戍士のかりねのやとの寒きかな八幡あたりは雪けなるらむ

八幡《やわた》は淀川の左岸にあり、男山の山頂にある石清水《いわしみず》八幡宮の門前町である。対岸は山崎である。山崎の背面にある天王山と男山に挟まれたこの地は狭隘《きょうあい》地になっている。山崎は豊臣秀吉と明智光秀が雌雄を決した山崎合戦の地としても知られている。この地の利を生かして、山崎には山崎関門（砲台）、八幡には橋本関門（砲台）が設けられ、幕府軍の強力な防御線が作られていた。西の宮から京都へ進軍するためには通過しなければならない大関門である。『防長回天史九』にもあるように、東上軍の面々は、「山崎八幡両所に大関門有之進陣の節は決してこの地異変と被伺申候」「内匠殿をはじめ一達中着京即刻戦争とのみ相心得」という認識だった。特に橋本関門を守る幕府軍は強敵と見なされていた。

寒い打出浜に上陸した楫取の脳裏には、そこでいずれは幕府軍と雌雄を決し、それは雪の中での激戦となろうという予感があったのかも知れない。事実、鳥羽伏見の戦いの四日目、一月六日、奇兵隊、第二奇兵隊、整武隊、膺懲隊等が八幡を攻めている。

東上軍入京

西の宮の東上軍（梅枝軍と自称）は十二月八日、薩摩藩の大山弥助《やすけ》（大山巌《いわお》）から、この日の朝議で、「毛利父子末家等の官位復活と入京許可」が議題に上がり、入京の時期になったことを告げられた。東上軍は直ちに装備を整え、奇兵隊・遊撃隊を先鋒《せんぽう》に京を目指して進軍を開始した。夜半には西国街道の郡山《こおりやま》、翌九日早朝には芥川《あくたがわ》を通過し、山崎に到着した。山崎関門では、藤堂藩の守備兵と押し問答になり、一触即発の事態となった。

楫取の次の詩は、このような状況下で詠まれたのではないかと思われる。討幕の時、正義の行為であるという自負、自信が表れているように思う。『楫取家文書一』

聞幕府檄列藩徴兵以本月十日爲期時十二月九日也

山陽陸続簇干兵　徴募応期倡進征　我輩不闘威伏術　笑聞四面楚歌声

意訳　西国街道から次々と兵士が群がり集まってくる。兵を募集し、吉凶実現の時、僅かに東征を進める。我々には戦術を隠して恐れさせるなんてことは関係ない。四面楚歌の声を聞いて笑う。

　押し問答している間に入京の勅許が関門に届き、東上軍は、交戦する事もなく山崎関門を通過し、粟生《あお》光明寺《こうみょうじ》（現長岡京市）に入り、ここを本営とした。光明寺沿革誌に、「慶応三年十二月の初めの頃、長州藩奇兵隊外七隊三千余人が来て、宿陣を請いて翌年正月三日伏見鳥羽淀街戦に出兵する時まで当山に帯陣された。当時宿陣の隊中より謝金を山納されたもの修繕費に充てた」と、帯陣人数、期間が記されている。西郷からも密かに、敬親・定広父子等の官位復旧入洛免許の朝命が下った旨の連絡が届いていた。『防長回天史九』によると、心底安堵した楫取と國貞は九日、早速薩芸二藩へ「入洛被仰出猶官位如元の御達有之難有仕合に奉存候」と感謝の意を表す書を送った。外交担当参謀としての行動であろう。

総本山　光明寺の総門　蓮生法師（武将熊谷次郎直実）が開いた寺院。

　一方、楫取達が光明寺に落ち着いた頃、御所では大変革が始まろうとしていた。

　九日午前十時頃、西郷に指揮された薩摩藩兵が、御所の内外諸門を抑え通行を制限した。この状況下で蟄居《ちっきょ》を解除された岩倉具視《いわくらともみ》が参内し、天皇に奏上した。これを受けて天皇は「王政復古の大号令」を発した。

　続いて政府組織の大改革が断行された。これまでの摂政・関白などの旧官職が全廃され、臨時的に総裁・議定・参与の三職が設置された。

　さらに午後八時頃から、三職による小御所会議《こごしょかいぎ》が開かれ、徳川慶喜《よしのぶ》に官位辞退、領地上納を命ずることが決定

品川弥二郎
（国立国会図書館所蔵）

された。

東上軍は九日の夕刻品川弥二郎から、「今日午前一統御退散相成直に例の手都合《てつごう》通り正議公卿又々御参内土芸薩其外参内思いの外薩兵も早く繰込み申候乍併未だ発火の声なし」と知らされた。「例の手都合」とあるように、楫取をはじめ東上軍は計画を知っていたようだ。

官位復旧により「朝敵《ちょうてき》」の汚名を返上することができ、長州藩にとって、この日は悲願達成の日となったのである。丁度一年後の明治元（一八六八）年十二月九日、楫取は、この一年間を振り返って、思うところを詩に詠んでいる。（『楫取素彦と幕末・明治の群像』所収「楫取素彦詩書」山口県立山口博物館蔵）

以丁卯臘月初九藩兵入京、十日拝公位復旧之勅、今茲戊辰、公齢当知命、開慶賀之宴、値去臘拝勅之日、臣哲等陪杯觴、彼此触感、因賦一絶以鳴私懐

去年今日拝天書　闔陣歓声兵気舒　今年陪筵恰其日　慶期両度不齟齬

臣哲稽首再拝

意訳　丁卯（慶応三年）の十二月九日、藩兵が入京した。十日公位復旧の勅を拝し、今は戊辰《ぼしん》

の年で一年が経った。公は五十歳になり、慶賀の宴を開いた。昨年の十二月勅を拝した日と同じ日で、家臣の哲達《さとし》は酒宴に陪席している。色々感じることがあるので、一首の絶句に私の感慨を認める。

去年の今日朝命を拝した。陣中には歓声があり　兵の気持ちは晴れた。今年のまさに同じ日、酒宴に陪席している。めでたい一年が再びあっても齟齬《そご》はない。

御所へ参内

慶応三（一八六七）年十二月十日薄暮、光明寺にいた東上軍本営に、早々入京すべしとの連絡があり、毛利内匠一行は三中隊を引き連れて、相国寺《しょうこくじ》の薩摩藩営に向かった。夜半には到着したと思われる。

一方楫取は、平穏に山崎関門を通過できるよう手配してくれた礼を述べるため、十日午後七時頃、御所の北にある薩摩藩邸を訪問していた。毛利内匠一行が相国寺に来たことを聞いて、楫取も合流した。薩摩藩邸と相国寺は隣接しているので、楫取にもすぐ情報が伝わったと思われる。

薩摩藩邸跡の碑
京都御所の北側にあった薩摩藩の藩邸跡に立つ碑。

到着早々に毛利内匠、楫取、國貞、林半七、世良修蔵《せらしゅうぞう》は、御所へ召され、品川を先頭に乾《いぬい》門より参内《さんだい》した。非蔵人口から、西郷、大久保の二人が先導して一室に入り待機する。その後「鶴の間」（殿上人《てんじょうびと》の間）に誘われ、大納言中山忠能《ただやす》から叡旨《えいし》を口達された。（『防長回天史九』）

朝命
多年勤王今度応召速に登京御満足被思召候事
警衛場所之儀は追て可有御沙汰候事

毛利内匠が拝命して退出した頃、東方の空は白み始めていた。楫取の歌に、この日御所を警備していた藩兵の姿を見て詠んだと思われるものがある。夜通し焚《た》いていた庭火も煙が絶え絶えとなり、寒空の下にいた衛士《えじ》の衣に霜が降りている姿と、自分たちが寸前まで置かれていた姿とを対比して、心動かされたのだろう。（『楫取家文書一』）

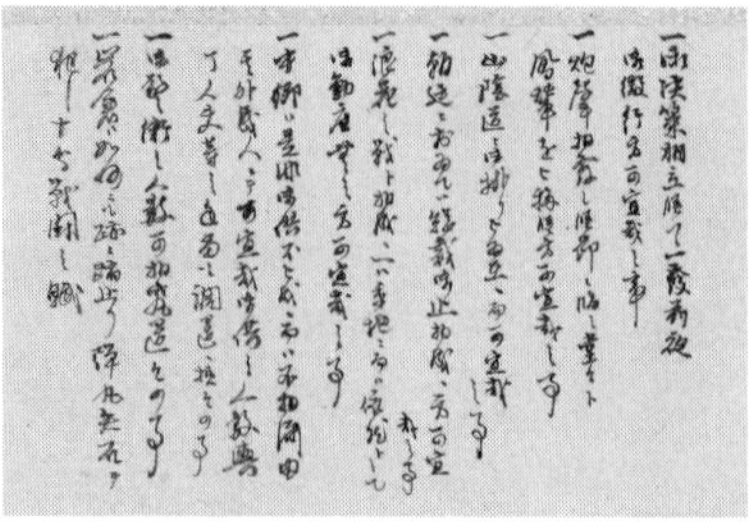

師走十日の夜禁中にて
夜もすから庭火の烟《けむり》たえたえに衛士か衣も霜やおくらむ

御所を退出した楫取は、今日の中山忠能から叡旨の口達、既決の徳川慶喜、会津・桑名藩の処分等について、藩政府へ報告する書を認めた。

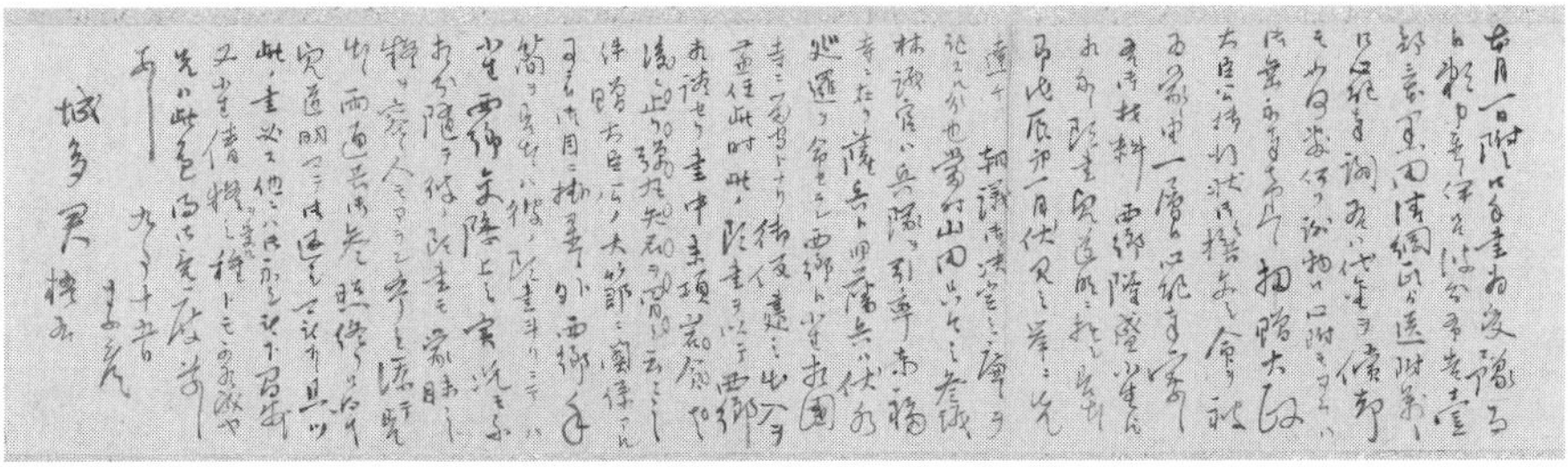

西郷隆盛筆の願書（協議書）　早稲田大学図書館所蔵

京都の楫取が、西郷隆盛から受け取った幕府軍との戦闘に関する願書（協議書）＝前ページ。楫取が当時西郷と情報交換していたことを城多に伝えている手紙と、その証拠としての西郷隆盛の願書（協議書）。

西郷と連絡を取り合う

慶応三（一八六七）年十二月下旬頃、楫取は西郷とともに、御所の「仮建《かりだて》」の出入りを兼任していた。西郷と楫取は、仮建に出入りすることが許され、朝廷の武家伝奏《ぶけでんそう》や議奏《ぎそう》との連絡調整の役を果たしていたと考えられる。

二十四日、楫取は命に依り参朝し、公父子及び支藩主を天皇の元に召すという命令書を受け取った。

長門宰相

一大新御時節早々上京精々盡力奉公可有之御沙汰候事

（十二月）

（世子并に支藩三家への召命其文各々皆之れに同じ）

召命を受け取った時、楫取は天皇を遵奉してきた松陰の無念さを思い出し、喜びもひとしおだったろう。

この事と前後して、楫取は、相国寺に一緒に詰めていた西郷から、直筆の願書（協議書）を渡されて相談された。この願書は楫取が保管していたもので、明治になってから、楫取が城多《きた》菫《ただす》に宛てた手紙にその経緯が記されている。『早稲田大学古典籍総合データーベース』所収の「城多菫宛て文書」

西郷隆盛筆の願書（協議書）
一御決策相立候は〻一発前夜御微行之方可宜哉之事
一炮声相発し候節に臨み堂々と鳳輦を被移候方可宜哉之事
一山陰道に御掛り被爲在候而可宜哉之事
一朝廷におひては総裁（有栖川宮）御止相成候方可宜哉之事
一浪花之戦と相成候へは京地にては依然として御動座無之方可宜哉之事
一中卿（中山忠能）は是非御供不相成候而は不相済由其外幾人に而可宜哉御供之人数輿丁人夫等之手当も調置候様との事
一御警衛之人数可相究置との事
一岩倉（岩倉具視）は如何にも跡に陥（ママ）止り弾丸矢石を犯し十分戦闘之賦

右御材料　西郷隆盛小生江相示候願書児道明ニ托シ差出候即戊辰第一日伏見之挙ニ先達チ朝議御決定之廉々ヲ記スル分也當時山田只々之参議林議官ハ兵隊ヲ引率東福寺ニ在リ薩兵ト旧藩兵ハ伏見巡邏ヲ命セラレ西郷ト小生相國寺に留守トナリ御仮建之出入ヲ兼任此時此ノ願書ヲ以テ西郷相談セリ〈略〉西郷手簡ヲ差出候ハ彼ノ願書斗リニテハ小生西郷交際上之実況モ不相分随テ彼ノ願書モ蒙昧之物ヲ容候人モアラン乎と添テ差出候
（明治十六年か）九月十五日

西郷隆盛（国立国会図書館所蔵）

この願書の第一項「朝廷の方策が決定されれば一発、則ち幕府との戦端を開き、天皇を密かに移す」ことから、西郷は幕府と戦争する決意であったことがうかがえる。また、楫取も軍略家西郷の周到な計画を知り、決意を新たにしたことだろう。

楫取はこの願書を毛利内匠、國貞達に見せて検討し、長州藩としての意見をまとめ、懇書《こんしょ》（要望書）として西郷に渡したのではないだろうか。そして、二十五日の夕方、西郷は、懇書を返却しようとした。しかし、事情があって渡せなかったので、翌二十六日、この手紙に添えて懇書を楫取に返上したと考えられる。（『楫取家文書 一』）

別紙御懇書昨夕御返却可仕之處甚以不埒之仕合御座候右之御文面に而決而違存は無御座候付返上仕候間御落手可被下候以上

十二月廿六日

西郷吉之助

楫取素彦様

この手紙で西郷が、「右之御文面に決而違存は無御座候付、返上仕候間御落手可被下候」とあるので、懇書の内容に異存がないことが読み取れる。西郷から返却された懇書の内容は不明であるが、この頃楫取と西郷が、頻繁に連絡を取り合っていたことが分かる。

また、楫取は、翌年この頃の西郷の姿を詩に詠んでいる。（『楫取家文書一』）

憶昨行寄懐西郷南洲《なんしゅう》

風雪京城候騎馳　上林何識物萃移　記不寒夜草飛檄　相国門前畫策時

意訳　昨年の行動を思い、西郷南洲に贈る。

西郷はいつも相国寺の門前で、幕兵に勝つための方策を考えていた。そのために騎兵を京都市中に走らせて情報を集めて、策を考え檄文を書いていた。

昨年の西郷の活躍を思い出し、懐かしく思って作った詩と思われる。楫取は西郷を側近くで見ていて、維新を成し遂げた西郷の執念に感じ入っていたのだろう。

鳥羽伏見の戦い前後

明治元（一八六八）年一月三日、鳥羽伏見の戦闘初日、西郷が楫取へ宛てた手紙がある。（『楫取家文書一』）

御返書忝拝誦仕候陳は鳥羽街道江も出懸候半歟と相察候付彼方江も手配仕候付御含置可被下

候尤戎装に而登京之義は何分朝廷より之御沙汰有之迄は相控候様巡邏之三藩より談判に可及趣は只今御伺申上置候付左様御納得可被下候此旨又々奉得御意候頓首

正月三日

西郷吉之助

楫取素彦様

「陣《のぶれ》は鳥羽街道江も出懸候半歟と相察候」から、楫取は、西郷がこの返書を書いた頃、鳥羽伏見へ向かっていたようである。この頃長州藩兵は、伏見の警衛を命じられて、伏見奉行所の北にある御香宮《ごこうのみや》神社の西方に布陣していた。(『鳥羽伏見の戦い』　野口武彦著)　また、この文面から、緊迫した状況下で、西郷と楫取は、手紙で頻繁に情報交換していたことが分かる。正にこの日の夕刻、鳥羽伏見で砲声が上がり、ついに戦端が開かれた。薩摩藩と長州藩を主力とする新政府軍は、数で圧倒する幕府軍と交戦し、三日間の激戦の末に幕府軍を敗走させた。この勝利が「王政復古」を確実なものにしたと言える。

楫取は一月十二日、三日に始まった鳥羽伏見の戦いについて、山口の藩政府へ書き送っている。『防長回天史十』所収の「楫取の書簡」には、大要次のように記されている。

悪計にて本月三日、会（会津）賊その外合わせて伏見まで押し寄せ、早速御国と薩藩で相談の上出兵したところ、最早下鳥羽までやって来ていて、伏見、鳥羽の両道で防戦しました。賊兵は怯んで淀城へ籠もり激戦となりました。我兵が追跡したところ、賊兵は支え切れなかったと見えて、橋本まで退却したところで、朝廷の指図で芸藩・因幡藩・土佐藩から援兵が出されました。山崎関門は藤堂藩の担当で傍観していたが、四條殿が勅使を差し向け、傍観の罪を責めれば、にわかに奮激し、山崎関門より東賊を挟撃しました。即日八幡、橋本も掃討の成果があり、この日平六郎様にも山崎観音寺まで御出馬し、御自分で戦闘の指揮を行いました。

八日には東賊は大阪城へ退却し、遂に付近の街に放火。慶喜を始め会桑賊徒は脱走し、慶喜は紀州へ落ちたようにも伝わってきましたが、実否は審らかではありません。我兵と薩兵は、相談して早速大阪城へ下り、それぞれ鎮撫の作業に入ったところ、余程狼狽して退却した様子で、金穀の没収は数知らず莫大でした。征討将軍は、仁和寺の宮、勅命を奉じて四日、東寺まで御出馬し、錦旗を見た者で感泣しない者はなく、東賊の臆病なことこの如く容易とは。最も会津兵などは奮闘し、敵ながらも感心です。

それにしても長薩の兵は、合わせて千人には満たず、長薩の勢い、人々猛虎のように思っています。この辺り御国にては余分の国力を費やされ、兵備を拡張して今日に至り、天下に赤々と輝き臺下（閣下）の御面目は最上の事と尚更有り難く思います。諸隊の兵士の死傷も随分ありますが、朝廷より厚い御沙汰の品もあり、兵隊も死んでも余栄ありと思います。軍費の手当も朝廷より厚く御手当仰せつけられましたが、差し支えなく御心配ありません。既にこの辺りの守護職に対する御手当の糧米、土地とも三万石近くあるのを長薩両藩へ下さる御沙汰がありましたが、この件もお断りし、少しでも朝廷の兵備に充てられるよう申し上げておきました。

去る十日には慶喜、会津、桑名、備中松山、予州松山、下総大多喜は、官位を召し上げられ、征討の御沙汰があり、既に大津口へは橋本少将殿、柳原侍従殿が、総督となって出張しました。肥後、備前、大村、佐土原、阿州等の兵隊が付き添い、直ぐさま桑名へ進軍に決定しました。彦根藩も挙国王室のために忠を尽くすことを申し出、笑止の至りです。朝議はこの機会に乗じて、関東までも攻め下ると議決しましたが、私どもの考えでは、只今朝廷におかれては、恃みにされているのは薩長の兵隊のみで、なかなか列藩は頼りにもなりません。ひとまず山陽、山陰、京畿の攻略と平定の目途が立った上で、徐々に東国へ手を付けるのが適切です。列藩の形勢を洞察したところ、必ずしも傍観でもなく、臆病と兵備が無いことに行き着きます。何れ一朝一夕に迫っても、諸藩は頼りにはならないので、いずれにしても東国は第二にしておき、関東の列藩も自然と王化に帰順し、めいめいが奮起して慶喜、会賊等を攻撃し、功績をもって傍観の罪を償うようになってくれればと、丁重に列卿方へ建言しました。細々と詳しいことは紙墨にも尽くしがたく、ちょうど岩国の古志文蔵が帰国するので、山口へ召還しお聞き取りください。時令国家のため御加養草々

陸軍諸隊は今現在到着せず、諸兵を配りかね少々心配しています。世子公の御発碇はいつ頃になりますか。列卿が待ちかねています。〈中略〉

私も今日参預の列へ加わるようご命令が出されました。長州人が朝政へ加わることに、深く嫌疑もあり、種々お断りしましたが、何分朝廷は御多務の折柄なので、お断りもできず、広沢と両人だけはやむを得ず、其列へ加わり、強いてお手伝いしています。〈以下略〉

三日から十日にかけての推移を報告しているが、楫取自身の動向については、書かれていないので分からない。多分御所の仮建で建言したり、薩摩藩邸、薩摩軍と長州軍等の軍営を駆け回り、西郷や朝廷との連絡調整に当たったりしていたと考えられる。

後年になっても楫取は、身命を賭《と》して行動していたこの時の存在感、充実感が忘れられなかったようで、群馬県令在任中、錦旗《きんき》の切れ地で火打ち袋を作り、包紙に次のように由来を記して記念の品として大切に保存していた。（口絵を参照『楫取素彦と幕末・明治の群像』所収の「大和錦切火打袋」楫取能彦氏蔵）

コノ火打袋慶応戊辰即明治元年王政復古城州伏見ノ戦朝敵退治ノ宣下アリテ総督宮ニ賜ハル所錦旗ノ切地ナリ之ヲ保存シテ紀念ノ具トナス

明治十六年癸未十一月十三日　素彦記ス

新政府参与任命と罷免

戦いの雌雄が決した十日、楫取は朝廷から参与《さんよ》に任命された。三職の一つであるが、前述の一月十二日付の手紙にあるように、朝政に参画することに迷いがあって辞退していたが、やむを得ず受諾したようである。『復古記二』に、楫取の参与任官の辞令がある。

楫取素彦　長門藩士　ヲ以テ、参與ト爲シ、岩倉具綱ヲ参與助役ト爲ス

楫取素彦

右、下参與被　仰付候事

辰正月　賛下日裁

参与でも廷臣出身者は上の参与、藩士出身者は下の参与と呼ばれた。辞令にあるように楫取は下の参与ではあるが、朝廷の事務・職務に参画できる身分になった。維新初期の長州藩出身の参与には、広沢兵助、木戸孝允（準一郎）、伊藤博文、井上馨がいた。いずれも新政府で活躍し、名を残した人物である。

広沢兵助（真臣）
（国立国会図書館所蔵）

伊藤博文
（国立国会図書館所蔵）

一月十七日、官制が改革され、徴士《ちょうし》・貢士《こうし》の制が設けられた。徴士は「諸藩士および都鄙《とひ》有材の者を撰挙抜擢して参与職に任ず。下の議事所に在り、則ち議事官たり。又分課によって其の課の掛となる者、その事を専務す」と規定されている。

また、三職の下に七科が設けられた。七科とは行政機関で、神祇《じんぎ》科、内国科、外国科、海陸軍科、会計科、刑法科、制度寮である。徴士は、中央政府が任命し、行政機関の官僚としての役割も期待された。

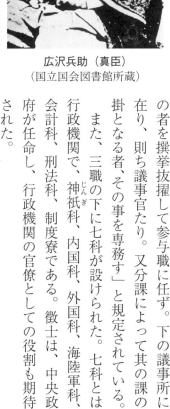

楫取は一月二十日、制度事務局判事に任命されたと『楫取家文書二』にはある。制度事務局は、新政府に求められる官職制度、儀式に関する制度、人材登用、叙位・位階、勤務評定等の諸規則に関する事務を分掌した。

明治元（一八六八）年二月九日、毛利敬親から、木戸孝允、広沢兵助、楫取の徴士参与職の被免要請が提出された。
二月二十日、楫取は徴士参与職制度事務局判事を罷免されたとあるが『復古記二』には、楫取が判事に任命されたことを記す記録は見あたらないとある。真偽は分からないが、徴士参与職を罷免されたことは事実である。

案スルニ、(二月) 三日官制更定後、素彦ノ判事ニ任セシコト、諸記乗見ル所ナシ、宣旨恐クハ事務掛ノ誤ナラン

木戸と広沢は、次のように辞職が許されなかった。

木戸準一郎、廣澤兵助徴士被　仰付候處、御理之趣煩年之儀、不得止次第ニ可有之候得共朝廷御一新御多事之折柄ニ付御許客不被爲在候間此段相達候事。

参与罷免の理由

楫取は簡単に参与を罷免されたが、木戸、広沢の辞職は認められなかった。朝廷は長州藩主の上表を無碍《むげ》に却下することはできず、楫取の辞職を認める一方、木戸、広沢の辞職は認めないことで、藩主の対面を保ちつつ、妥協を図ろうとした。楫取はこの辞任で朝廷との関係がなくなり、以後中央政府に出仕することはなかった。楫取に反して、参与として朝廷に残った木戸・広沢、

伊藤博文、井上馨は、徐々に中央政府で責任ある職を務めるようになっていった。

この時楫取は三十九歳、木戸三十五歳、広沢三十五歳、伊藤二十七歳、井上三十二歳だった。

楫取の罷免を決定づけた要因は何だったのだろうか。

考えられる要因の一つは、朝廷の都合だろう。王政復古間もない朝廷は、薩摩藩、長州藩の軍事力に支えられているのが実情で、木戸、広沢の長州藩における政治力、影響力を必要とした。楫取は元々は儒官・外交官であり、相対的に影響力が低いと判断されたのではないか。

長州藩としても、藩政上経験豊かな木戸、広沢の力量を必要としたが、将来有望な伊藤博文、井上馨と共に、中央政府に出向させて経験を積ませようとしたのかも知れない。

藩主との主従関係も要因として考えられる。楫取は内用掛として直接藩主に仕えてきて、人間関係が濃かったが、伊藤博文、井上馨は、近侍してはいなかった。楫取を側に置きたいという藩主の意向が強かったとも考えられる。

更には同僚の嫉妬と讒言《ざんげん》により退けられた可能性も。明治九年四月二十日付、楫取が杉民治に宛てた手紙『楫取素彦書簡（杉民治あて）』の内容が少々気になる。


本月五日熊谷縣令に二被任候、宣下相成巡回途中迄飛脚宣状写持来、誠ニ不存寧次第難有奉存候、小生ハ御承知ノ通り、於山口縣ニモ不遇、彼是脇方より之故障ニ依り、朝廷向モ気受悪敷、今日ニテハ故障之原因モ相分り、全ク内輪之嫉妬より出候事共、迪モ従五位之地ハ六ケ敷相居候得共、目今ニテハ技倆之程者、其筋ニテ量知被成下、人並よりハ速ニ升級、不堪面目之到ニ候楫取は後半生を決定づけたこの辞職に、心底納得していたのだろうか、少々疑問が残る処置だ。「其筋」とは、皮肉にも長州ではなく、薩摩藩出身の大久保利通である。

脱退諸隊から信任される

三月二十四日、楫取は帰国する。登京する前のように、藩主に近侍し、意を体して動く日々が続いていた。

明治二（一八六九）年五月、戊辰戦争が終結し、長州藩では人物の精選を目的に、兵制改革が行われることになった。十一月二十七日、従前の隊号を廃して、常備軍第一、第二、第三、第四大隊が設けられた。

十二月二日、旧諸隊の除隊に相当する兵は、兵制改革には不満で、各地に集合して危険な状態だった。この夜ついに嘆願のために、兵約二千人が山口を出発し三田尻に集合した。このような状況下、藩主は楫取を三田尻宮市に派遣し、三日、脱走した諸隊兵の意向を聞き取らせた。

楫取は慶応三年の暮れから、翌年の鳥羽伏見の戦いの時、旧諸隊の参謀だった。諸隊の兵卒と生死を共にして戦い、人間関係があったことが、選ばれた理由だろうか。

訴えの内容は、病者、傷者及び四十歳以上の者が、漫然と除隊させられるを見るに忍びない。積年尊攘の主義に反し、洋風兵制に偏るのは不可解である。さらに将校の弾劾を求めるものだった。

その後藩庁は脱退諸隊に人を派遣したり、藩主自ら三田尻に出掛けて直書を示して慰諭したりした。

十二月九日、遊撃隊から上書があった。内容は多岐にわたるが、藩主の慰諭に感泣、軍制改革への意見、従来の政弊、諸隊の処置、陪臣の処分、士卒禄の増減等が不公平、洋律の採用により国体を失う等のことから人心が動揺する兆しがあり、座視に忍びないので建議したこと。人事にも及び、木梨精一郎《きなしせいいちろう》、名島小々男、原田忠蔵等の弾劾、重罪、本隊への引き渡しを求める一方、玉木文右衛門（文之進か）、松原音三、宍戸備後助、楫取素彦、難波傳兵衛《なんばでんべえ》、秋良敦之助、杉梅太郎、佐久間克三郎、井原小刑部、大波緩等については信任し登用を希望した。

楫取は脱退諸隊から信任できる人物の一人に挙げられた。吉田松陰が楫取に遺した最後の言葉、「至誠」が天に通じた証しだろう。楫取以外にも、吉田松陰の肉親、友人、協力者の名前が挙げられている。

こぼればなし

雅号「畊堂」に込められた願い

楫取の雅号に「畊堂《こうどう》」がある。畊は「耕す」という意味で、農業に従事したいという願望が込められていると思う。楫取は、参与を辞職して長州へ帰った。藩の役職に就いていたが、明治四年三月二十八日、敬親が死ぬと辞職して、三隅町二条窪に移り住んだ。しかし、僅か十カ月後の明治五年二月三日、足柄県七等出仕を仰せつかった。この十カ月間、楫取はどんなことを考えていたのか興味がある。二条窪から楫取が民治に宛てた手紙が参考になると思う。差し出し住所から時期は、明治四年の八月八日と考えられる。「楫取素彦書簡（杉民治あて）」（萩博物館蔵）

> 素より草堂暫時之帰宅〈略〉今日東京より来信地方官八十二年ヲ一満期ト被相定小生輩モ□□□本籍ヲ送候様ニと申ス次第心算モ更ニ一層紛紜御推恕可被下候

欠落で判読できない部分もあるが、地方官の任官に心算があったようにも思われる。楫取にも心の迷いがあったのかも知れない。

第四章

「至誠」の名県令の誕生と治績

熊谷県権令《くまがやけんごんれい》就任と評判

楫取の明治七（一八七四）年三月十二日付、木戸孝允《きどこういん》宛ての手紙によると、足柄県参事の楫取は勤務地の転任を希望して、河瀬秀治《かわせひではる》を介して木戸に依頼し、木戸の内諾を聞いていた。それは、崎陽《きよう》（長崎県）行きだった。河瀬の妻は、木戸孝允の妹である。

七月六日、楫取は大久保内務卿に呼び出された。木戸の内諾を聞いていたので、大久保から長崎県への転任を告げられるのではと内心期待しながら東京へ出かけた。しかし、予期に反して、大久保から告げられたのは熊谷《くまがや》県権令だった。

楫取は箱根より西の地なら最後の奉公をと思っていたが、熊谷県は思っても見なかった地であり、大久保から朝旨《ちょうし》を聞かされながら説得され続けて、当惑し不本意ながらも承諾したというのが実情のようだ。この時の状況と心情が、楫取が義兄民治に宛てた七月二十九日の手紙に詳しく記されている。『楫取素彦書簡（杉民治あて）』より引用する。

大久保利通（国立国会図書館所蔵）

扨小生転任長崎縣ニ而モ被差越候様之模様有之
甚喜悦右相運ひ候得ハ赴任序一寸帰宅家政向改
革相談モ仕度相楽候処豈図ンヤ過ル六日大久保
内務卿より用談之次第有之至急出京之義被相達
単身不取敢出京候得ハ品々談話之末熊谷縣江転

任候様内意被申聞一時ハ殆ント當惑同縣者八拾五萬石モ有之入間群馬合併民情獷強往々難治ト称シ候土地柄加之近来老境魂気モ薄く帰田之念難禁折柄前條大縣独任ハ甚無覚束兼候関以西之縣ニ候得ハ結尾之奉職モ相任シ度候処存外之地ニ被擬再應辭避モ仕見候得共朝旨地方人民ニ厚ク御心ヲ被為用候次第懇篤被相諭無除義御請仕遂ニ過ル十九日同縣権令拝命二十二日より小田原御用引送り被差越昨二十八日出京是より来月五日六日頃熊谷江入縣之覚悟ニ御座候

同日付の木戸への手紙にも同様の記述が見られる。（『木戸孝允関係文書　一七二　人一六』）

将御内諭之崎陽行窃に企望仕居候処　御都合も有之事歟其議は相止み熊谷県権令転任過る十九日拝命仕候　頓に御承知にも可相成　河瀬は大烝（丞）引除に相成り小生代りは城多董同日足柄権参事拝任　柏木退休論に付而は追々尊聴を相煩し阻抑にも殆んと困却之際　大（ママ）保卿態と出京を被命懇切面諭之旨も有之　依而前日之議差控一先勤続之事に一決安着仕候間　此辺は総て御降神可被成候　小生も微力を以大県之主任に膺り候儀前途之運ひ方如何可有之哉と甚無覚束候得共　一層奮励力の及候限丈は勉務も可仕候間　乍此余厚く御心添奉希上候

楫取が当惑したのは次の理由によると思われる。

一　熊谷県の石高が、八十五万石もあること。長州藩の公認の石高は、約三十七万石で、幕末期は百万石位とされていた。また在任していた足柄県は二十六万石だった。楫取には熊谷県が大藩に属し、県政の運営に自信が持てなかった。
一　入間と群馬を合併させた地であること。武蔵国の一部と上野国の大部分を合わせた県であり、歴史、風土、人情も違う地を治める事への不安があった。
一　民情が荒々しく常々難治と言われてきた土地柄であること。
一　近頃は老人のようで精気が少なく、自分としては、官職を辞めて、山口に帰って農事に従いたいという気持ちを捨てがたかった。

楫取の転任希望に関して、木戸は大久保に推薦したと考えられる。でも大久保は権参事から権令に昇任させたが、長崎県への転任は認めなかった。大久保にとって、楫取は必要な人材だったのであろう。

大久保は楫取を呼び出す少し前の明治七年五月頃、「殖産興業《しょくさんこうぎょう》に関する建議書（大久保利通文書）」を出している。このことからも楫取との用談は、殖産興業、貿易の重要性、輸出品としての生糸や茶の重要性、維新前後の交流等にも及んだのではないか。楫取をわざわざ呼び出したのは、大久保の国家経営のビジョン、楫取の資質・能力に期待する旨を伝えて、楫取に何が何でも承諾させる意図があった。大久保の念頭には、次のことがあったと思われる。
一　熊谷県は、輸出により外貨が獲得できる生糸や茶の大生産地であること
一　熊谷県は民情の違う入間と群馬を合併させた地であることから、楫取の優れた守成・調整能力に期待したこと
一　儒学者楫取の誠実な人柄
一　足柄県参事としての仕事振り、人民の立場に立った政治姿勢

一 大久保の部下で、前任者の内務大丞兼熊谷県県令河瀬秀治の推薦

楫取は明治七（一八七四）年七月十九日、熊谷県権令に就任した。四十六歳だった。八月初旬、楫取は河瀬の後任第二代権令として、覚悟を決めて熊谷県に入り、県政のトップに就いた。熊谷県時代も、大久保の命を受けた産業の振興、学校教育の振興に努めたのは勿論だが、詳細については、韮塚一三郎氏の『関東を拓く二人の賢者』に詳しいので参照されたい。

楫取は二年後の明治九（一八七六）年八月、熊谷県を二分割した一方の群馬県の県令に就任した。管轄区域はほぼ合併前の上野国の区域で、県政は継続されているので、楫取の治績については、熊谷県と群馬県を含めて、次の編以降に記述する。本編では楫取の政治姿勢、熊谷県民の評判等が『幽嶂閑話《ゆうしょうかんわ》』に記されているので引用する。

河瀬縣令の後任として楫取素彦といふ人が權令として着任した。權令は竹町にあった三層樓の縣令官舎へも這入らずに石原の志村邸に居られた。楫取氏は長州の出身で學殖高き人と噂されたが、兎に角縣内の有志者などには餘り接近されなかった。今日の言葉で云へば河瀬氏は平民的で、楫取氏は官僚的であるやうに思はれたので、竹井氏始め往復する者が次第々々に減少してしまった。つまり前の人（河瀬氏）が派手であったので後の人（楫取氏）の地味なのが餘計に目立った。其内に誰云ふとなく今度の縣令は駄目だと云ひ振らし竊に内務省へ縣令を取替へて貰ひたいと申し出た人もあったと云ふ。

然し内務省にした處が人民の要求ばかりを聽いて、更迭を斷行する譯もなく、只楫取氏の惡感を買ったのみで何等得る處もなかった。〈略〉兎に角今日でいふ排斥運動のやう

な事が累を為したかどうか委細の事情は分からないが、其後明治九年八月廿一日、突然熊谷縣を廢して舊入間縣の管轄區域を埼玉縣に合併し群馬縣を再興することになり、楫取氏は群馬縣權令として直ちに前橋に赴任し、そこで非常に歡迎されて永く在任せらるゝに至った。

蓮生山熊谷寺と粟生光明寺

県庁の庁舎は、熊谷の蓮生山熊谷寺《れんせいざんゆうこくじ》に置かれた。熊谷次郎直実《くまがやじろうなおざね》が出家して法力房蓮生と称し、ここで念仏三昧の生活を送ったことから始まるという。

熊谷次郎直実は、平家物語の「敦盛《あつもり》最後」に登場する武将として知られている。一ノ谷の合戦で、平敦盛と一騎打ちし、泣く泣くその首を落としたことから、世の無常を感じて仏門に帰依《きえ》する思いを強くする。出家後諸国を行脚《あんぎゃ》し、建久九（一一九八）年、現在の長岡京市粟生に西山《せいざん》浄土宗総本山光明寺を開基する。遺骨は遺言により、同寺の念仏三昧堂《さんまいどう》に安置された。この粟生光明寺は、慶応三（一八六七）年

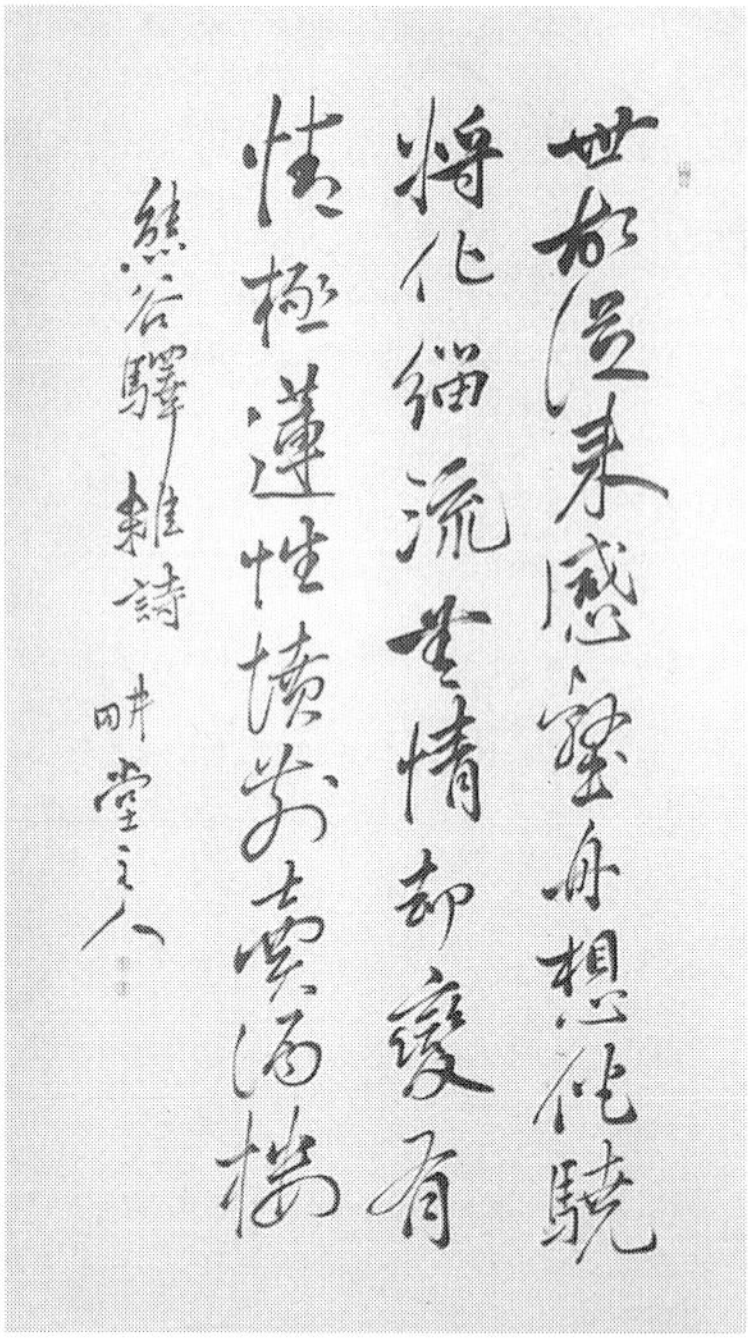

楫取素彦漢詩（熊谷駅雑詩　前橋・寶禅寺所蔵）

十二月、楫取が東上軍参謀として入京した時、本営とした所。その時、寺の由来について知り得たと思われる。

時が過ぎて熊谷に赴任し、庁舎の熊谷寺にも直実の墓があることを知り、自分と直実の境遇を重ねて、無情を感じて酒を酌み交わしたいものだという心情を墓前で詠んだのだろう。大久保に説得されて就任した気持ちが表れているように思う。楫取が揮毫した「熊谷駅雑詩」が、前橋市の寶禅寺に所蔵されている。落款の「畊堂《こうどう》」は楫取の号。

世故従来感壑舟　想佗驍将化緇流　無情却変友情極　蓮性墳前売酒楼

熊谷駅雑詩

畊堂主人

意味　世の中の動きは、深い谷間に浮かぶ小舟のように儚《はかな》い。静かに物思いにふける猛《たけ》々《だけ》しい将軍も、黒染めの衣をまとった僧侶となってしまう。友情を裏切られた結果、無情に思ってしまったのだろうか。熊谷次郎直実の僧侶名である蓮性坊の墓の前には酒を売る店があった。

就学率を上げた小学校教育

明治五（一八七二）年八月二日、「学制」が太政官から布告された。「学制」のねらいは、全国の各地に小学校を設立して、一人でも多くの生徒を就学させることにあった。

熊谷県下では、第一番小学校として前橋に厩橋《うまやばし》学校、第二番として勢多郡黒保根大字水沼（現桐生市黒保根町水沼）に水沼学校、第三番として原町（現東吾妻町）に原街（町）学校が設立された。しかし、その後学校設立の機運はなかなか盛り上がらなかったのも事実のようだ。

その理由として

一　学校の設立、維持には資金が必要なこと
一　正規の免許状を所有している教員が少なかったこと
一　生徒の通学上不便をきたしていたこと
一　旧来の儒家等が誹謗《ひぼう》中傷していたこと
一　人々が改正の趣意を理解していなかったこと

そこで県庁では、学務官吏を県内各地に派遣して、小学校設立を説諭していた。

就学勧奨

楫取が熊谷県権令に就任した直後、熊谷県では、明治七（一八七四）年十月から十二月にかけて、県内五百九十六校の小学校に就学する四万五千七百六十二人の小学生の中から、四千六百九十四人を選抜し、試験を実施した。優等になった者、二千六百三十一人には、褒賞《ほうしょう》が与えられた。

この時は学校毎に不就学の人数も調べ、七万二千四百四十二人いた。就学率は、三八・七％、不就学率は、六一・三％だった。

十月八日、県庁ではこの調査に当たって、正副区戸長・学区取締に、「小学校巡校試験」を通告している。群馬区域では巡回校を五方面に編制し、その内の二方面が次の区域である。『埼玉県史料叢書七（上）』から引用する。

今般管内各学校ヲ巡回ス小学生左ノ通
一、四級以上年齢ヲ不論
一、五級ニシテ拾五才以下ノ者
一、六級ニシテ拾三才以下ノ者
一、七級ニシテ拾才以下ノ者
右ノ者ヲ挙テ試検可致、最九月三十日以後昇級ノ者ハ試検ノ員ニ加入不相成、且巡校日割ハ確定ヲ以其都度可相達候得共、先別紙巡校ノ地ヲ定メ徴集ノ各校ヲ附書シ、此段予テ相達候也

第一回　（箕郷・中之条・原町方面）
　二日目　西明屋小学校　　群馬郡西明屋村
　　徴集ノ校　（五校　校名略）
　四日目　御庫小学校　　群馬郡中三倉駅
　　徴集ノ校　室田　麓　権田　川浦　（この他に、三宝　巓嶺）
　六日目　原町小学校　　吾妻郡原町
　　徴集ノ校　万年　大戸　萩生　須賀尾　岩下　三島　横壁　長野原　熊谷
　　　草津　赤羽　狩宿

七日目　伊勢小学校　吾妻郡伊勢町
徴集ノ校　花園　沢渡　岩本　横尾　平　尻高　三沢　泉　箱島　村上
第一回（前橋・高崎方面）
二日目　豊受小学校　勢多郡駒形新田
徴集ノ校　今村　刀湾　大島　昇発　笂井　増田　日吉　力丸
三〜　桃井小学校ノ内　群馬郡前橋町
七日目　徴集ノ校　敷島　萱街　代田　公田　六供　春日　後閑　竜沢　三ツ俣
八〜　高崎小学校　群馬郡高崎駅
十二日目　徴集ノ校（二十五校　校名略）

楫取はこの通告に基づき、明治七（一八七四）年十一月、群馬郡の三ノ倉村全透院、同月十日、中之条の原町校、十一日、林昌寺の伊勢校へ巡回し、自ら徴集試験を行っている。中之条地区は、十一校四十三人の受験生があった。試験を終えて楫取は、優等生を賞し、参集の村吏、教員に学業の急務を諭し、就学出席の向上、学校運営資金の積み立てを訓示したという。（『中之条町誌第一巻』）

十二月、楫取が豊受小学校を巡回した時の様子が、東京高等師範学校教授を務めた峯岸米造の先生伝に記されている。峯岸氏が、明治七年四月に設立された群馬郡力丸小学校に、同年九月、学齢未満の五歳のため、見習いとして入学して間もない頃のこと。

小學校に入られたその年の十二月に、縣令楫取素彦氏（吉田松陰門下の高徳の儒者）が、指定した場所に力丸小學區内の兒童を集めて親しく試験をされるといふので、先生の學校からは先生が選ばれて行くことになった。その場所は先生の家から一里許りはなれてゐる駒形の小學校であった。當時縣令といへば大したものであったから、先生の家でも、これを非常の光榮とし、大へんな騒ぎだった。當日は寒い日で、先生は羽織袴の姿そのままで、兄上に背負はれて行かれた。〈略〉試験は縣令の前でその言ふ所の文字を黒板に書くのだったが、身長のひくい先生は手が届かず、縣令の指圖で腰掛けを置き、それに上って書かれた。先生の天性の非凡なることは、この時既に縣令を驚かした程であった。

『峯岸名誉教授教育功労記念会記念誌』

学齢に達していない児童が入学し、しかも非凡な才能を発揮しているというので、試験官として臨んだ楫取も驚いたことだろう。また、徴集試験の方法がうかがえるエピソードでもある。通告と記録の照合は完全ではないが、楫取は予め通告した小学校を巡回したのだろう。現場主義の楫取が率先して県内を巡回し、自ら試験し教育の重要性について、啓発していたことが分かる。

成績優等生を褒賞《ほうしょう》

小学校の就学率は、明治六年二四・五％、七年三八・七％、九年五〇％、十二年六八・九％と少しずつ向上してきた。一方中途で退学する者が多く、在籍率や卒業率を上げることが課題となってきていた。県庁では卒業生や学業成績の優れた者を褒賞することによって、学業を奨励したり、就学を勧奨したりしていた。

以下学校沿革誌や諸記録から、楫取の率先垂範の足跡をたどってみる。

○明治十一（一八七八）年、新田郡世良田《せらだ》村平塚（現伊勢崎市境町）生まれの福島泰蔵は、下等小学校を卒業したとき、楫取から特別優等賞を受けている。

新田次郎氏の小説『八甲田山《はっこうださん》死の彷徨《ほうこう》』は、極寒の八甲田山の雪中行軍に失敗し、二百十人中百九十九人が死亡した第八師団青森歩兵第五連隊と、成功した弘前歩兵第三十一連隊の行動を対比させながら書かれた小説である。『八甲田山』としても映画化され、青森歩兵第五連隊を指揮した神田大尉を北大路欣也氏、弘前歩兵三十一連隊を指揮した徳島大尉を高倉健氏が演じた。小説の中で徳島大尉は、指揮官として事前に雪中行軍小隊の編成、装備、日程、食事、宿舎、行軍経路等に至るまで緻密な計画を立て、行軍中も冷静な判断により、全員を極寒の八甲田山から生還させている。この徳島大尉のモデルとされたのは、境町出身の福島泰蔵氏と言われている。

『館林市教育史』によると、館林市立第一小学校の前身である館林西校と館林東校の沿革誌に、楫取が臨校した記録がある。

○館林西校沿革誌

明治十一年四月、「楫取縣令臨校優等生十二人ノ学業ヲ試ミラル」

○館林東校沿革誌

明治十一年四月、「楫取縣令臨校優等生十四人ノ学業ヲ試ミラル」

○「碓氷郡岩氷村反哺小学校沿革誌」（群馬県立文書館蔵『学校沿革誌』）

明治十一年六月、「長官親シク本校ニ臨ミ上坐ノ生徒ヲ親ク試ミ賞詞ヲ受験生及衆生ニ賜フ」

○「沼田小沿革誌」（『沼田市史』資料編三）

明治十二（一八七九）年七月、「県令楫取公、沼田学校へ御巡臨アリテ、両校（沼田小、倉内小）ノ優等生徒合シテ三十七人ノ読書ヲ試ミラレ、畢リテ後、都《あつめ》テ賞品ノ目録ヲ賜ハレリ」

○「安中小学校事務日誌」（『ふるさとの至宝　安中市の文化財』）

七月十日、（楫取は）奨励試験に臨み、九時退出、郡長や、県官五名も同行。この日の優等生は上等三名、下等十三名と上・下野尻校各三名受賞したが、周辺の十校からそれぞれ代表者が来校している。

○「豊岡小学校沿革略誌」（群馬県立文書館蔵『学校沿革誌』）

七月二十八日、「長官以下衆僚ヲ率イテ当校へ御立寄ノ節生徒三名ヲ学術御覧ニ供シ然ル処各書籍一冊ヲ賞誉トシテ賜リ」

○『吉井小学校沿革誌』（群馬県立文書館蔵『学校沿革誌』）

十月、「群馬縣令楫取素彦臨校セラレ優等生拾人ニ賞アリ」

○『富岡小学校沿革誌』（『富岡市史』近代・現代資料編）

十月三十日には開校式に出席。

○「藤岡学校沿革誌」（『藤岡市史』資料編　近代・現代）

十一月一日、「群馬縣令楫取素彦巡視アリ、隣郊各学校生徒ヲ本校へ召集シ、学業試験之施行アリ、本校優等生十八名賞状・賞品ヲ下賜セラル」

○「木崎学校沿革史」（群馬県立文書館蔵『学校沿革誌』）

十一月十日、「楫取群馬県令並属官数名随行巡視セラル最寄小学校優等生ヲ本校へ徴集御試験ノ上各生徒中賞與ヲ受ケシ者数名ナリ」

○「公立笠松学校沿革誌（現太田市立強戸小学校）」（群馬県立文書館蔵『学校沿革誌』）

明治十二年十一月、「此月楫取県令御巡回各校ノ優等生ヲ太田学校へ徴集シ奨励試験ヲ施行ス本校生七名へ賞品ヲ下賜ス」

「公立達道小学校沿革誌（現太田市立鳥之郷小学校）」にも同様の記録がある。

十一月十五日には、高山神社の大殿祭鎮座式が行われ、楫取は出席している。

○館林西校の沿革誌

明治十二年十一月、「楫取縣令邑楽郡各校小学校ノ優等生ヲ徴集シ其学業ヲ試ミラル郡内ヲ二部ニ分チ西部ノ試験場ヲ我校ト為シ東部ノ試験場ヲ東校ト為ス」

「館林東校の沿革史」にも同様の記録がある。

明治十二年七月は、県北部と中西部を巡回し、十月から十一月は、県南西部を起点に、富岡、吉井、藤岡、新田、太田、館林へと巡回している。この年楫取は、精力的、計画的に多くの小学校を巡回し、成績優秀な生徒を褒賞している。

明治十三（一八八〇）年の「県学事年報」に「小学定期試験優等及び小学全科卒業生徒ヲ賞与ス」と記されている。

○『桐生市教育史上巻』の広沢学校沿革史

明治十三年十一月五日、桐生学校（現桐生市立北小学校）において、楫取から山田郡内の優等生へ褒賞の授与が行われている。広沢学校では、生徒三名が賞として小学修身訓二巻を授与されている。

明治十五（一八八二）年一月九日には、「町村立小学校優等生徒褒賞授与式之義県令臨床ノ節ハ別紙之通可相心得」という通達が、県令より郡役所宛てに出されている。これまでも実践してきたことであるが、褒賞の価値をより高めるための儀式化とも考えられる。

○「館林東校沿革誌」

明治十五年四月、「楫取群馬縣令臨校優等生二十人ノ学業ヲ試ミラレ各白扇一対ヲ賜ル」

同十六（一八八三）年五月、「楫取群馬縣令臨校優等生ノ学業ヲ試ミラレ　古文真宝読本各一部　懐中硯各一個　墨一挺ヲ賞賜セラル」

○「富岡小学校沿革誌」（『富岡市史』近代・現代資料編）

同十七（一八八四）年三月十六日、「県令楫取公臨校七日市天引舟川奥平白倉高田後箇及本校生徒中ノ高等生ヲ召集シ親シク其学業ヲ試閲セラレタリ本校受験生七名ノ中一等賞ヲ拝受セシモノ二名二等賞三名三等賞一名ナリ又中等科以上ノ生徒ノ体操ヲ閲覧セラレ該生へ賞詞ヲ辱フセリ」

○「七日市小学校沿革誌」（『富岡史』）

同十七年六月十五日より七月に至る三旬の間本郡小学校教員講習会場に仮用せらるる時偶々本県令楫取公・文部省巡視官小林小太郎君閣下の巡校あり、因之休校の際なれども俄に生徒を徴集して生徒の学力授業の体裁を一覧せしむ。

同十七年十一月、本県県令楫取公閣下の臨校あり。優等九名へ褒賞を与へらる。

このように楫取自らが県内各地を訪れ、学業優等生には賞を与え、生徒には学業を奨励し、親には就学を勧奨し、教師に対しては、指導力の向上を競わせていた。

新築開校式に出席

小学校の設立は「学制」の公布以降、県庁の積極的な奨励と各地区の正副区戸長、資産家等の有力者の努力により次第に増加し、明治八（一八七五）年までに四百九十九校が設立された。使用場所別にみると、寺院が約六十六％、民家が約十九％、新築校舎約九％。校舎の新築が少なかった理由として学校維持自体にも費用が必要で、新築の要望がなかった。人々が学校の必要性を理解していなかったことなどが挙げられる。

本県学校新築の最初は、明治七（一八七四）年一月、桃井小学校の新築落成であり、落成式に県令河瀬秀治が官吏を従えて出席している。

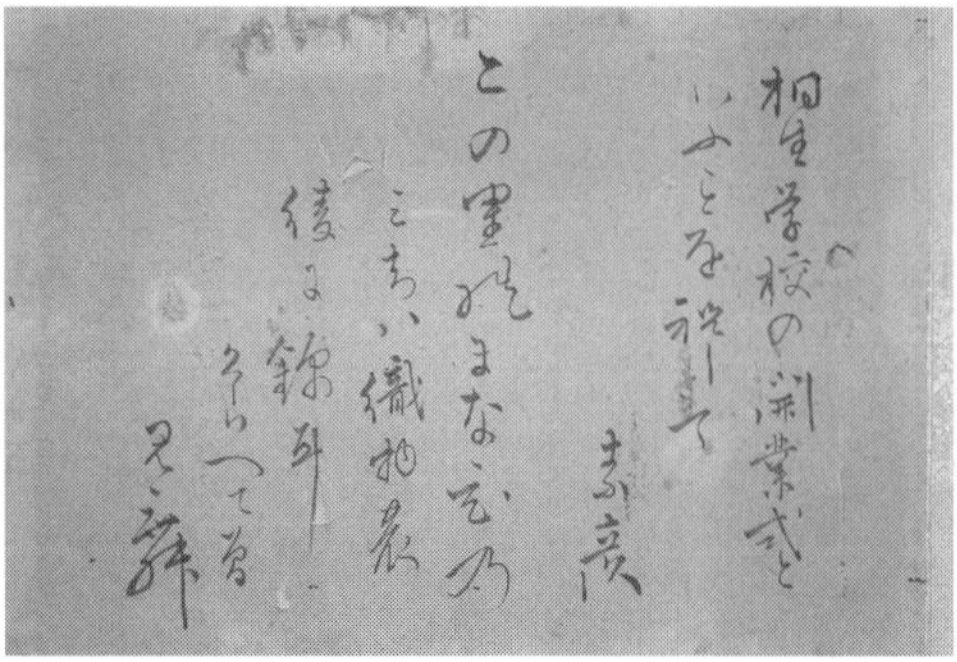
桐生学校の開業式を祝す楫取の和歌
（桐生市立北小学校所蔵）

これに続くのが佐位郡島村。島村は蚕種づくりや養蚕が盛んで、幕末以降先進的な空気があった所。村内から寄付金を集め、明治八年三月十六日に竣工式を挙行した。楫取は学務課大久保適斉《てきさい》、真野節、諏訪慎、岸上景夫、飯塚忠成を伴って式に出席し、祝詞を述べている。

熊谷県では明治八年、十五条からなる規則「新築学校開業式」を定め、長官が出席する場合には、創業の大業、本日開業の盛事を祝すとある。また、学務係は、小学普及の必要性、学ばせる目的を口頭で説明するとある。

熊谷県が廃止されて第二次群馬県が発足しても、楫取は小学校設立奨励のため、新築開校式に出席し、学事勧奨の挨拶をしている。

明治十（一八七七）年七月十五日、高崎小学校の新築落成式に、楫取以下県の学事担当官吏、郡役所官吏等多数が出席。（『高崎市教育史　上巻』）
○『公立桐生小学校沿革誌』（現桐生市立北小学校）
（明治）十一年四月二十四日竣功ス於是南北両舎ヲ廃シ業ヲ本校ニ移ス此日縣令楫取君僚属ヲ率ヒ莅《のぞ》ミテ開校ノ典ヲ行フ
楫取がこの日、桐生の代表的な織物である綾や錦に掛けて、学業成就を祈って詠んだ歌がある。

桐生学校の開業式ということを祝して

この里のまなびのみちは織物の綾《あや》に錦《にしき》にくらべてぞ見む

素彦

明治十一（一八七八）年五月一日発行の郵便報知新聞にも記事が掲載されている。

去る二十四日、群馬県下桐生学校の開業式を行ひし節、県令楫取が咏れし歌なりとして報知あり

同右の和歌

桐生学校新築の経緯が、『北小百二十年のあゆみ』に詳しく記されている。

明治九年三月、書上文左衛門《かきあげぶんざえもん》氏校地を寄附せられる。現在の北小敷地の中にある一部で、七四五坪、二四五八、五平方メートル。これを契機に校舎新築の議が出て、新築費を約

五千有余円として、有志応分の繰替金を出し、新築担当委員として、書上文左衛門《かきあげぶんざえもん》、小林治平、吉田安平、田中要一郎、佐羽吉右衛門《さばきちえもん》の五人を選んで計画を作成した。
明治十年五月二十四日　本校工事着手
同　　六月十七日　上棟式
同　　十月　元老院議官従四位佐野常民《つねたみ》氏臨校して新築工事現場を巡視し、隣郡に先駆けて起工の速やかなるを大いに称賛せられる。
同　十一年四月二十四日　新校舎落成楫取臨場。県第五課より祝文ならびに金五円を賜う。新校舎は、建坪一八二坪、付属七二坪、洋風木造二階建て、白しっくい塗り仕上げ、威風堂々として桐生最古の桐生学校のシンボルにふさわしいものであった。

佐野常民は日本赤十字社の創立者としても知られている人である。議官が来校して称賛したり、楫取が開業式に出席したりしたのは、政府や県庁が桐生学校の新築に関心を持っていたからではないだろうか。その理由として考えられることは、
一　地元の篤志家が、土地や資金を寄付して新築していること
一　珍しい洋風建築であること
県内の西洋建築は、明治七（一八七四）年二月竣工の「桃井学校」、同十年完成の新町屑糸紡績所の建物群位しか無かった。群馬県師範学校は十一年八月四日竣工、群馬県衛生所・医学校（現桐生市明治館）は十一年八月三十日竣工だった。
一　東部一帯・東毛三郡で、初めてのケースであること
佐野が称賛しているように、隣郡に先駆けて起工が速やかに行われ、小学校設立を奨励してい

る政府や楫取にとっては、地元の篤志家の熱意に敬意を表するとともに、新築のモデルケースとして、他の町村に喧伝《けんでん》する意図があったのではないか。

楫取の後任である佐藤輿三《よぞう》県令が、交替直後の明治十七（一八八四）年九月二十一日に、来校していることからして、桐生学校はシンボル的な存在であった。

さらに「北小百二十年のあゆみ」によると、明治十一年七月、「楫取県令の命令によって本校を撮影して、明治天皇の叡覧《えいらん》に浴した」とある。天皇は同年九月四日、北陸道巡幸の際、群馬県師範学校に行幸し、「学校位置全図、修身説約草稿十冊等」を天覧している。県下で最も新しく、楫取も実際に見ている北小の洋風建築について、写真を見せながら天皇に説明したと思われる。

また、楫取は現在も同校に保存されている扁額「桐生学校」も揮毫している。扁額には明治十七歳次甲申仲夏とある。楫取は、同年七月末をもって元老院議官として転任しているので、その直前に書いたものだろう。桐生学校に期待した楫取の思いが込められている。

楫取筆の「桐生学校」の扁額（桐生市立北小学校所蔵）

○「館林西校の沿革史」

（明治十一年七月）十五日校舎新築ノ開校ノ式ヲ行フ、楫取群馬県令其僚属率ヒ親臨シ時儀一個ヲ下賜セラル、又嘗テ試ミラレシ所ノ優等生其学力ニ応シ上野地誌略ヲ賜ルモノ三人経済弁妄ヲ賜ルモノ九人、人皆奨励ノ渥キニ感ス揮毫した時期は分からないが、扁額「館林西校　従五位楫取哲書」が保存されている。

○「富岡小学校沿革誌」（『富岡市史』　近代・現代資料編（下））

（明治十二年十月）三十日開校式施行県令楫取素彦公臨校祝詞ヲ辱フセラレ督業教師槲島福七郎山崎信由本校教員山井幹六後藤金七郎等ノ諸氏答詞ヲ述ヘラル

槲島福七郎は、後に吉井町長を務めた人である。町長在任中に一府十四県連合共進会が群馬県主催で開催される記念に、楫取に多胡碑の拓本を贈った。楫取はその礼状に、多胡碑を詠む和歌を認めて槲島に贈った。現在高崎市吉井町の多胡碑の南にある楫取の歌碑がそれである。

○「薮塚小学校沿革誌史」（群馬県立文書館蔵『学校沿革誌』）

（同十三年四月）此月新築落成開校ノ式ヲ行フ楫取群馬県令閣下臨場ス相会スルモノ遠山群馬縣属官〈略〉新築費用金二千四十六円九十銭也

本県における本格的な校舎新築は、明治十四（一八八一）、十五（一八八二）年以降から盛んになってくる。

○「藤岡小学校沿革誌」（『藤岡市史』）

（明治十四年）四月十七日、新築校舎落成ニ付開校ノ典ヲ挙行シ群馬県令楫取素彦来臨アリ本校生徒五百有余名校門前ニ整列シ教員之レヲ指揮シ臨場ヲ敬迎ス昇校ノ上令公親シク祝辞ヲ演ラレ本校首堅教員浦部民治郎総員ニ代ワリ答辞ス〈略〉其他町内有志者百有余名出席セリ式終テ酒饌ヲ饗シ午後三時ニ県官退場ス前ニ同ジク一同門前ニテ拝送ス

楫取の祝辞

藤岡之地在治下南隅戸口雖不殷接壌於信武貨物麇集生計畧足矣然而土俗質實自無奔競之風
是以郷学之設亦晩矣歳之庚辰郷人相議醵金鳩工越辛巳第二月土木全竣功
縣令楫取素彦臨而落之祝之曰

有花有華　灼々夭々　　花有り華有り　灼々夭々
咀嚼有味　吾人所要　　咀嚼して味い有るは　吾人の要むる所
去華就實　教育和調　　華を去り實に就き　教育して和調せよ
嗟汝士女　行戒軽佻　　嗟汝の士女　行は軽佻を戒めよ
嗟汝士女　志期宏遼　　嗟汝の士女　志は宏遼を期せよ
養生有素　萬木惟喬　　生を養うに素あらば　萬木惟喬からん

明治十四年四月十七日
群馬県令　楫取素彦

楫取筆の「藤岡学校」の扁額　（藤岡市立藤岡第一小学校所蔵）

意訳　藤岡の地は、統治下南の隅に在り、家の数は多くはないけれども、土地を信州・武州に接し、貨物が集まり、生計はおよそ足りている。それなのに風俗は質実で、もともとから利益を競って求めるような風潮が無く、だから学校の設置もまた遅くなった。庚辰の年（明治十三年）村人相談して醵金《きょきん》を出し職人を集める。年を越えて辛巳（十四年）の二月、土木工事が全て完成した。

県令楫取素彦臨席し落成を祝して曰く

花が咲き華やかで、ひときわ若々しく美しい。噛んで味わいがあるのは我らが求めるところ。花が散って実が付くように教育して整えよ。ああ汝士女、軽はずみな行いを戒めよ。ああ汝士女、志は遥か遠い所に設けよ。生を養うのに素があれば　どの木も高くなる。

藤岡ではこの頃桃の花が咲いていたのであろう。詩経にある「桃夭《とうよう》」の詩「桃之夭夭、灼灼其華〈略〉」を念頭に読んだものであろうか。桃夭の詩は、嫁ぎゆく娘を祝福する父親の気持ちを表現した詩であると言われている。楫取も父親のように、新築なった学校で学ぶ子供たちの成長に期待を込めて読んだものであろう。

『上毛新聞（第一次）第四十六号』（明治十四年四月廿六日発行）に、藤岡学校新築開業式の記事が掲載されている。

楫取が出席した藤岡学校落成式、整列した生徒の送迎の様子
（藤岡市立藤岡第一小学校所蔵）

去る十七日藤岡学校新築開業式を執行せられし模様を聞くに県令閣下の御臨場あり、其他警察官・官吏・近隣の小学教員等を招かれ、四百余名の生徒ハ銘々開業の祝詞を述べ、中にハ随分美事に出来しもありし由、抑此学校たる一昨年来同所の町吏・学務委員等の尽力にて、人心を鼓舞奨励せられ、人々競て若干の金を寄附し新築の功を奏するや、管下一二を争うに

至る、翌十八・十九の両日ハ諸人へ縦覧を許され、同町より新古有名の書画骨董など出品し校内へ陳列し、見物人も多くあり、又教員よりハ千余の球燈を校内より表門の両側一面に点ぜられ、夜分も光輝きていと盛なる開業式なりしと云う。

楫取が祝辞の中で、新築に至るまでの経緯を説明しているが、その通りのことが新聞でも解説されている。地域の人々が寄付金を出して、管下で一、二を競う立派な小学校を新築したモデルケースとして、他の町村に推奨する上でも、楫取が出席して祝辞を述べることは意義のあることだった。

○安楽土《あらと》西学校＝現桐生市立西小学校（『桐生市教育史　上巻』）

日付は明治十六年五月十一日、安楽土西学校の落成に寄せた楫取の漢詩がある。この四言古詩には、「安楽土」の三文字が読み込まれている。また「今余臨焉」とあるので、来校して読み上げたと考えられる。

祝安樂土西學校落成

感運明哉　郁乎衆生　順時文哉　純乎同盟　勉以創釁　構造以成　采色甚精　諸子之情
使其子弟　游庠必孝　學道以忠　達理必公　将以勵志　賤者以崇　貧者以富　明以謀功
可期前途　勉則榮矣　榮則有譽　事専則盛　美哉是基　足察其榮　大哉是釁　足期其盛
今余臨焉　觀其所美　知其不窮　視其所揣　想其旨趣　祝其所始　喜以賀之　而規其毀
噫汝小生　亦安此里　楽道此土　不可以已　必孜々焉　勿背衆旨　宜頼道也　小子揣之

明治十六年五月十一日

群馬縣令従五位勲四等楫取素彦

意訳　時を動かして世の中が開け、多くの人々が生き生きとしている。時の流れとともに文化が高まっていて、全く純粋に文明開化のために同盟した。努めて学校作りを始め、組み立って完成した。彩りは甚だ清らかで、皆の真心である。子供を学校に出せば必ず親に孝行、道義を学ばせれば人を思いやり、道理を理解させれば必ず公正になる。正に志を奮起させて、地位の低い者を高くし、貧者を富ませ、聡明さで成功を謀らんとする。励めば繁栄し、繁栄すれば名誉があり、仕事に専念すれば隆盛すると、前途に期待すべし。これこそ美しい基、繁栄が察せられる。これこそ大きな学校、隆盛が期待される。今私はここに臨み、美しい学校を観、永遠に続くことを知り、学校の端々を視る。学校の趣旨を想って開始を祝う。喜んで祝福するが、毀損《きそん》を戒める。ああ、汝ら子供もまたこの里を安らかにし、この地で学問を楽しめ。止めてはならない。必ず熱心に励み、人々の意向に背かず、正しい学問を願う。私はこのように考える。

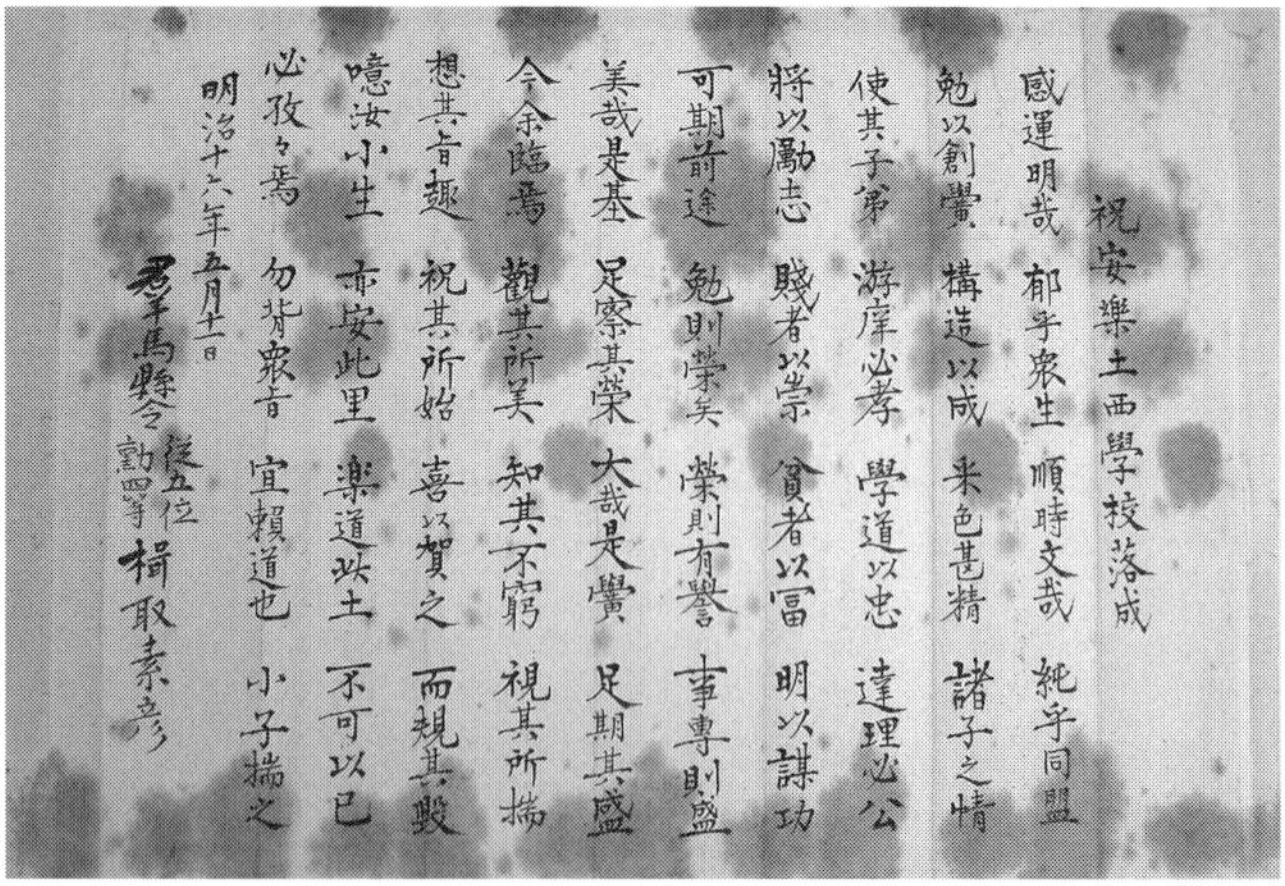
祝安樂土西學校落成
感運明哉　郁乎衆生　順時文哉　純乎同盟
勉以創黌　構造以成　采色甚精　諸子之情
使其子弟　游庠必孝　學道以忠　達理必公
將以勵志　賤者以崇　貧者以富　明以謀功
可期前途　勉則榮矣　榮則有誉　事専則盛
美哉是基　足察其榮　大哉是黌　足期其盛
今余臨焉　觀其所美　知其不窮　視其所端
想其旨趣　祝其所始　喜以賀之　而規其毀
噫汝小生　亦安此里　樂道此土　不可以已
必孜々焉　勿背衆言　宜頼道也　小子揣之
明治十六年五月十一日
群馬縣令従五位勲四等　楫取素彦

安楽土西学校の落成に寄せた楫取の祝辞
（桐生市立西小学校所蔵）

祝辞には文明開化の当時の様子、学校で学ぶ必要性、励志の大切さ、前途への期待、美しい校舎を観ての感慨、眼前の子供達への期待が詠み込まれている。儒学の先生でもあった楫取らしい祝辞だ。また、楫取が明治十六年二月に揮毫した「安楽土西学校」の扁額も保存されている。新築落成式に間に合うように書いたのだろう。

○安中小学校「安中小学校事務日誌」（『ふるさとの至宝』安中市の文化財）

明治十六年六月一日　陰夕刻雨　新築落成開業式施行ニ付学務担当之者一同、生徒共午前第七時出頭臨席之名前左ニ　楫取群馬県令　本県学務課壱名〈略〉県令公　出頭之上午前十一時より開業式相始令公より祝文朗読有之〈略〉開業式相終一旦休憩之上祝宴有之

○新宿《しんしゅく》学校（現桐生市立南小学校）

明治十六年十一月、新宿学校の二階建て校舎の落成式にも楫取が臨席している。この時の様子が、中村孝也氏著の『野間清治傳』にある。

この学校は、機屋の建物を改造して仮校舎に充てたもので、通風も採光も共に悪く、諸所破損してしまったので、新築の議が纏まり、明治十六年十一月、県令楫取素彦の臨席を得て、盛大なる落成式が挙行された。楫取県令は山口県の人で当時五十五歳、良二千石として名声嘖々《さくさく》たるものがあり、村民等はその臨場を得て賀宴を楼上に開き、夜に入りては戸毎に球灯を点じ、歓声涌くがごときものがあった。これは実に新宿村教育界における一大飛躍であった。そして木の香の新しい二階建ての新校舎の正面、五段の石階を登り尽くしたところ、玄関の楣間《びかん》には、楫取県令の書に成れる『新宿学校』と題せる見事な大額が掲げられた。

現在でも同校には、「明治十六年十月、新宿學校、群馬縣令正五位勲四等楫取素彦」銘のある大きな扁額が保存されている。また、楫取が学務委員福田森太郎氏へ送った掛け軸（福田守利氏蔵）には、建物の壮大な様を詠んだ詩が揮毫されている。『桐生市教育史　上巻』によると、福田氏は校舎新築工事が半ば過ぎた頃、経済不況により工事続行が危ぶまれたとき、日夜住民を鼓舞して回り、新築落成に漕ぎ着けた功労者だった。楫取はその功労をたたえて詩を送ったものだろう。

新築規模大　講堂高数尋　瓦棟衝雲起　石礎入地深

意訳　新築の規模は大きく、建物の高さは数尋《じん》（約十メートル位）ある。瓦棟《かわらむね》は雲を衝いて起ち、石の基礎は地に深く入っている。

○安楽土《あらと》東校＝桐生市立東小学校（『桐生市教育史　上巻』）

安楽土東校は、西校に遅れて明治十七（一八八四）年三月六日に落成し、県令代理大書記官宮森醇が出席して、落成式を行っている。楫取は同年五月に来校し、一泊したとき詠んだと思われる詩が『楫取家文書一』にある。西校に出席したことを意識してのことだろうか。

甲申五月宿山田郡安楽土東校

樂土分村落　東西民俗淳　營生刀耕織　戸戸不知貧

意訳 安楽土は村落を東西に分け、住民は質素で、農耕、織物で生計を立て、どの家も貧しさを知らない。

西校、東校を相次いで落成させた住民の人情、経済力を賞賛した詩だ。

東毛三郡は、第二次群馬県が成立する時、栃木県から編入された地域。早期に群馬県民という意識を涵養するために、楫取は度々桐生や館林のある東毛三郡に足を運んだものと考えられる。この頃の桐生と館林には、盛んな織物業により、小学校を新築する資金を寄付できる篤志家がいたのだろう。

こぼればなし

内閣総理大臣　鈴木貫太郎兄弟が学んだ教育県

鈴木貫太郎《かんたろう》は、昭和二十年七月に内閣総理大臣になった人で、ポツダム宣言を受諾し、戦争を終結に導いた。育ったのは千葉県だが、子供の教育のことを考えた父（由哲）により、群馬県で教育を受けている。この経緯について、鈴木貫太郎は、『鈴木貫太郎自伝』の中で次のように述べている。

> 私どもは明治五年に郷里千葉県関宿町の方に帰ることになった。大利根が洋々と流れる町である。私は十一歳までその町の久世小学校に通っていたが、明治十年に群馬県前橋に移住して桃井《もものい》小学校に入学した。その頃、父は千葉県と群馬県の両方から招かれたが、群馬県の方が教育が進歩しており、評判が高かったので、多数の子供を持つ父としては断然子供の教育のためを思い、群馬県庁に奉職することに決心し、前橋に転居したのである。

鈴木の弟・孝雄も桃井小学校で学び、後に陸軍大将になった。楫取が教育に熱心に取り組んだ結果、千葉県でも評判になる程、教育水準が高かったことを物語るエピソードである。

婦女子は教育の母―女児教育

「婦女子者教育之母」。これは、明治九（一八七六）年七月出版の土居光華編『文明論女大学』に掲載された楫取の言葉である。この時、楫取は熊谷県の県令だった。楫取は教育行政に力を尽くしたが、この頃既に女子教育の重要性を認識していた。この背景には、吉田松陰と松陰を尊敬する妻寿の影響もあった。

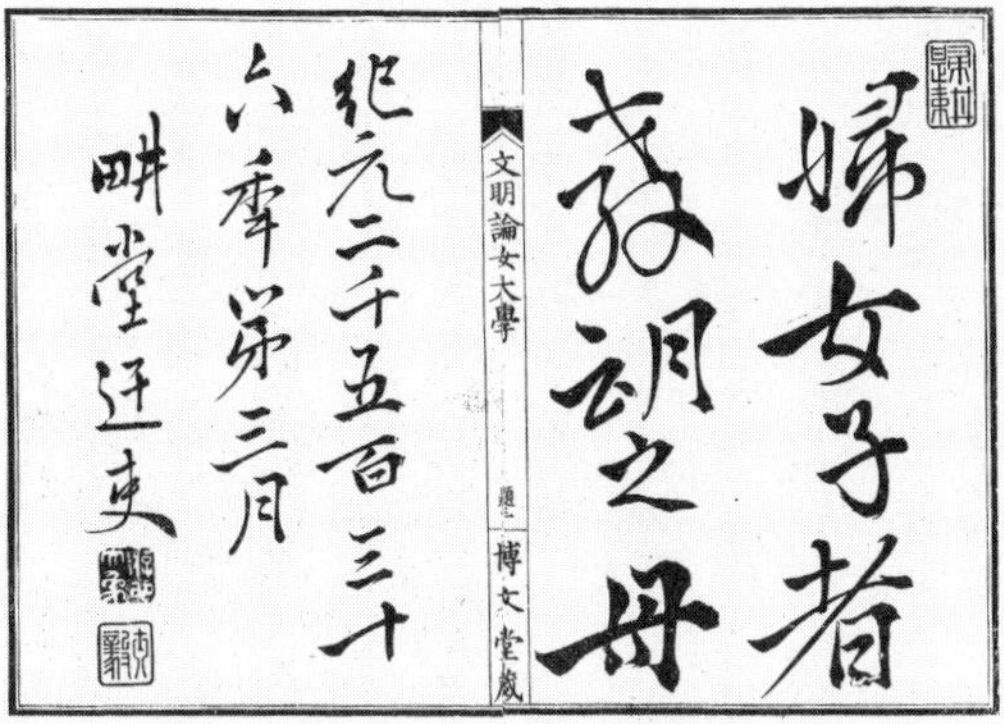

「文明論女大学」にある楫取の題辞
（国立国会図書館所蔵）

松陰は安政元（一八五四）年十二月三日、野山獄から妹千代に宛てた手紙の中で、母親としての在り方を説いた。文中から、寿も父が書いた写しを受け取っていることが分かる。寿はこの時十七歳で、八月二十五日、長男篤太郎を産んでいるので、母親としての意識は高まっていたと考えられる。楫取も当然この文を読んでいたであろう。『吉田松陰撰集　三七』から引用する。

凡そ人の子のかしこきもおろかなるもよきもあしきも、大《たい》てい父母のをしへに依《よ》る事なり。就中《なかんずく》男子は多くは父の教へを受け、女子は多くは母のをしへを受くること、また其の大《たい》がいなり。さりながら、男子女子ともに十歳以下は母のをしへをうくること一しほおほし。故《ゆえ》は父はおごそかに母はしたし、父はつねに外に出で、母は常に内にあればなり。然れば子の賢愚善悪に関《あずか》る所なれば、母の教へゆるがせにすべからず。併《しか》しその教へといふも、十歳以下の小児の事なれば、言語にてさとすべきにもあらず。只だ正しきを以てかんずるの外あるべからず。昔聖人の作法には胎教と申す事あり。子胎内にやどれば、母は言語立居《ものいいたちい》より給《たべ》ものなどに至るまで万事心を用ひ、正しからぬ事なき様にすれば、生るる子、なり（形）すがたただしく、きりやう人に勝るとなり。〈略〉いろはたとへにも氏よりはそだちと申す事あり、子供をそだつる事は大切なる事なり。〈略〉

此の書付けは阿千代《おちよ》・阿寿《おひさ》等へ示し申すべくとて先日より胸中にたくはへ候処、〈略〉御《お》閑御座《ひまござ》候はば半枚五行位に読みよきやうに御認《おんしたた》め、両妹などへ御与へ遣はさる間布くや。恐れながら尊大人《そんたいじん》（父、杉百合之助）へ御頼み仕り然るべくや、万々宜しく頼み奉り候。

子供の賢愚善悪は、父母の教えに基づく。男子女子とも十歳以下は母の教えを受ける事が殆どなので、母の教えはおろそかにしてはいけない。松陰はこのように育児においては母親の果たす役割が大きいこと。さらに子供が宿れば、母親は物の言い方、立ち居振る舞い、食べ物など全てに用心し、正しくない事が無いようにしなければならない。そして、家柄・血統よりも、生育環境の方が、人間形成に大きく影響すると説いている。松陰の母親論とその教えを受けた寿の言動も、楫取の教育観に影響を及ぼしたのでは、と考える。

文部省第七年報・八年報に、女子の就学と養蚕業の関係が記されている。『スケッチ群馬の学校一〇〇年』上巻から引用する。

「明治初年の群馬県は養蚕業で全国一を誇っていたが、これはまた女子の就学にも大きく影響した。群馬県では女子が幼児から製糸の業に従事して、『貧家ノ子女、未ダ一〇歳ニ及バザル者モ弟妹ヲ襁負《きょうふ》（幼児をせおう）テ桑葉ヲ摘ミ』などして家業を助け、一〇歳以上となれば繰糸《くりいと》を賃仕事とするため、就学するどころではなく、就学してもほとんど中途退学してしまう。そこで学齢に達する前から入学させ、定期試験に及第すれば報賞する《ママ》ことが目下の急務だと論じている」

女児学校の設立

群馬県では女子の就学率を高めるため、尋常小学の教育内容の他に、裁縫その他の実技を取り入れた女児学校も設立された。

明治十（一八七七）年（四月に）女児小学教則が群馬県から公布され、翌十一（一八七八）年一月、前橋本町の民有建物に公立前橋女児学校が仮設され、中川、敷島、桃井、萱街の各学校から下等四級以上の女児生徒、五百九十八人が入学した。教員は校長朝岡剛平以下五人だった。

明治十三（一八八〇）年五月二日、連雀町《れんじゃく》八幡神社境内北側に校舎を新築し落成式を挙行した。式典には楫取、宮部襄《みやべのぼる》等の県官、学務委員、校務掛、戸長、前橋各校の教員など名士多数が参列し、楫取も次のような祝詞を述べている。口絵『前橋女学校開業式祝辞』を参照されたい。

女子之有学与縫猶花之有香与色也花無香無色別人何以愛之曩廳下人々假設女学校于曲輪街令女子就其業孜々不懈駸々日盛於是更築校舎于此以本日開業予与属官莅吉典焉苟件女子益勉励之則其香著揚其色著美矣以為祝辞

明治十三年五月二日
群馬縣令楫取素彦

意訳　女子に学問と裁縫が備わるのは、まさに花に香りと色があるのと同じである。花の香りも色も無ければ、人はどうして花を愛するだろうか。先に前橋の人々は、女児学校を曲輪町に仮設し、女子をその業に就かせた。勉励して怠らなかったので、どんどん日毎に盛んになった。そこで校舎を新築し、本日開業となった。私と部下はめでたい式典にのぞんだ。もし女子が益々勉励すれば、香りは著しく揚がり色は著しく美しくなる。これをもって祝辞とする。

女子の学問と裁縫を花の香と色に例えて、女子の就学を促し、女子の資質向上に期待を込めた祝辞だ。まさに「婦女子者教育之母」なる考えに基づく挨拶といえる。

小学校修身教科書「修身説約《しゅうしんせつやく》」の編纂《へんさん》

県令として群馬県内を隅々まで見回っていた楫取は、習俗が形ばかり欧米化している状況を憂慮し、勤勉の大切な事を啓発すべきだと考えていた。儒学者で教育に期待していた楫取は、修身斉家の事例をまとめた修身の教科書を作り、小学校で指導すれば、その効果は大きいと考えた。そこで企画・編纂されたのが「修身説約」である。

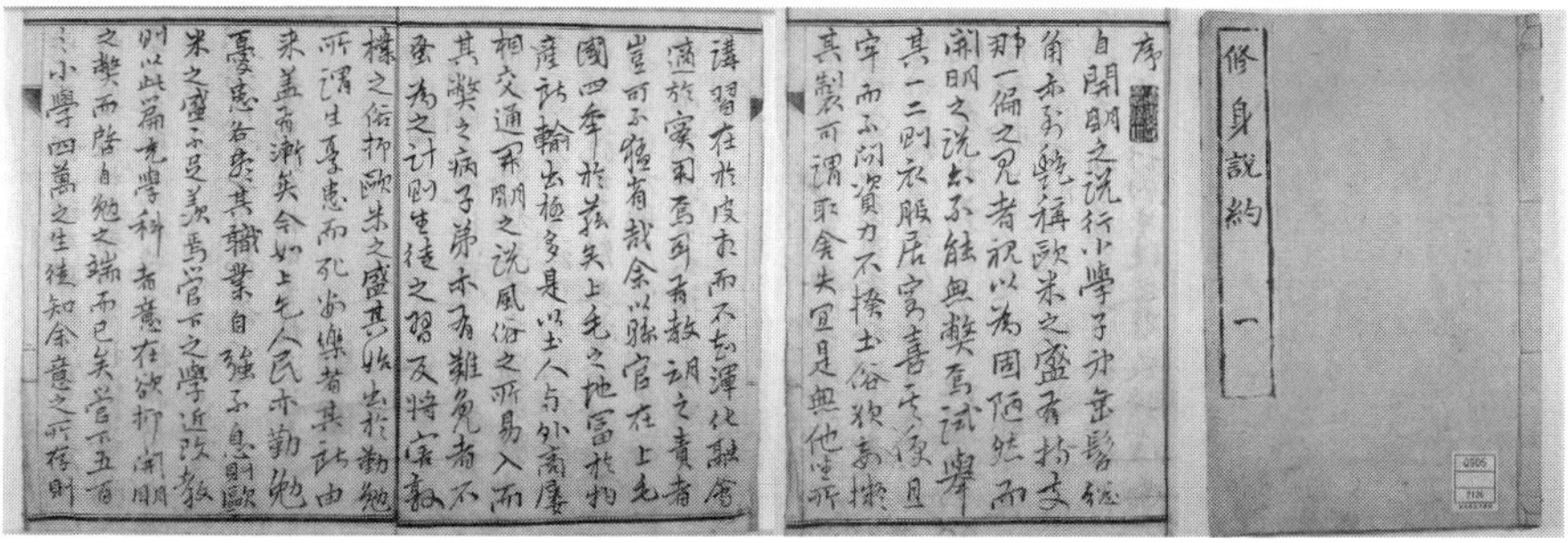

修身説約一（群馬県立文書館所蔵）

意図と内容

『修身説約巻の一』に揖取の漢文の序があり、編纂の意図が記されている。

自開明之説行小学子弟垂髫総角亦到艶称欧米之盛有持支那一偏之見者視以為固陋然而開明之説亦不能無弊焉試挙其一二則衣服居室喜其便且牢而不問資力不揆土俗欲妄擬其製可謂取舎失宜是無他坐所講習在於皮相而不知渾化融会適於実用焉耳有教育之責者豈可不猛省哉余以県官在上毛国四季於茲矣上毛之地富於物産所輸出極多是以土人与外商屡相交通開明之説風俗之所易入而其弊之病子弟亦有難免者不蚤為之計則生徒之習反将害敦樸之俗抑欧米之盛其始出於勤勉所謂生憂患而死安楽者其所由来蓋有漸矣今如上毛人民亦勤勉憂患各頼其職業自強不息則欧米之盛不足羨焉管下之学近改教則以此篇充学科者意在欲抑開明之弊而啓自勉之端而已矣管下五百之小学四万之生徒知余意之所存則此書豈謂小補耶学務課員木戸氏好文筆故排課務従事於編纂閲数月能竣其功頃将上木徴序於余乃挙此書之有為而作者以代例言云

明治戊寅天長節前一日
群馬県令楫取素彦選并書

意訳

小学校で欧米の文明が取り入れられるようになってから、子弟の下げ髪、揚げ巻は色艶がよく、欧米の盛んなさまをたたえている。支那に偏った見識を持つ者は見識が狭いと見られている。しかし、文明開化の説もまた弊害が無いことはない。試みにその一つ二つをあげれば、衣服・居室の便宜を喜んで資力を問わない。全体を見ずに、風俗は思慮もなく形を真似ようとする。良いものは取り、そうでないものは捨てると言うべきで、これ以外はない。

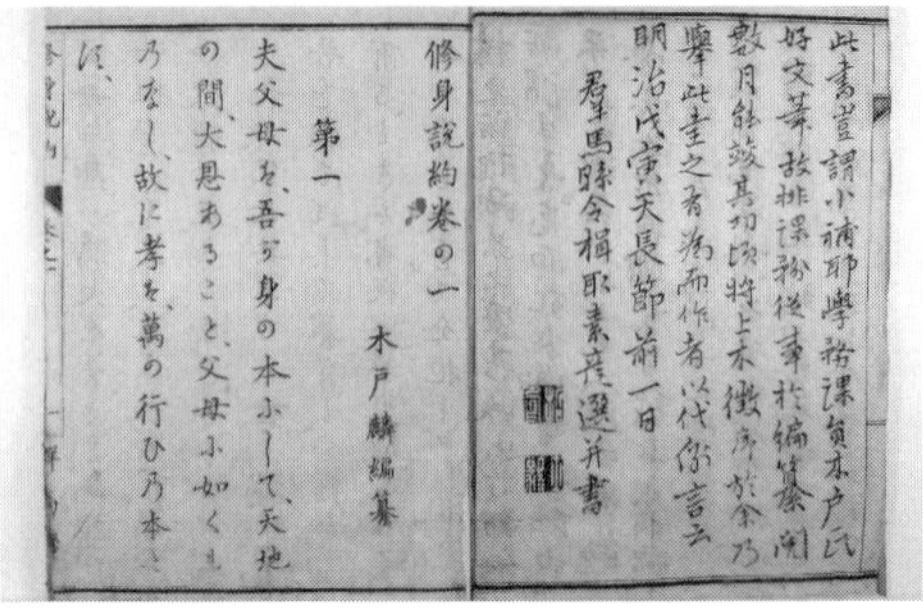

学問をする所に座っていてもうわべにとどまっている。溶け合って自然に了解することが実用に適うようになることを知らない。

私は県官として、上毛国にとどまること四年になる。上毛の地は、物産に富んでいて輸出する所は極めて多い。このことで人民と外国商人がしばしば交通し、風俗の入りやすい所である。その弊害によって子弟が害されるのもまた免れがたいのみならず、生徒の習慣形成に反して、飾り気がない風俗をまさに害してしまう。

そもそも欧米の盛大さは、その初めは勤勉から出ている。いわゆる憂患の中にあるときこそ生き抜くことができ、安楽にふけっていれば死を招くということの由来は、確かにじわじわ染み込むところがある。今上毛人民もまた勤勉・憂患の中にある。各々が自分の職業を頼りに、自ら励み行いやめなければ、欧米の盛大さをうらやむ必要はない。

管下の学校は、近々教則を改める。この書物をもって学科に充てるつもりである。意図は開明の弊害を抑えて、自ら励む端緒を啓発したいと望むことにある。管下五百の小学校、四万の生徒が私の意図するところを知れば、この書物はどうして多少の助けと言えようか。

学務課員木戸氏は、文筆を好むので、課務を排して編纂に従わせ、数カ月を経過してよく完了した。まさに上木しようとする時、私に序文を求めた。やむなくこの書がいかに役に立つかということを挙げた。それなのに作者は、例言に代えるという。

日付は明治戊寅天長節前一日とあるので、明治十一（一八七八）年十一月二日。落款《らっかん》には群馬県令楫取素彦選并書とあるので、楫取自身が文章を考えて作り、文字も自ら書いたものである。

この序では、楫取は儒学者らしく、中国古典から言葉を引用して、自らの意図を表現している。一つは孟子《もうし》、告子下篇《こくしげへん》から、「生於憂患而死於安楽也（憂患の中にあるときこそ生き抜くことができ、安楽にふけっていれば死を招く）」。もう一つは易経、乾卦《けんか》から、「自強不息（常に研鑽、努力を怠らないことが大切）」である。

内容は、序に「良いものは取り、そうでないものは捨てる」とある通り、儒教にかかわらず、日本、中国、欧米の修身斉家の物語、孝行談・寓話・史話等の事例百七十六編からなる。半数が欧米の事例、残りの半数は日本と中国の事例が均等に配分され、全九冊・十巻からなる教科書になった。

この教科書は、明治十一年十二月頃から二十五（一八九二）年頃までと、長期間使われている。生活場面と結びついた事例を取り上げるという編纂の意図が、功を奏した。明治十四（一八八一）

年以降、全国的に頒布《はんぷ》され、岐阜、大阪、福井、福岡等でも使用されたことが確認されている。

木戸麟《りん》の労作

編者の木戸麟は「木戸麟覚え書き」によると、高知県士族で、明治七年には熊本鎮台の軍医の職にあった。宮部襄《みやべのぼる》が安岡良亮《やすおかりょうすけ》熊本県令に従って出仕した時、安岡の紹介で木戸を知り、交際も深かった。木戸は宮部との縁で、群馬県に明治十年四月十一日付で出仕することになった。学務課長をしていた宮部は、海軍軍医時代の木戸に著述の才能を見つけていたのであろう。「学務課考績《こうせき》録（明六〜十五）」によれば明治十年十月に「小学修身教科書目下適切ノ書ナキヲ以テ修身斉家ノ事跡ヲ纂メ小学読本ニ換用セント修身説約ノ稿ヲ起ス」とある。この事業の始期は、木戸が群馬県に出仕した半年後だ。楫取の序にあるとおり、文筆を好む木戸が群馬県に出仕したことにより、楫取の編纂意志が具体化していった。木戸を編纂に専従させ、ほぼ一年で完成させたことからして、楫取が修身説約に大きな期待を寄せていたことがうかがえる。

群馬県中学校の解散と再開

群馬県中学校は明治十二（一八七九）年十二月に設立された唯一の県立中学校で、群馬県立前橋高等学校の前身である。翌十三（一八八〇）年一月二十六日、正午より開校式が挙行され、楫取は出席し祝詞を述べている。開校式の様子が、同日発行の群馬新聞に掲載されている。

正午十二時撃柝《げきたく》刻を報ずるに当たりて、今朝の程より各扣所《ひかえじょ》に罷り在りたる衆多《あまた》の人々ハ、斉《ひとし》く楼に上がりて式席に就く、時の県令所属官を引いて場に臨み頓《やが》て朗らかに祝詞を読み上げらる。

楫取の祝辞が「『群馬県教育史』第一巻　明治編上巻」にある。

新歳吉日開黌修儀循誘之道養材為基切磋之效進徳是期祝之告之衆其最哉

明治十三年一月廿六日

群馬県令　楫取素彦

夫修行之大必始於小成功之顕必発於徴猶渓川之奔流不己以成江海也故学有小大以教導後生苟勉励不倦則自微而顕自小而大其功業之至豈其可測邪本県学校之創建也其名己聞於遠邇然窃恐其名之過其実今也又設以中学其初未知人心之所趨果如何也及令出生徒輻湊争請入学乃知教導之化遍及村邑否則安能至於此名実相称亦可以見也雖然譬之習射馭張而不可弛鞭而不可怠此乃諸教官之所当憂慮生徒之所当勉励也明治十三年一月廿六日乃卜以開業之吉辰予不敏為校長獲覩此盛事者諸教官及生徒之力也仍作文賀之以告其意

意訳　新年吉日開校修儀。穏やかに人を導き、才能を養うには切磋の効果に基づいて徳を進める。これが開校を祝し、これを衆人に告げ、最も期待することである。

そもそも修行の大きな効果は、必ず小事から始まり、成功の顕は必ず兆しを発する。まるで谷川の奔流のようなもので、止めなければ大きな川、海になる。だから、学問にも小と大がある事をもって教導する。若者よ勉励し諦めなければ、兆しが顕れ、それは少しずつ大きくなる。その功業の行き着く所は、どうして測ることができようか。

本県学校の創建である。その名は既にあちこちから聞こえるが、窃かに名が過ぎることを恐れる。その実績を上げるのは今である。また設立した中学校の初めで、いまだに人々の考えは分からない、結果もどうなるか分からない。生徒を卒業させて、方々から入学を請い争わせるようにする。教導の変化を知らせて、全ての村々に及ぶようにする。そうでなければ、どうして入学を競わせることができようか。名実が共にたたえられれば、見るべきものがある。

そうはいっても習い事の例えに、弓を射るときは、張って弛めてはいけない。馬には鞭を怠ってはいけないと言う言葉がある。これはすなわち、教官が憂慮すべき所であり、生徒がまさに勉励すべき所である。

明治十三年一月二十六日、開業の吉日である。私は才能が乏しいが校長との出会いを得た。この盛事は、諸教官と生徒の力である。そのために文を作ってこれを祝った。そして祝意を告げる。

開校式当日の参加者は凡そ五百人、稀なほど盛会で、朝から天気は温和で、校園の梅や柳の蕾《つぼみ》が開き始めたと同新聞にあり、群馬県民の期待の大きさがうかがえる。式典の後には、酒宴が催された。

楫取は小学校教育の充実に取り組み、卒業する生徒が増加し、中等教育の必要性が高まった段階で中学校を設立した。生徒や教員への期待が大いに高まった時期だろう。だから楫取は、大いなる期待を持って、祝辞に自らの教育観を披瀝《ひれき》したと思われる。

生徒一同の解散を命じる

ところが、開校して一カ月も経たない明治十三（一八八〇）年二月、中学校解散の契機となった生徒総会が開かれた。校長小野述信《のぶざね》を攻撃し、教則の非をかかげ、更に楫取県令の施政を非難し教則改正を県に要求することを決定した。当時の群馬新聞は、事件の後半を簡単に紹介している。

明治十三年四月八日　県令へ上申
去る五日群馬県立中学校生徒百有余人の者、県令閣下へ上申の趣もあればとて、一同出校せずとの由なれバ、早速探訪せしに、生徒等兼ねて四日の夜点燈より竜海院に集合し、仮に議場を設け原案三条を討論の末、遂に県令閣下へ上申せしとか云うが、何にか嘆願の事ありしや委細ハ追て

明治十三年四月二十一日　中学校生徒退校　解散
中学校生徒が百十五名の内八名ハ退校申しつけられ、残りハ解散との事にて、本箱やら机やら小箪笥、風呂敷包等を載せたる車夫が大分見えます

この事件の詳しい経過と楫取の下した命令が、大正二（一九一三）年七月八日、九日発行の上毛新聞「前中物語」に掲載されている。

前中物語（二）

當初の同盟休校

其の頃政府は荐《しき》りに欧米の文明を移植して国民を開発しやうとしていたが他方では封建政治の旧夢に憧憬している一派があった、前者は佛蘭西革命が生んだ危険なる思想に酔ひ、後者は頑固一徹の蠻風《ばんぷう》を衒《てら》っているので両者の極端なる思想は相反発し乍ら国民の感情を彌が上に昂騰させた、正に最高潮に達せる時代の情熱は物に激するや即ち燃え即ち焼き火を噴き灰を飛ばざずんば止まざる有様であった、随って血気熾んな當時の中学生は世界の顛倒するような大事件の勃発を扼腕《やくわん》して期待して居たのである

平地に波瀾

髀肉の嘆に堪江ぬ渠《かれら》等は眠り醒ましに何か事件を突発させようと寄々相會して密議を凝らした、理由に苦しめる渠等は遂に「教則改正」といふ口實を拵へて之を盾に突いて風雲を呼び起そうと決した、發頭人は餓鬼代将として重きを為していた山崎金四郎（現高崎市助役）寺澤精一（元前橋高女校長）萩原某外二名であった、之等の領袖株は連夜深厚に及ぶ迄謀計を廻らしていたが愈々陣立が出来るに及んで生徒總會を寄宿舎たる龍海院の本堂に於いて開いた、開校されて未だ一年にならざる明治十三年二月某日午後五時、夕月夢よりも淡く鐘楼

に上り窓前の梅花両三株暗中に薫り山内は寂然として暮色に包れた

激越な大會

山崎、寺澤外三氏は交々生徒大會を開催したる理由を縷述《るじゅつ》し悲壮な語調で校長を攻撃し教則の非を鳴らして果ては楫取縣令の施政を痛罵した、何しろボールテールやルソーの民権論などに心酔した少年が燃え熾る青春の血潮に唆られて我を忘れて絶叫するのであるから却々激越、痛快を極めたものであった、列座した八十の同學の胸衷に高鳴る血汐は狂立ち意氣軒昂として耳は熱し拳《こぶ》は堅まり双肩は妙義のように聳えるであった「諸君！教則の改正を縣令に迫ろうじゃ無いか」萩原は昂然と案を叩いて提議した「賛成！賛成！満場異議なし」響の物に應ずる如く直ちに交渉員として山崎寺澤外三名を總代に選んだ、夜は沈沈と更け渡って彼方の水車から一番鶏の聲が森を縫って聞えた

縣令に迫る

翌日午前十時、五人の總代は威儀を正して縣廳に出頭し縣令に面會を求めた處が断然謝絶《ことわ》られて了った、されど強硬な交渉を再三重ねた末、ヤッとのことで學務委員に會見した、渠等は前夜來の顛末を陳述し是非共教則を改正し自由放任主義にして貰ひたいと懇々哀願し縣令へは渠等が徹夜して奉書紙に書き附けた堂々たる教則改正建議書を置いて意氣揚々として引揚げて來た、門前に堅唾を呑んで待設けていた連中は之を想見し堤《どて》も壊《くづ》れよと許り萬歳を連呼して歸舎した

総代は退校

翌日から總代に選ばれた山崎外四名の顔が教室に見えない、一同失望して寄宿舎に歸って見ると渠等の居間はチャンと取形附けられてあるので益々不審を起こし教師に尋ねると山崎等は生徒として有まじき事をしたので退校處分にされたといふ事だ、サア恁《こ》うなると残った連中も静《ぢっ》として居られない早速協議會を開いて善后策を講じた、結局山崎等と異心同体なる我等はムザ々渠等を見殺しにする事は朋友の義として出來ぬ、寧ろ責めを同うして進んで退校しようといふことに決したのである、之が前中に於ける最初のストライキである

前中物語　（三）

再び閉校となる

大義親を滅すとか義を見て為さゞるは勇無き也とか飛んだ處へ理屈を附けて同學八十名は袂を連ねて退校し自分等の犠牲となった總代萩原山崎等の後を趁《お》った

解散を命ず

書籍から食費まで一切縣から支給されていたのだから當時の中學生は今の師範生のようなものだ縣からの命令なり布達であって見れば嫌應なしに服従せねばならぬ身分なのに途轍もない教則の改正に就いて建議したのであるから縣令の楫取素彦翁怒るまいことか烈火のやうに執圉《いきま》き直ちに

詮議の次第有之候に付其校生徒一同の解散を命ず
といふ命令を下した、哀れ再生後幾程もなき群馬縣中學校は明治十三年四月十五日に解散して了った、校長小野述信氏も責を引いて中學校長と併せて師範學校長の職を辞す可く餘義なくされた

楫取は開校式で祝辞を述べて三カ月も経たないのに、烈火のごとく息巻き、生徒一同の解散を命じた。楫取は何故解散を命じたのだろうか。

一　開校式の祝辞にあるように、生徒には、教官と相切磋し、学問に勉励することを期待していた。しかし、学問の中身ではなく、「教則の改正」を要求したこと、総代の退校処分に不服を唱えて同盟退学をしたことに、楫取は期待を裏切られたという思いを強く持った。

一　明治十三年二月頃は、自由民権運動が全国的に盛り上がり、県内でも民権政社が結成されていた頃で、県令への直訴、ストライキをそのままにしておいたのでは、生徒の間にも自由民権運動が拡大し、学校が混乱することを危惧した。首謀者の一人であった山崎金四郎は、高崎藩士族であり、当時高崎藩士を中心とした自由民権運動の影響を多分に受けていたとも考えられる。

一　中学生は県より奨学金を貰っている存在。それが集団で反旗を翻した。武家社会、官僚社会という縦社会に長く身を置いてきた楫取にとっては、上下の秩序を乱す行いと映った。

赤城山麓に新築

群馬県中学校は廃校となってしまったが、小学校を卒業する者は、続々と輩出する状況で、中等普通教育を施す学校を設けないわけにはいかなかった。

明治十三（一八八〇）年四月二十一日、小野述信の後任として、三十三歳の宮部襄が師範学校長となる。三月二十二日に学務課長兼衛生課長になったばかりだ。楫取が注目した人物で、群馬県中学校の再開を託して送り込んだのだろう。六月十四日、楫取が利根川のほとりに借りた楽水園で、数人の文化人を招いて談笑していることからも、楫取の信頼を得ていたと考えられる。

宮部は群馬の自由民権運動の中心人物であり、在職中から民権運動を行ったと推定されている。これも楫取の特別な計らいによるものだったと思われる。

県立群馬県中学校跡の碑（前橋市富士見町小暮）　鈴木貫太郎元首相の弟、鈴木孝雄の揮毫。

明治十三年八月、現在の自治会館の所に、群馬県中学校は再度開設され、十二月二十七日、南勢多郡小暮（現前橋市富士見町小暮）に新築することに決まった。赤城大鳥居の西方である。小暮に建設される事になった理由も前中物語にある。

前中物語（四）

赤城山腹に移轉

誘惑多き都會で少年を教育する事は極めて危険だ、有為の人材を養成するには静静かな閑然した深山でなくては不可《いか》ぬというのが楫取縣令の教育方針であった、斯の方針に基いて群馬縣中學校は熊や狼が出没する赤城山の森林中に新築されることになった、弘法大師が高野山に教坊を建て、傳教大師が比叡山に寺門を開いたと同じ格だ、

赤城山の中腹にある小暮村に建設した理由として、楫取への面会の強要が第一に考えられる。県庁の目と鼻の先に中学校を置いては、また面会強要やストライキを起こさないとも限らない。県庁から二里も離れていれば面会に来ることも無かろう、静かに勉強するであろうという読みがあったと考えられる。また、この頃は県内にも多数の民権政社が存在し、自由民権運動を盛んに展開していた時期であり、この影響を排除しようという意図もあった。

一方、中学校の校舎が人里離れた小暮村に建設されることに、生徒の反応はどうだったのだろうか。明治十四（一八八一）年一月二十二日の上毛新聞（第一次）に、「小暮へ移されるので、何か生徒がこぼして居たとの事」の記事が見られる。生徒からすれば、不便な場所に押し込まれるわけで、至極当然な気持ちだろう。

上毛新聞の論評

明治十四（一八八一）年八月十六日の上毛新聞論説「群馬県令楫取君ノ治績」の中で、中学校のことを取り上げて、楫取の治績を論評している。

既ニ昨十三年ニ在テハ、中学生等一同該校長某ノ措置ニ付キ不平ヲ鳴ラシ、令公ニ面謁ヲ乞ヒ其意見ヲ上陳セントスルモ何等ノ理由ナルニヤ其ノ主旨ヲ達スルヲ得ザルヨリ、議論沸騰其気勢盛ナルヨリ、令公閣下ノ威力ヲ以テスルモ之ヲ圧服スル能ワザルユヘナルカ否ヤハ知ラズト雖モ、終ニ其校ヲ閉ヂ生徒ヲシテ解散セシメ、殆ンド一年間ノ光陰ヲ空シク消費セリ、略　以上中学生徒ノ紛紜ヨリ高崎人民ノ請願ニ到ル、其行為ノ是非如何ハ暫ク措テ論ゼズ、其精神ニ至リテハ皆ナ悉ク憤怨ノ余リ（デナイ）自主自由ノ思想ヨリ出デザルハナシ、而シテ前段述ブル如キ卑屈ナル上毛人民ガ、斯ク如キ思想ヲ惹起セシハ全ク令公閣下施政ノ影響ナリ、然ラバ則チ我上毛人民ヲシテ卑屈ノ迷夢ヲ攪破シ、自主ノ精神ヲ振起セシメタルモノ、実ニ楫取君其人ナリ、噫、楫取君ノ治績夫レ大ナル哉矣

中学生のストライキ、県庁移転問題に関する高崎人民の請願の背景には、自主自由の思想があり、卑屈で権利も自由も知らない上毛人民に、自主的精神を起こさせた人は、正に県令であり、治績の成果であると、皮肉を込めて論評している。

なお、この時の上毛新聞と現在の上毛新聞とは、全く関係がないことを念のため記しておく。

明治十五（一八八二）年四月十日、小暮に新校舎が完成し、楫取が臨席して開校式が挙行された。再度祝詞を述べたかは定かではないが、竣工を祝して次のような詩を詠んでいる。（前橋市元総社町上原八九十氏蔵）（『前橋高校八十年史　上』）

校庠新卜地　牖戸向陽明　負笈来学者　所期在晩成

「期す所晩成に在り」とは、人里離れた地で、しっかりと勉学に励み、ゆくゆくは日本のリーダーとなって欲しいという楫取の気持ちと期待が込められているように思う。

ストライキの首謀者だった寺沢精一と山崎金四郎は、最初の卒業生になった。楫取は内藤耻叟《ちそう》校長の推薦を受けて、寺沢精一を県費で東京大学予備門に進学させている。楫取の度量の広さを物語っている。

『群馬県史・明治時代』の中で、萩原進氏は次のように記している。


当時全国に県立中学校は数多かったが、群馬県のように、市街地では教育的環境が不適であるというので、わざわざ秀峰とうたわれた赤城山の中腹に移転した、斬新奇抜な大理想を行った例はまず少ないであろう。〈略〉かくして、破天荒な教育環境論の実験が完成したわけである。

日本三古碑の一つ多胡碑《たごひ》の保存

多胡碑は日本三碑及び上野三碑《こうずけさんぴ》の一つである。ちなみに日本三碑は多胡碑、那須国造碑《なすのくにのみやつこのひ》（栃木県大田原市）、多賀城碑《たがじょうひ》（宮城県多賀城市）で、上野三碑は多胡碑、山上碑《やまのうえひ》、金井沢碑《かないざわひ》で、全て高崎市にある。碑面に刻まれた銘文は「続日本紀《しょくにほんぎ》」の記録と一致し、奈良時代初期に多胡郡が設置された経緯を示す貴重な資料である。群馬県民には、広く普及している「上毛かるた」に詠まれ、「昔を語る多胡の古碑」として知られている。

江戸時代には碑文の特徴ある楷書体が愛好され、拓本をとることが盛んになり、村民が覆い屋や木柵を設けて保護してきた。

熊谷県権令になった楫取は、この頃盛んに県内を巡視していて、野ざらしの多胡碑の漢文を見て、全国に比類無き価値ある碑と判断し、風雨による変質を心配したのだろう。そこで官費によって保存策を講じようと考え、明治八（一八七五）年十月三十一日付で、大久保内務卿に官費の支出を願い出た。その上申書を『群馬県教育史』第一巻から引用する。

> 本県管下上野国多胡郡池村地内ニ現存候古碑壱座世間所伝称之多胡碑ニテ文辞書体古色鬱然今代ノ品ニ経庭有之殊ニ宣下ノ公文モ刻載シ当時皇治ノ御盛蹟モ概見相成申候碑面年号ニ就キ推算候ヘハ多賀城碑面ヨリ五拾弐ケ年以前ニ相当リ真ニ千年外ノ旧物ニテ厚ク保存ヲ加ヘ可然儀ト奉存候　略　自然民力ノミニテハ不行届之処有之如此古碑全国中別ニ比類モ無之旧物ニ付〈略〉、

保存理由の第一として、儒学者、漢学者、能書家でもある楫取は、碑の文辞書体が古色鬱然《うつぜん》として、今時のものと大きな相違があることを指摘している。良い物は取るという楫取の考え方が具現化されている。書体は楷書が主で、明治十五（一八八二）年、清の書家である楊守敬《ようしゅけい》が出版した楷書辞典『楷法溯源《かいほうそげん》』に、唐時代の手本として碑文中から三十九文字が採録されている。現代でも書家が臨書する対象になっている。

覆い屋の中の多胡碑

多胡碑の現在の覆い屋

第二は、特に天皇家を尊崇する楫取は、宣下《せんげ》の公文書が刻まれ、当時の天皇の治世の盛んな跡が見て取れるところに、政治的な価値、王政復古の正当性を見出した。

第三は、多胡碑面の年号、和銅四（七一一）年は、多賀城碑面の年号、天平宝字《てんぴょうほうじ》六（七六二）年より五十一年前であり、千年以上も昔の古い物であること。

この後内務省との折衝を経て、明治十（一八七七）年一月二十日、経費が認められて柵と扉が設けられた。明治十四（一八八一）年十一月、楫取は風雨や蘚苔《せんたい》の害が少なくなく、出回っている拓本と較べても摩滅が甚だしいので、雨覆《あまおおい》の設置を内務卿山田顕義に申請したところ、十五（一八八二）年四月に認められて雨覆が設置された。山田は長州藩士、吉田松陰門下で、慶応三（一八六七）年十一月、京都を目指した東上軍の参謀であった楫取の部下だった人物である。

この間、明治十一（一八七八）年五月十八日、楫取は多胡碑所在地の築園費用の一部として、金三十円を寄付した。この楫取の率先垂範が地元の人々を動かし、郡内の四十四カ町村へ寄付金募集の依頼を発することになった。この地元の熱意が、内務省を動かす力になった。

二十六年後の知己

明治四十三（一九一〇）年、群馬県で一府十四県連合共進会が開催される記念に、時の吉井町長橳島福七郎氏は、多胡碑の拓本を楫取に送ったところ、同年九月、多胡碑が天下に知れ渡った喜びを綴った楫取からの礼状（橳島堅次氏所蔵）を受け取った。楫取が群馬を去った二十六年後のことだ。橳島福七郎は、明治十二年頃、富岡小学校の督業教師をしていて、楫取が落成開校式に出席した時に会った人物。礼状の末尾に多胡碑を詠む歌が記されている。楫取はその二年後、大正元（一九一二）年八月十四日、八十四歳で他界しているから、最晩年に属する歌であろう。

久別契濶御勝安致萬賀候老生頑健本年八十二歳ノ齢相重候今般貴縣主催一府十四縣聯合共進會御盡力想像申候就而ハ多胡碑模摺本被相寄舊交御遺忘無之段深ク致感謝候回顧候得者古老荒井守邨老生好古之非迄誹判散々弁駁説ヲ流布候得共老人鑑識力茂無之惟舊碑草莱中埋没ノ事蹟ヲ記積ニ而云々申触候處全體日本三碑ノ一ナルハ皆人之弁諒スル所ニ有之今回聯合共進會ニ而彼碑ノ体面モ満天下ニ相顕老生は欽躍申候仍而御返翰旁草々呈書如此候頓首

明治四十三年九月六日
楫取素彦
檝島福七郎殿
貴文御示被下致拝謝候也

多胡乃石文の写しを送りける人あれは　素彦
深草《ふかくさ》のうちに埋《うづも》れし石文《いしぶみ》の世にめつらるゝ時は来にけり

意訳
長らくご無沙汰していますが、御勝安とお喜び申し上げます。老生は頑健で本年八十二歳の齢を重ねました。今般貴県主催の一府十四県連合共進会に御尽力と想像します。ついては多胡碑の拓本を贈られ、旧交をご遺忘《いぼう》無きことに深く感謝致します。顧みれば古老荒井守邨は、老生が古碑を好むのは過ちであるとまで誹謗した。大いに反論の説を流したけれども、老人は鑑識力もなかった。ただ旧碑が草むらの中に埋没していた事跡を記すつもりにて、云々知らせたところ、もとより日本三碑の一つであることは皆さんが了解するところとなりました。今回連合共進会で、かの碑の面目も国中に顕彰され、老生は大喜びしています。よって御返書かたがた一書差し上げました。

檝島氏も碑の保存に尽くした人で、側に建てられた多胡碑記中に「縣官」とだけあって、楫取の名前がないのを残念に思っていた。また、多胡碑記を建立した堀越文右衛門氏の功績を後世に伝えようとして、大正五（一九一六）年三月、多胡碑記の南に小さな石碑を建立した。

　石は碓氷石、自然石で総高百五十五センチ（台石五十センチ）碑身の幅は最長六十五センチ、厚さ四十七センチである。表には礼状にあった楫取の歌が、裏には楫取と堀越氏の事績をたたえる碑文がある。これが楫取の歌碑で、群馬県内では数少ない物の一つだ。

楫取の歌碑

　明治十一年　縣令楫取君　勸郷人修多胡碑　使加保護　爾来歳月既久　漸就荒廃　余深憂之　欲積貲以備用　謀諸堀越翁富美　翁前與修碑有力　乃又約為出金若干　保護之法由以立矣　顧此碑　希世珍寶　天下所尊重也　楫取君之修保　堀越翁之損貲　其功豈可没哉於是　刻君所嘗贈歌于石　並勒其顛末　冀使後人継其志不墜其功
　　大正五年三月　吉井町長榺嶋福七郎　撰

　楫取の手紙に「弁駁《べんばく》説ヲ流布《るふ》」とあるように、当時楫取と新居との間で、多胡碑に関する論争があったようである。『上毛及上毛人』二八八号所収の松田鎭「多胡碑を巡りて」から引用する。

　即ち明治初年、県令楫取素彦氏は多胡碑を以て稀世《きせい》の珍宝として之を修理し、保護を加へた頃、当時国学者として聞こえた新井守村氏は此碑を以て擬作物《ぎさく》とし、楫取氏の所置を誇り久しく反目して其論争が止まなかった。

このように楫取と論争した荒井守邨（通常は「新居」）は、榛名神社の神仏分離作業で、仏教的な物の排除だけではなく、破壊も行った指導者だった。

楫取が新居に批判されても、多胡碑の保存に努めたことから「良いものは取る」と、文化財の保存を積極的に進めた姿勢がうかがえる。

山上碑、金井沢碑

山上碑、金井沢碑、仁治《にんじ》の碑、仁治の板碑の木柵と標柱建設についても、明治十一（一八七八）年十月二十二日付で、内務卿伊藤博文に伺いを立てたところ、同年十一月に経費を調べて申し出るよう指令があった。ところが、諸般の事情によりその措置は延び延びとなり、十五年になって土地や碑を購入したようだ。

また外柵等の建設の件は、十七（一八八四）年五月になって内務省へ上申し、同年十一月に、ようやく雨覆土塀建築費が認められた。

土地や碑の購入の前、明治十四（一八八一）年四月十六日、楫取は、金井沢碑及び山上碑を巡覧している。『上毛新聞』（第一次）に記事が見える。

属官三名外に一人の案内者を具し、緑野郡根小屋村の内字金井沢に赴かれ、神亀年間に建設されしといふ古碑を一覧し、其れより又道を転じて同郡山名村字山の上に到られしころは、時計も既に午後七時を廻りて、行向も定かならねバ、兼ねて用意の提灯に火を転じ、唯一条の細道をたどり行きつゝ、漸にして旧放光寺に達す、寺中石観音を安置す、建治四年の安置なり、又放光寺の古碑あり、併び称するに足る、他又見るべきなし、再び前路を取て下る、怪しむべし村民両三道を挟んで下るを待つ者あり、或ハ棒を手にし或いは石を懐にす、一行五人驚かされて村に帰る蓋し夜中の登山村民不審を抱きたるに由るなり、県令楫取君山名村に於て車を命じ、属官と共に藤岡を指して疾走せしめらる、時に午後九時なりき云々

土地や石碑の購入等にあたって、事前に金井沢碑、山上碑を現地調査したものと考えられる。金井沢碑の保存については、緑野郡長から休憩小屋設置の伺いを県令宛て提出したところ、楫取は、付箋に、次のように自ら朱筆で書く程熱意を示している。（『群馬県教育史』第一巻）

アツマ屋構造ハ格別ナレトモ掃除人ナリトモ居住は不可トス。特ニ茅屋《ぼうおく》ナルハ尤モ火災ノ虞アリ。

明治十五年三月二十日（楫取印）

国の特別史跡に指定

多胡碑、山上碑、金井沢碑の上野三碑は、昭和二十九（一九五四）年、歴史上、学術上特に価値が高いと認められ、国の特別史跡に指定されている。楫取や地元の人々が、募金を集め、熱心に保存活動に取り組んだ成果と考える。

現在多胡碑のある地は「吉井いしぶみの里公園」として整備され、多胡碑に関連した資料を展示する多胡碑記念館がある。多胡碑は木立の中、近代的な覆い屋の中で大切に保存されている。楫取の多胡碑に寄せる思いが、地元の人達に脈々と受け継がれている。

豊城入彦命《とよきいりひこのみこと》の陵墓探索

明治初期の陵墓政策については、外池昇氏著の『天皇陵の近代史』に詳しいので、同書を参考に推移を概観する。

天皇を頂点にして、その権威の下で政治を進めようとする明治政府にとって、皇室の祭祀《さいし》体系を完成させることが必要だった。そのため、天皇・皇后以外の皇族、つまり后妃《こうひ》・皇子《こうし》・皇女《こうじょ》等の墓の所在地を確定しなければならなかった。

明治四（一八七一）年一月、神祇官《じんぎかん》諸陵寮から神祇官へ「后妃皇子皇女御陵墓取調べ方御布告伺」が提出された。それには「御歴代御陵すら恐れながら未詳の御場所もこれあり、況や右御方々

（引用註　后妃・皇子・皇女）陵墓は数ケ所の儀に付き即今某国某郡と申すことさへ申し上げ兼ね候御場所もこれあり」とある。

二月にはこれを受けて、「太政官布告」が出された。これは、全国の府・藩・県に対して、后妃・皇子・皇女等の陵墓の有無について、「兆域図面」「石碑・石塔・位牌類」「祭日」「社人・僧侶或いは村方にて守護方等の区別」「古文書・古器・款識《かんし》（引用註　金属や石に刻まれた文字。金石文）並びに故老の遺説」「除地《じょち》（引用註　年貢・諸役のかからない土地）・田園（引用註　田畑・耕作地）等の原由《げんゆ》」の各項目に分けて、回答を求めたものである。

同八（一八七五）年二月、陵墓に関する事務を管掌していた教部省《きょうぶしょう》の官員が、陵墓の調査を目的として全国に出張することになった。報告された文書を実地見聞する段階に移ったのだろうか。このような推移を念頭に置いて、陵墓に関する楫取の動向を跡付ける。

豊城入彦命の墓

明治十一（一八七八）年四月付で、楫取が宮内卿徳大寺実則《とくだいじさねつね》に提出した「管内古陵墓の儀に付上申」に、次のような記述がある。『天皇陵の近代史』より引用する。

明治七年入県以来豊城入彦尊御墓認索の為、しばしば官吏派遣全国の諸陵大抵取り調べ候

つまり明治七（一八七四）年七月に楫取が熊谷県権令になってから、官吏を県内に派遣して豊《とよ》

城《き》入彦命《いりひこのみこと》の墓を探していたという。

豊城入彦命は日本書紀や古事記にその名が記されているが、実在した人物か否かは不明で、上毛野君《かみつけののきみ》の家柄と東国統治の正当性を主張するため、象徴的な人物として伝承されていたと考えるのが妥当のようである。（『群馬県人名大辞典　松島榮治』）

楫取と豊城入彦命の墓との関係については、前出の『天皇陵の近代史』に詳しい。ここでは同書を参考に、実地見聞した豊城入彦命の墓と楫取の思いについて触れたい。

総社《そうじゃ》二子《ふたご》山《やま》古墳

明治七年十月、熊谷県は総社《そうじゃ》二子山古墳を豊城入彦命の墓として教部省に申し立てた。江戸時代の学者の説や、墳丘上から出土品が発見されてから、豊城入彦命と結びつけて考えられる傾向が顕著になった。文政十（一八二七）年には、後円部の墳丘上に「豊城入彦命正三位刑部卿藤原朝臣貞直謹書」と陰刻された石碑が建てられたほどである。

総社二子山古墳（前橋市総社町植野）　墳丘に立つ「豊城入彦命」の碑。

同八（一八七五）年一月、教部省から豊城入彦命の墓の現地管理人として、墓掌、墓丁を置く旨が達せられ、二人が任命された。

熊谷県は同八年八月と十月、教部省に対して、同古墳を豊城入彦命の墓としてふさわしくするため竹垣を

楫取素彦扇面詩（楫取能彦氏所蔵）

新築したいと申請した。そして翌年三月には、同古墳は「官有地第一種山陵之部」に編入された。ここに至って同古墳は、公式に豊城入彦命の墓として認められた。

しかし、墓掌、墓丁に支給された給金をめぐり、従来古墳の保存に尽力してきた人々の間に紛糾があって、同年五月に墓丁が免ぜられてしまい、豊城入彦命の墓としての管理が解かれてしまった。同古墳が豊城入彦命の墓ではないことが証明されたために、管理を解かれたのではなかったのである。

明治十（一八七七）年前後、楫取が同古墳を訪れて、作った詩がある。伝承に基づいて、この古墳こそ豊城入彦命墓と考えたが、それを裏付ける文献はすでに無く、草に覆われていることを残念に思って詠んだと思われる。「哲《さとし》」は楫取の名である。『楫取素彦と幕末・明治の群像』所収の「楫取素彦扇面詩」（楫取能彦氏所蔵）より引用する。

曩時王略事空伝　皇胤曽任国権可　惜如今文献没古　陵相接草芊々持
到植野村拝豊城王墓有感
哲

西大室の前二子山古墳

前橋市西大室町の根岸孝一家文書の「明治十一（一八七八）年二月二子山日記」によると、同年二月一日の条に、「本県より御出張に付き吉田嘉蔬《かそ》様外に一名二子山丈量申し付け也」とある。吉田嘉蔬は楫取と同じ山口県士族、明治四（一八七一）年三月に山口藩中学一等助教になり、同八（一八七五）年六月二十二日に熊谷県に出仕した。編輯掛《へんしゅうかかり》として、群馬県の史跡、史書の調査編集に従事した人である。

二月二十五日の条には「前橋警察署より弐名御出帳相成り候」とあり、さらに発掘の経費が支出されていたことも記録されている。これらのことから外池氏は「前二子山の発掘が、きわめて計画的なものであったことは明らかである」と記している。

発掘直後の三月三十一日、西大室村戸長根岸重治郎は、同古墳の石室内の様子や遺物を図面にした「室内出品書上簿」を楫取に提出した。『尚古帖』によれば、楫取は四月十日、同古墳を見に西大室村に来ている。群馬県は県令名で同年四月付で、宮内卿徳大寺実則に宛てて「管内古陵墓の儀に付上申」を提出した。この上申では、発掘の契機、同古墳の石室構造の特殊性、出土品について詳述した上で次のように結んでいる。

今般更に窟内の結構および出品等詳細検査候所、南陵は豊城入彦尊の御葬壙にして、中陵は土俗の称え来り候通り果して御諸別王《みもろわけのおう》の葬壙にもこれあるべく候間、至急御検査何分の御指揮これあり度く、これに依り別紙図面三葉相添えこの段上申候也すなわち石室や出土品をよく調べたところ、南陵（前二子山古墳）は豊城入彦命の墓に違いないので至急検査して欲しいということである。地域には中陵を御諸別王墓とする伝承はあるが、南陵を豊城入彦命の墓とする伝承はない。それにもかかわらず、同古墳を豊城入彦命の墓として認めさせようとしたところに、楫取の強力な意思が表れていると外池氏は記している。

「管内古陵墓の儀に付上申」に対して、宮内省は十月二十二日、官員二名を「御墓検覈《けんかく》」のために群馬県に派遣した。その報告書である「群馬県下古墳巡回記」では、同古墳は豊城入彦命の墓ではないと判断している。

この少し前の九月四日、同古墳からの出土品は、明治天皇の「北陸東海両道ノ御巡幸」の途次、前橋に立ち寄った際天覧に供せられている。常に天皇の傍に仕えていた楫取が、細々と説明したことが想像され、外池氏が指摘しているように、楫取の意図が感じられる。

前二子山古墳（前橋市西大室町）

安中の梁瀬《やなせ》二子塚古墳

明治十二（一八七九）年三月、安中市簗瀬字八幡平の「梁瀬二子塚古墳」が発掘された。『維新実録　尚翁茶話』に、石室内に初めて入った時の記録が残されている。

約三十尺も入たる所にて一段下り間口九尺、奥行十五尺、高さ八尺、悉く巨石にて積立、天上八四枚の大石にて覆ひ、周囲の石朱色にてぬりあり、平面の中央小石に石灰の如きものにて混交し在り。

同古墳は安中市唯一の前方後円墳で、横穴式石室では県内最古のものに属するという。同書に日時は分からないが、楫取がこの古墳を見学していることが記されている。

『尚古帖』には、明治十四（一八八一）年九月付の楫取の文が掲載されている。小森谷啓作氏から頼まれて、西大室の前二子山古墳と同古墳を比べた所感を書いたものであるから、この頃同古墳を訪れた可能性がある。

是戊寅四月拾古陵到西大室村書所感者古森兄携此巻来索題辞持而閲之則与西大室所観大同小異意復上世貴紳之兆域所出対比再愴然矣至孫芳草碧無辺遺壙荒涼経哉年磁偶瓦瓿轉缺在
懊摩弔古意愴然
明治十四年辛巳秋九月
畊堂迂先楫取哲

意訳
戊寅（明治十一（一八七八）年）四月十日、古陵を見に西大室村に到った。所感を書くのは、古森兄がこの書を携えて来て題辞を求めたからである。持ってこれを読み、すぐに西大室の古陵と見比べた所感を与えた。大同小異と思うし、その上大昔の貴紳の墓所、生まれたところを対比し、再び悲しみに心を痛めた。子孫に至り、春の草の碧が周りになく、遺壙は荒涼として本当に年月が経っている。磁器、土偶、瓦、甕《かめ》が欠けて転がっているのを見て嘆き、弔意も消えていて昔を偲ぶと悲しく思う。

この頃は西大室の前二子山古墳が、豊城入彦命の墓ではないと判断された後であり、梁瀬二子塚古墳も大同小異と簡単に述べており、豊城入彦命の墓への期待感が感じられない。しかし、尊王家の楫取は、両墓を見ると悲しみに心を痛めるのだった。

赤城神社と櫃石《ひついし》

『宮城村誌』の赤城神社の項に、楫取の詩がある。

廟貌千年倚古邱　老杉森鬱護祠頭　慙吾任国尋鴻緒　沿績曾無洽闔州

意訳　御霊屋は千年間櫃石《ひついし》を後ろ盾とし、鬱蒼《うっそう》とした老杉の森が祠を護っている。吾が任国の現状を恥じて豊城入彦命を尋ねる。治績は上州をあまねく潤していない。

赤城神社の祭神には、豊城入彦命も祭られていることを念頭に、楫取の詩について考えてみたい。

「古邱《こきゅう》」とは、古い墓という意味で古墳をさす。具体的には赤城神社の山手尾根にある「櫃石」が念頭にあったのではないか。「上毛古墳総覧（昭和十三年）」によると、この櫃石には、豊城入彦命の墓とする伝承がある。「鴻緒《こうしょ》」とは、天子の血統、統治者の血筋を指し、崇神天皇の皇子豊城入彦命を指しているのは明らかだ。

楫取は自分と同じように、西からこの地にきた豊城入彦命と、自らの治績を較べ、その成果がなかなか群馬県全体に行き渡らないことを憂い、うまく治める方法はないものだろうかと、思い悩んでいる心情を詠んだのではと思う。

楫取が何時来て詠んだのか、宮城村誌には日時が記されていないので分からない。しかし、内容から判断して、何年か群馬県令を務め、自分の統治を振り返って現状を分析できる精神的ゆとりが出た頃ではないかと考える。

『宮城村誌』に、宮城村初代村長東宮六郎治を記した「吉勝翁物がたり」がある。同書によると、楫取は明治十五（一八八二）年四月、湯之沢温泉（現赤城温泉）に来遊している。この逗留中に豊城入彦命を祭った赤城神社や墓の伝承がある櫃石に足を運んだことは十分考えられる。

また、この時楫取が詠んだ歌が同書にある。

雨となり又晴れとなるたゆたへに定めかねたる五月空かな
深やしも温泉《いでゆ》の里となりしより遠《お》ち近《こ》ち人のたゆるまぞなき

天皇家を尊崇

楫取は豊城入彦命の墓を特定しようと、熊谷県権令に任命されて以来、県内の古墳を詳しく探索した。最初は総社二子山古墳、次いで西大室の前二子山古墳を申請したが、楫取の期待する回答は得られなかった。それでも豊城入彦命の墓にこだわり続けた。

長州藩は尊王を掲げて徳川幕府を倒した通り、歴史的に天皇を尊崇する意識が高かった。明治六（一八七三）年八月、明治天皇・皇后が避暑のため、箱根宮下へ向かったとき、足柄県参事であった楫取は、途中の小田原の磯で、漁夫の網曳きを天覧《てんらん》に供したり、応制《おうせい》の詩を作ったりして、至誠をもって奉仕した。このように楫取は、天皇家を尊崇し、奉仕する気持ちが人一倍強い人だった。このような楫取が、天皇家につながる豊城入彦命の墓に、強い関心を抱き続けたとしても不思議ではない。

西南《せいなん》の役《えき》と楫取の覚悟

明治六（一八七三）年、大久保利通、岩倉具視等の内治派《ないち》が、征韓論《せいかんろん》を阻止したため、征韓派だった西郷隆盛、江藤新平《しんぺい》等は参議を辞職し帰郷した。明治七（一八七四）年、江藤新平は不平士族と共に佐賀の乱を起こしたが、内務卿大久保利通に鎮圧された。

明治九（一八七六）年十月末、参議を辞職した前原一誠《まえばらいっせい》は、萩で不平士族と連絡を取っていた。

この動きを知った楫取は十月二十九日、義兄杉民治《みんじ》（梅太郎）に手紙を送った。（『楫取素彦書簡＝杉民治あて』）

前原共ハ込リ候事と奉存候小生ハ地方官故ソノ職ヲ守リ候外ハ無他事也只々根元之地動揺候而ハ下流ニ立チ候人民ハ不幸ヲ受ケシ処多陰ニ憂慮仕候乍去為似事ニハ至リ申間敷候〈略〉縣治モ実効ヲ奏シ候時ニ至候得ハ随分面白ものニ而小生ハ最初カラ世上流行論ニ連レテ流レハ不申故内閣ハ如何様紛紜候共頓着ハ不仕一身一縣之見込ハ別人ニ引レテ右往左往仕候譯ニハ無之候御安心可被下然ル上ハ明日官ヲ解候共毛髪遺憾ハ無之陶淵明之気象ハ素より欽慕スル所也

楫取は自分は地方官なのでその職を守る外は無い、と覚悟を決めていた。楫取が憂慮したのは、根元の地が動揺すれば、人民が不幸を受けるということだった。また、この手紙は前原と行動を共にすることがないよう、民治に自重を促す意図もあったと思われる。

この頃の群馬県では、楫取の統治が成果をもたらす時期になり、随分と面白くなってきたと感じていた。それは、最初から流行論には組みせず、一身一県の見込みは、他人に引かれて右往左往する訳にはいかないという楫取の経営理念が実を結びつつあったからだ。また、そうであるからにはいつ解任されても遺憾には思わないし、官を退いて田園に閑居した陶淵明の生き方は、元より欽慕していることだと覚悟を決めていた。

楫取の予想に反して前原は、熊本の敬神党《けいしんとう》（神風連《じんぷうれん》）の乱、福岡の秋月の乱に呼応し、十月二十八日挙兵した。萩の乱であるが、十一月六日までに政府軍によって鎮圧された。

この乱で吉田松蔭の甥吉田小太郎、妻寿の叔父玉木文之進の養子玉木正誼《まさよし》（乃木希典《のぎまれすけ》の弟）が戦死し、文之進も乱後、先祖の墓前で切腹した。寿の姉の千代（芳）が文之進の介錯《かいしゃく》をしたという。楫取と寿は、大切な親族を失い、悲嘆に暮れたことだろう。

明治十（一八七七）年二月十五日、鹿児島でも新政府に不満を持つ藩士が、西郷隆盛を擁して、「政府に尋問《じんもん》の筋あり…」と、鹿児島を出発した。いわゆる西南の役の勃発《ぼっぱつ》である。同月十九日、政府は征討令を布告した。

翌二十日群馬県では、「肥薩《ひさつ》ノ地方不穏ノ聞有之ニ付」として、県庁の役人には勘合印鑑《かんごういんかん》を貸与したり、出入の者には木製の焼印をした鑑札を下げ渡したりするなど警戒を強化した。

巡査の募集

明治九（一八七六）年末の陸軍の兵員は、近衛《このえ》兵三千七百九十二人、六鎮台《ちんだい》（東京・仙台・名古屋・大阪・広島・熊本）二万九千八百五十八人だった。一方西郷軍は、当初約一万数千人だった。

東京で留守を預かる右大臣岩倉具視は、全国の士族が西郷軍に呼応することを警戒し、政府軍の兵員増強のため、旧藩士を巡査として募集する考えを持っていた。巡査の募集については、政府、陸軍内においても異論があったようだが、岩倉具視の積極論を受けて、内務省・警視庁では士族から巡査の募集を始めた。

明治十（一八七七）年二月二十七日、東京警備のため巡査千二百人を各県から募集することにし、さらに茨城、群馬、福島、宮城の各県からも、臨時として定員外の巡査二千六百人を募集することにした。群馬県には、翌二十八日付で「巡査五百人を至急募集して東京へ差し出すべし」という達し書が、内務卿大久保利通代理内務少輔《しょうし》前島密《まえじまひそか》の名前で届いた。
この日楫取は県官に対して、流言と疑惑防止を目的に、大要次のような内容の内達を出した。

地方官吏は、専ら民心を安んじ、訛伝《かでん》流説等に惑いを生じないよう注意するのはもちろんだが、人民の中にこの容易ならざる事態に心を痛め、いたずらに奔走し、状況を探訪する者がいないとも限らない。また、この変に乗じて、不良なことを計画する者がいないようにするのも難しい。この時に際して最も謹戒すべきは、官吏が説話する際の心得は、たとえ確かな情報を得ていても、質問を受けた時民心の疑惑を生ずるような事はもちろん、決して想像、臆測でみだりに応答しないことである。努めて管下の平穏無事、住民の安業を旨とし、ますます牧民の官たる義務を尽くて欲しい。右等の儀は、諸官員一同充分注意するべきであるが、私にもいささか懸念があり、この旨念のため一応内達して置く。

『群馬県警察史第一巻』より「県庁文書」

楫取は前島密の達し書を受けて、三月一日、次の通り通達を出した。（『近代群馬の行政と思想』その五）

目今之ヲ事変ニ際シ、土地人民保護之任ニ撰用セラルゝ男子之面目者申迄モ無之、国民之義務ヲ尽スハ此時ニ付、筋肉強壮ニシテ、事ニ堪ユヘキ者ハ奮発召募ニ応シ可申旨その後の経緯が、同年三月二十一日付、「東京日日新聞」の記事「群馬県における巡査募集の状況」に記されている。この記事によると、楫取は、右の通達を出しただけでなく、官員を派遣して募集の趣旨を徹底させた。その功あって僅か四日間で、前橋二百二十四人、高崎八九人、その他を含めて合計四百八十一人が募集に応じた。三月八日、九日の両日に出身方面毎に三カ所に集会してから東京へ向かった。その時に楫取及び大書記官は、交互にその集合した場所に行って、一同の族籍《ぞくせき》名誉を辱めないよう努力されよと親しく訓辞して、道まで送り出して別れを告げたという。（『群馬県警察史　第一巻』）

岩倉具視は巡査の募集とともに、公家華族を対象に負傷者への献金・贈品を奨励した。群馬県では明治十（一八七七）年四月十四日、負傷した人を慰労するため、群馬県職員の有志七十五人が二百八十三円十五銭を拠出し、大島産の貯蔵した梨実三百箱を購入し、陸軍病院へ送付した。有志の中には、華族の千種有任《ちぐさありとう》と河鰭実文《かわばたさねふみ》がいる。千種有任は楫取の次男・道明の義父で、楫取家と姻族の関係にある。楫取と千種が、岩倉具視の趣旨に賛同して送ったと考えられる。

西南の役の終結と戦病死者

同年五月一日、楫取は義兄杉民治に手紙を送っている。（『楫取素彦書簡＝杉民治あて』）

九州モ稍挫折ニ向ひ候故主上モ御東還就テハ世上モ穏ニ復シ可申

見方が芽生えてきたのだろう。

田原坂《たばるざか》の戦いに政府軍が勝利し、西南の役の帰趨《きすう》やその後の社会状況について、やや楽観的な見方が芽生えてきたのだろう。

陸軍と西郷軍の激戦が続く中、恐怖から徴兵を忌避する者が少なからずいたようで、楫取は五月十四日、区戸長に忌避《きひ》すれば罪科《ざいか》を蒙《こうむ》ること、身の恥辱《ちじょく》となり面目を汚すことになる旨の告諭を出した。

同月三十日、陸軍は西郷軍に対抗する兵員を確保するために、士族を巡査として募集し、新選旅団を編成することになった。これを受けて楫取は六月十四日、県内に巡査百人を募集する通達を出した。(『近代群馬の行政と思想』その五)

九月二十四日、西郷隆盛の死によって西南の役は終わったが、多くの犠牲が払われた。『上毛忠魂録』によると、西南の役で死亡した群馬県出身の巡査は、一等少警部小俣義方以下二十七名であった。陸軍軍人の死者は百三名である。二十四日以降に死亡した人は三十四名である。五名は戦死・戦傷死、二十九名は病死とある。兵庫県下和田岬避病院で病死した人は十五名、その他の避病院は五名とある。当時流行したコレラによると思われる。病死した二十九名の所属は、東京鎮台歩兵第二連隊及び第三連隊で、連隊が海路で鹿児島から兵庫に送られた際に感染したと思われる。

九月二十八日、楫取が杉民治に宛てた手紙から、コレラが東京まで広がっていたことが分かる。

府下此節滞狼利(コレラ)流行トテ人々大恐怖尤評判丈之流行ニハ無之前橋東京共一家中
曽テ支リハ無之御省念可被下候

捕虜に職業訓練

明治十（一八七七）年十月、西南の役で捕虜になった者は、各府県に引き渡されることになり、群馬県には五十七人が引き渡された。翌年三月には三十人が加わって合計八十七人となり、数カ所に分散して収容された。いずれも鹿児島県と熊本県出身の人々だった。

宮城県や東京に引き渡された捕虜は、土地の開墾を行っている。一方群馬県では、各人の技能や学芸の深浅、家族・財産の多少を問い、その当否を考査して、釈放された後、生計自立の基となる技能や資産を授けようとして、各人の適性に応じた労働に当たらせた。その中でも養蚕を志願し就業した人が半数に及んだという。群馬県の進んだ養蚕技術を身に付けて、郷里に帰ろうと考えたのだろう。このように個に応じた職業訓練は、松下村塾の主宰者、吉田松陰の考えと相通じるところがあり、松陰の理解者、楫取の考えであったかも知れない。

また楫取や第四課長宮部襄は、説諭教導のため岩鼻已《い》決《けつ》檻《かん》をしばしば訪問している。儒学者でもある楫取は、大義名分を誤ることの無いよう教え諭した。（『近代群馬の行政と思想』その五＝明治十一年、北陸東海御巡幸の際の上奏書）

楫取が安政三年、相模の宮田陣屋に儒官として派遣された時の経験、守備兵に説諭したことを生かしたのではないだろうか。

戦死者を弔う

明治十（一八七七）年十二月二日発行の朝野新聞によると、十一月二十四日、県庁の北にある東照宮社頭で招魂祭を行う予定だったが、雨のため二十五日に順延になった。楫取も出席し祭文を読んだ。

十二月二十四日発行の『東京日日新聞』にも、招魂祭前後の戦死者の家族の様子を伝える記事がある。

群馬県下の士族中より、さきに西南の変動に付き、募りに応じて出兵せしもの少なからず。中には勇戦奮闘して功を得るものもあり、また運拙くして砲丸の下に打死せしものもありて、戦地より親戚朋友の許へ郵便の達するごとに戦場の実況を報ずるゆえ喜ぶあり、悲しむありて、その内にも世の有様にうとき老人抔は、我倅の出兵してよしなき命を失ひしは、全く区長某の誘導によりてのこと也など、初め召募の御趣意を伝へし区戸長を怨み、甚しきは区長の宅に至りて種々の愚痴をこぼせしものもありしが、先頃県下に於て、戦死せし人々の為に多くの神官を集め、丁重なる招魂祭を執り行ひ、県令始め属官以下恭しく死者の霊を拝し、また死者の親戚故旧を招きて莚を開き、厚く取扱はければ、一同は意外の礼祭に預り、我々が倅のために県令はじめ多くの官員たちがかくの如く尊敬せらるゝは願ふても叶はぬことどもなり、斯くてこそ死者の霊魂も泉下に瞑目すべけれと　殊の外に打よろこび、さきに苦情を並べし輩も今は面目なしとや思ひけん、此祭式の後再び区長の許に至りて前に訴へし愚痴の言ひ訳もなし、あるひは身の分限に余りたる祭典を蒙りし礼を厚く謝して立帰りしが、其以来は一人の不平心を懐くものもなく成りしとぞ。

明治十一（一八七八）年九月上旬、楫取は碓氷郡と甘楽郡から徴兵され、西南の役で戦死した三人の霊を慰める招魂碑の題額「徴兵戦死之碑（篆刻）」を揮毫している。この碑は、明治十三（一八八〇）年三月十四日、碓氷郡郷原村（現安中市郷原）の地内、中山道に接する酒盛山に建設され、上棟式紀年祭が行われた。撰文は群馬県職員で、山口県士族の吉田嘉蔬《かそ》である。現在この碑は、松井田バイパスの建設に伴って移され、同バイパスの東入り口の北側にある。

厩橋招魂祠記（前橋東照宮）

明治十二（一八七九）年十月、楫取は厩橋招魂祠記を撰文した。明治十三（一八八〇）年五月八日、九日、招魂碑が落成し祭典が行われた。招魂碑の題額「厩橋招魂祠記」は有栖川宮《ありすがわのみや》、碑銘は楫取の撰である。

厩橋招魂祠記

陸軍大将二品《にほん》大勲位熾仁《たるひと》親王題額

明治十年二月西南有事徴兵於各縣在我群馬縣出征死事者若干人士官則石島敬儀以陸軍中尉戰死於肥後小林言敞以陸軍少尉死於長崎病院牧邨利業為曹長死於大阪病院原田種一堀内鎰次郎為軍曹死於肥後及薩摩關善太郎並木金三郎為陸軍伍長死於兵庫病院田中兔毛死於本病院小俣

義方以一等少警部戦死於田原阪小笠原光敬平井米作松本鐵次郎以警部補戰死於木葉口及深川邨黑龜山其他為巡査死於戰者十五人死於重創者四人死於病者四人為歩兵戰死四十人創死十九人病死者三十五人從二月開戰於肥後轉入日向踰薩摩殊死轉闘遂為異郷之鬼其竭王事可謂勉矣於是縣人相議捐金相地於厩城北新建一宇以為招魂祠歳時祭祀欲慰荅死者父兄使觀者有所興起也乃徴余記余承乏本縣及羽檄至諭管内士民以應募結團上途之日送至郭外約以戰勝再見焉至十月王師凱旋不還者一百二十九人矣嗚乎豈不戚哉雖然身列祀典遺族沾恩恤死亦有餘榮矣今如此祠雖出本縣同貫之好亦敵愾之氣有足動人者於是乎記

群馬縣令從五位楫取素彦譔
一等編修官從五位巖谷修書

明治十二年十月建

後段の意訳　群馬県に羽檄《うげき》が及ぶと、管内の士民を諭して応募させた。結団して目的地に行く日、城外まで見送り、戦勝と再見を約束した。十月官軍は凱旋《がいせん》したが、帰還しない者は百二十九人いた。どうして心が痛まないことがあろうか。そうではあるが、身は祠典に列し、遺族は恩《おん》恤《じゅっ》に涙が濡れる。死んでも余栄があるということである。今この招魂祠は、本県の郷土の好意から出るけれども、敵愾《てきがい》の気が人を動かしたからである。

現在この碑は、前橋公園に隣接する東照宮の境内にある。社殿の北側にある前橋護国神社の側である。

また、明治十五（一八八二）年九月、楫取は伊勢崎招魂碑の撰文も行っている。『群馬の古碑』

より引用

伊勢崎招魂碑　参議兼陸軍卿陸軍中将正四位勲一等大山巌篆額

伊勢崎舊為酒井氏治所者殆二百年以其休養日久人民知義方明治十年西南有事下符全国以徴兵而伊勢崎地方應募者若干人九月王師戡請録死者負傷者其係伊勢崎者九人矣板垣圭次以是年三月十日戦死於肥後二股村関六彌山岡彦三郎以五月八日戦歿於久木野村眞鍋益治鹿兒島雀宮之戦墜千崖下傷腰以八月七日死於病院下城嘉造田島源吉栗原萬吉皆罹悪疫死於大阪病院嗚呼某等應募之初奮勇蓄鋭不期生還死固得所者獨在其一家之情則有可憫者焉舊君酒井氏有感於此與地方有志者謀建招魂碑以弔慰之其志盖敦矣余管本縣十季於茲伊勢崎地方士庶各服力作民産略足在他部落則毎年徴兵人民忌避管廳往々難其區處然而酒井氏舊管未聞是弊豈非其撫御得宜士庶亦知義之故哉況如西南役生者有勲章之賜死者享官祭之典不止傳名誉於郷黨乃死而有榮矣於一家骨肉之情可亦無遺憾也今茲九月酒井氏請余記之石十年之役余奉旨傳檄於管内慫慂従軍其死也不可無一言因不辞而記之

明治十五年壬午秋九月

群馬縣令従五位勲四等楫取素彦撰文

内閣大書記官従五位勲五等金井之恭書

廣羣鶴刻字

後段の意訳　他の部落にあっては、年毎に徴兵しても人民は忌避《きひ》し、官庁はしばしばその取り計らいに難儀していた。酒井氏の旧管内では、未だにこの弊害を聞くことがない。その統治が適切であったので、人民もまた義を知っているからではないか。西南の役では、生還者は勲章の下賜があり、まして戦死者は官による盛大な式典を享受している。ただ名誉を郷党に伝えるだけでなく、死して栄誉があれば、家族肉親の情において、遺憾と思うことはないだろう。今年の九月、酒井氏は私に要請してこれを石に記そうとした。十年の役では、私は趣旨を承けて檄を管内に伝え、従軍を慫慂《しょうよう》したので、その死に当たって一言も無いわけにはいかない。よって辞退せずこれを記した。

伊勢崎招魂碑
（伊勢崎市の華蔵寺公園）

この碑は現在、伊勢崎市の華蔵寺公園内にある。遊園地の東に小高い山（琴平山）があり、頂上北側の少し下がった所にある。

楫取は西南の役が始まると、地方長官として県民を諭して、徴兵や巡査募集に積極的に応募するよう勧めた。自分に課せられた職責を果たしたのである。そして、結団して集合の地である東京へ行く日、城外まで見送り、戦勝と再見を約束した。至誠の人で県民を思う楫取は、もちろん、全員の生還を祈念した。

ところが戦没者は百三十人にも及んだ。楫取は遺族の気持ちを思い、従軍兵士や徴募巡査の霊を祀る祭典を挙行し、求められれば戦没者を慰霊する文を作り続けた。蛤御門の変や萩の乱で多くの身内を失った楫取は、遺族の心情を理解し心を痛め続けた。

利水―待堰《まちぜき》と矢場堰《やばぜき》の統合

群馬県の東部一帯・東毛地域は室町時代から新田堀《にったぼり》や休泊堀《きゅうはくぼり》が開削され、新田開発《しんでん》が行われてきた所である。

新田堀は室町時代末期、新田金山城主、由良《ゆら》信濃守成繁《なりしげ》の命令により家臣の荒山小左衛門が開削したもので、渡良瀬川からの取水口を待堰という。現在の太田頭首工《とうしゅこう》の辺りにあった。

休泊堀は館林足利城主、長尾丹馬守顕長《あきなが》の命令で、家臣の大谷新左衛門《おおやしんざえもん》（休泊）が開削したもので、渡良瀬川からの取水口を矢場堰という。待堰の下流約三キロ辺りにあった。

用水の管理は、時代による変遷を経て、江戸末期には受益地域の村々が組合を作って維持管理に当たっていた。明治維新によって政治体制は、幕府・藩から明治政府・県に代わったが、改修、浚渫《しゅんせつ》等の工事は官費支出が困難で、依然として各組合に任されていたようだ。

これでも水不足が無い間は、何ら問題は起きなかった。しかし、明治十（一八七七）年に至って、東毛地域では、五十年ぶりといわれるような渇水に見舞われ、水不足で田植えもできない状況だった。とうとう七月五日、上流の待堰流域村民と下流の矢場堰流域村民との間に、大きな水騒動が生じた。

太田頭首工（桐生市広沢町の渡良瀬川） かつての待堰があった辺りに建てられている。

この頃九州では、新政府軍と西郷軍の戦い、西南の役の真っ最中で、群馬県からも多くの陸軍兵、巡査が派遣されていた。

水騒動の記録

この水騒動については、『明治あれこれ』所収の明治十年七月一日発行の「朝野新聞」に記事が掲載されている。発行日には疑問がある。

　東毛の水喧嘩さわぎ
上州渡良瀬川は五十年以来の水涸《みずがれ》にて、群馬県下山田、邑楽《おおら》、新田三郡の用水待堰組合四十三ケ村と矢場堰組合九十六ケ村と分水の事より大葛藤を生じ、本月五日俄《にわか》に竹槍等を持ち出し双方より三千人程づゝも集まったとの急報なれば、即夜県令楫取君を始め警部巡査数十名出張ありしが、それより先き、太田警察署詰め尾上警部、桐生警察署詰め坂西警部が巡査数名を率いて出張して、両党の中へ立ち入り懇々説諭ありしかば一統承伏し無事に平定せしとぞ。

また、矢場川村植木野の梅澤弥三郎は、水騒動の様子を日記に残している。『矢場川植木野区誌抄』より引用する。明治十一年とあるが、明治十年と思われる。

（明治十一年の渇水と水騒動）

明治十一年六月、中旬ヨリ更ニ降雨ナク、七月（ニナリ）用水渇水シ、只上《ただかり》方面ヘ毎日水引キ（ニ）行ク。其ノ内、矢場堰側ト新田堀側ト大騒動起リ、新田堀農民、丸山ヨリ唐澤迄各自鎗刀剣竹鎗ヲ携ヘ発砲ス。矢場堰側、同様原宿ヨリ唐澤東ニ進ミ対抗ス。細谷ノ者鎗ニ刺サル。依テ群馬縣令、山田新田郡長村長等仲裁ニ入リ分水ス。両者共解散セラル。

尚、本區雷電神社ヘ昼夜二日間ノ雨乞ヘ（イ）ヲ祈願ス。二日目ノ夕刻西方黒雲起リ、暫時《ざんじ》ノ間ニ大雷降雨来リ農民大安堵、作物甦生《そせい》ス。

この水騒動の経過が『待矢場両堰土地改良区史』に詳しく記されているので、重複する部分が多いが引用する。

渇水で田植えが困難であったため、明治十年（一八七七）六月二十八日ごろから群馬県の係官（土木掛、磯村応・北村保中・中原某の三人）が出張していたが、七月三日に至って、矢場堰側のだれかによって待堰の洗い堰の蛇籠《じゃかご》が切られる事態が生じた。このことが管内村々へ知らされると、待堰の組合村々からは、同日午後十時、「鐘太鼓竹貝を鳴らし、銃鉾抜刀、その他竹槍などを携帯して、一五歳から六〇歳までの男子のすべて」が駆り出されたという。同月四日には、太田町からも、正副戸長の下、六〇〇人ほど繰り出され、両堰村々からの総参加者は三千余人に達したという。同月五日、矢場組の参加者は休泊川の東に待機し、待組の参加者は一本木村地内の岩神・五輪台・三ツ又堰・三唐川の五場所を固めていたが、午後四時に至って両者の衝突が始まる。この時、五輪台の戦いでは、待堰側の報告では、細谷村の登田滝太郎ほか四五人を打ち破り、六時ごろには大島手で一戦、矢場堰側の惣代久保田熊次郎ほか、竜舞村・只上村・原宿村の者各一人を捕らえるとともに、鉾・竹槍など多くの武器を分捕り、勝利したと記されている。この争議に対しては、県からは尾上義厚警部、太田・館林・桐生から警備の巡査が出動警備し、夜にはいることなくいったんこの紛争は中止された。同月六日（この日降雨あり）には、楫取素彦群馬県令も、この水論鎮撫《ちんぶ》のため太田町へ出張、巡回調査した。

楫取の収拾策

楫取は明治十（一八七七）年七月五日夜、水騒動勃発の急報を受けると、太田へ急行した。この時楫取の脳裏には、西南の役のため、騒動の抑止力は弱いので、衝突は絶対避けなければならないという認識があったと思われる。翌六日、山田・新田郡長、村長等と共に両者の仲裁に入り、うまく分水することができて両者を解散させることができた。この日、大雷を伴う降雨があったことも幸いした。この後、楫取は双方が納得できる収拾策を立てるため、現地を実際に巡回して調査した。これも楫取の現場主義に基づく行動である。大正五（一九一六）年五月建立、太田頭首工管理事務所内にある『待矢場両堰改築記念碑』には、この紛争を収めた楫取の措置が記されているので、『群馬の漢文碑』から引用する。

明治十年大旱堰水告乏郡民争水相闘群馬県令楫取素彦捌三郡水利会者挙委員六人公選之於

三郡中於是給水得宜争訟始息

意訳　明治十年、大旱魃《かんばつ》により、堰水の減少が知らされ、郡民は水を争奪しようと闘った。群馬県令楫取素彦が創立した三郡水利会は、委員六人を示し、これを三郡の中から公選させた。これによって給水が順調になり、争訟《そうしょう》が初めて終わった。

また、『待矢場用水史』にも楫取の収拾策が記されている。

時の楫取群馬県令（知事）は両堰関係者を説諭和解せしめ猶将来の紛争を避くる為両組合共同一歩調に行動すべく約定締結せしめ待矢場両組合とし明治十一年四月各川筋より総代三名を公選せしめ、爾来《じらい》戸長制に則り、戸長総代の管理する所となれり。

楫取は大久保利通の殖産興業政策を良く理解して、推進した県令だった。殖産興業の中心に農業があり、その農業の基盤に土地改良があり、東毛地域の利水を最大限に図ることが殖産興業につながると考えたと思われる。今回のような水騒動は、農業の発展を阻害するものであり、将来に渡って紛争を避けるためには、この際両堰組合を、統合させるのが得策であると判断したのである。

腹心の部下に任せる

楫取の強い意を体《たい》して両堰組合の調整を図ったのは、前出の群馬県の係官（土木掛、磯村応・北村保中・中原某の三人）だった。群馬県職員録（明治十年七月十五日改）には、この三人の名がある。

磯村応は七等属で第一課、山口県士族とある。明治九（一八七六）年一月三十一日改正の熊谷県職員録によると少属である。楫取と一緒に群馬県に移籍したと思われる。明治二十（一八八七）年十二月、磯村の五男有芳《つねか》は、楫取の長男希家《ひさいえ》（篤太郎）の養子となって小田村家を継ぎ、次男道明の次女治子と結婚している。このことからも、磯村は楫取から絶大な信頼を得ていた人物であることがうかがえる。

北村保中という名前は無く、木村保長という名前はある。木村保長は六等属で第三課、東京府士族とある。

中原某については、中原復亮《またすけ》と考えられる。中原は等外二等で第一課、山口県平民とある。中原は奇兵隊出身で、鳥羽伏見の戦いで負傷し、療養に五年間を要した。この間に元同僚は出世したが、中原は取り残されていた。当時参謀だった楫取とは旧知で、楫取によって、明治八（一八七五）年九月二十五日、熊谷県職員に採用され、明治二十五（一八九二）年には土木課長に就任した。楫取が少属近藤清に、中原の就職を依頼した手紙がある。（『群馬県立歴史博物館紀要第三十四号』「群馬県初代県令・楫取素彦の研究（1）」より引用する。

今般中原復亮ナル者差出候宣布御引立可被下候、何分不案内故丸ニ御世話可被成下候。右

外下番ニ御遣ヒ被成下候様相願候もの別紙明細書為持候。此も兵隊クズレニ而充分ニハ有之間敷候得共　正直ナルト達者なる事ハ拙者請合候条是又御遣ひ試可被下候。為其。草々不一

九月二十六日

素彦

近藤清様

磯村と中原は、楫取と同郷の山口県出身。明治十六（一八八三）年十月調べの群馬県職員録でも、二人は土木課に所属している。殖産興業の基盤作り、重大案件への対応のために、信頼できる腹心の部下を充てたと考えられる。磯村達の努力により、明治十五（一八八二）年三月二十八日、「待矢場両堰水利土功会」が結成され、両堰の統合が図られた。

大谷休泊の顕彰

明治十五年三月、農商務省主宰の山林共進会が開催され、大谷《おおや》休泊《きゅうはく》はその功績により追賞された。その功績とは、戦国時代末期、水路を掘削して新田開発に貢献したことである。現在でも彼の功績をたたえて、水路に大谷幹線、休泊堀とかの名称が使われ、太田市に合併した休泊村もあった。

楫取はこの報告のため、邑楽《おおら》郡長村山具胆とともに休泊の墓に詣でたのだろう。しかし墓の余

りの荒廃に驚き、二人とも墓の復興の発起人となった。楫取も寄付金を出し、墓地の周囲に土手を築き、古来の墓石に二段の台石を加え、現在のような台石三段にしたという。墓は館林市北成島にあり、「大谷休泊閑月居士」という戒名が刻まれている。

　楫取は村山具胆から紀功碑の撰文を頼まれて、明治十七（一八八四）年五月に書き上げた。同年七月には退任し、群馬を去っているので、忙しい最中であったと思うが、尊敬していた人物であるが故に引き受けたのだろう。同年十月館林躑躅《つつじ》ケ岡公園内に、紀功碑が建立され、除幕式が行われた。現在も同所にあり、茂ったつつじに囲まれている。この模造碑が北成島にある墓の前に設置されている。碑文を『群馬の漢文碑』から引用する。

大谷休泊紀功碑
墓の側にある楫取撰文の模造碑。

大谷休泊墓
（館林市北成島）
昭和28年に県指定史跡。

今上即位之十有四年置農商務省尋設山林局大張林政明年挙山林共進会令国内有功於森林者不問其人生死尽録上焉於是故大谷休泊膺三等賞賜金星銀盃於裔孫熊倉某以旌其功嗟夫休泊死而不死也抑休泊者族籍郷貫無記伝可徴或謂天文中上杉憲政居上州平井城休泊事之憂州多不毛地而居民亦寡按水理通溝渠以便灌漑於是得水田数百町矣又相土性籍其尤粗悪不適菜穀

者以植林而州内乏松樹独太田金山松樹蕃茂乃抽穉松数十万株於金山栽之曠野𠜊事於永禄元年経二十年荊棘之地化為茂林即今大谷官林是也夫天文永禄間天下擾乱群雄割拠使休泊効力於兵馬乎割拠一方亦非所難也乃舎彼取此意其人儁偉非胸中別有所見者安能如此乎余嘗過平井村視其城墟荒烟野草僅認廃濠到邑楽郡経所謂大谷原則喬松森立蒼翠亘数里其西有休泊渠者引渡瀬川縦横分流毎播種之候深湛汪漾至今数十村頼其利焉蓋方憲政襲父祖遺業号令関東可謂盛矣然而後世子孫帰於湮滅至今日則平井村人民猶無称説憲政者如休泊在当時雖無封爵之可記数百歳之下土人猶懐其徳□朝廷追賞其功則視之上杉氏得失果何如哉余益信威力之不可恃而徳恵之不可忽也館林之地接大谷原松林中有休泊墳頃者土人相謀修之且卜地於躑躅岡記其事于石以伝不朽介郡長村山具胆乞余文休泊余所嘗欽故不辞而書之

明治十七年五月

群馬県令正五位勲四等　楫取素彦撰

内閣大書記官従五位勲五等　金井之恭書

長文なので水田開発に係る部分を意訳する。

州（東毛地域）には不毛の土地が多く、そこの人も（耕作可能な）土地が少ないのを憂い、水路を調べて堀を掘削し、灌漑《かんがい》に便利なようにした。こうして得られた水田は数百町になった。〈略〉邑楽郡から大谷《おおや》原《はら》を進むと、高い松が林立し、緑色の松が数里も広がっている。その西に休泊渠というものがあり、渡良瀬川から水を引いて縦横に分流させ、播種の時期には川は深く、水量は多くなり、今に至るまで数十村がその水利に頼ってきた。〈略〉休泊のような人に関しては、当時にあっては領主が記録に残すことはないけれども、数百年の後も、この土地に住む人々はなおその徳を慕っている。〈略〉休泊は、私が以前から尊敬しているので、辞退せずにこれを書いた。

現在の利水状況

「待矢場両堰水利土功会」は、その後「待矢場両堰普通水利組合」へと改組し、昭和二十六(一九五二)年、「待矢場両堰土地改良区」に組織変更をして現在に至っている。

ホームページ「水土里ネットまちやば」によれば、関係市町は太田頭首工の位置する桐生市、受益地を有する太田市・館林市・足利市・大泉町・邑楽町・千代田町の四市三町であり、この域内の約四千ヘクタールの水田を潤し、現在の組合員数は約八千人。

揖取の肝煎りで水利土工会が結成されて、今年で百三十三年経つが、この間水争いは起きたことがない。将来を見据えて、災いの元を絶つという揖取の先見性、洞察力、指導力が、豊かな東毛地域をつくったと言っても過言ではない。

日本で最初の公娼《こうしょう》廃止

群馬県では幕府時代から主要な街道が通過し、人々の往来も多かったので、自然と遊郭が繁昌した。中山道《なかせんどう》の宿場では、坂本、松井田、板鼻、高崎、倉賀野、新町《しんまち》、例幣使街道《れいへいしかいどう》の宿場では玉村、境、木崎、神社の門前町では一ノ宮、妙義、温泉場では伊香保などが特に盛んだった。

明治政府の娼妓《しょうぎ》解放令と熊谷県

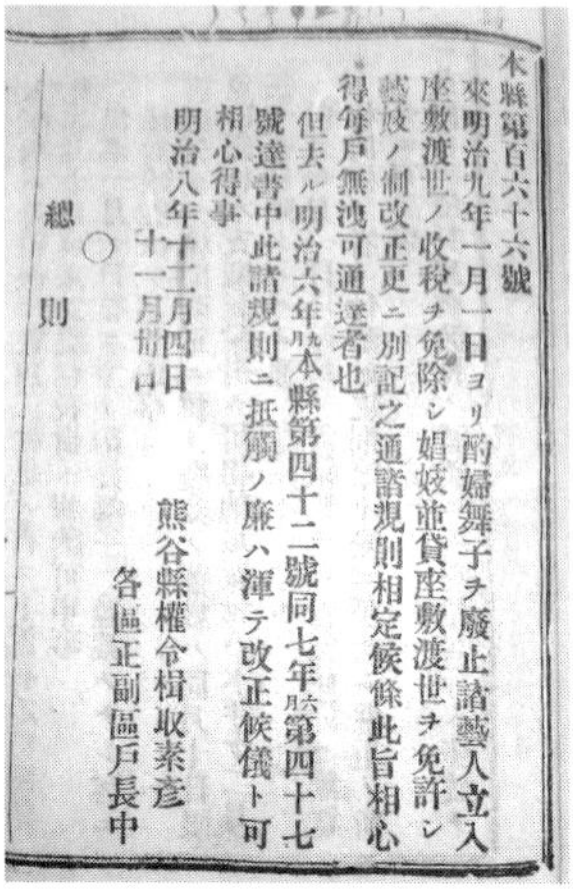
本縣第百六十六號
来明治九年一月一日ヨリ酌婦舞子ヲ廢止諸藝人立入座敷渡世ノ收税ヲ免除シ娼妓並貸座敷渡世ヲ免許シ藝妓ノ制改正更ニ別記之通諸規則相定候條此旨相心得毎戸無洩可通達者也
但去ル明治六年六月本縣第四十二號同七年六月第四十七號達書中此諸規則ニ抵觸ノ廉ハ渾テ改正候儀ト可相心得事
明治八年十一月四日
熊谷縣權令楫取素彦
各區正副區戸長中
十一月卅日
總則

娼妓並貸座敷渡世規則を制定したことを伝える通達
（群馬県立文書館所蔵）

明治政府は明治五（一八七二）年十月二日、マリア・ルース号事件を契機に、芸娼妓解放令を布告した。これは人身売買を禁止したものであるが、売春そのものは禁止してはいなかった。そのためうまく転職できなかった娼妓は、私娼になったり、貸座敷《かしざしき》で娼妓に戻ったりすることもあった。

このような状況下、熊谷県権令楫取は風紀の乱れを懸念し、明治八（一八七五）年十一月三十日、通達「娼妓並貸座敷渡世規則」を出した。『群馬県史』資料編二十一近代現代五」より引用する。

来明治九年一月一日ヨリ酌婦舞子ヲ廃止、諸芸人立入座敷渡世ノ収税ヲ免除シ、娼妓並貸座敷渡世ヲ免許シ、芸妓ノ制改正更ニ別記ノ通諸規則相定候条

この通達により、娼妓と貸座敷渡世は、同規則に定められた場所に限定した免許制となった。規則によってこの業界を管理下に置いた。県に公認されたので公娼である。免許の場所は、上野国では、玉村、新町、倉賀野、板鼻、安中、坂本、妙義、伊香保、一ノ宮、武蔵国では深谷、本庄の十一カ所だった。

群馬県議会の建議と請願

明治十二（一八七九）年六月三日、群馬県議会は、決議として議長宮崎有敬《ゆうけい》名で、次のような趣旨の建白書「貸座敷ノ業ヲ更ムルノ建議」を楫取に提出した。（『群馬県史』資料編二十一）

現在の貸座敷業は、男子に諸々の弊害を及ぼしている。だから売春の場の提供に止め、酒肴、芸妓を呼んで歌舞管弦を提供せず、場所は明確に区別して営業させたい。願わくは決然と指令を発し厳重に取り締まって欲しい。

建白書の提出から一年半後、明治十三（一八八〇）年十二月三日、県議会は、議員三十五名の連名で、次のような趣旨の娼妓廃絶の「請願書」を楫取に提出した。（『群馬県史』資料編二十一）

最も世の教えとして患害を来すものは、娼妓ほど甚だしいものはない。その患害を公許し、人々が耽溺《たんでき》するに任せておけば益々過ちを犯す事になる。群馬県のように娼妓と貸座敷の多い所はなく、患害は県下一般の人民に波及し、止まるところがない。倫理観を失わせ風俗を乱す、資産を失わせ生業に精進しなくなる等々、およそ人間百般の悪事で、この娼妓と貸座敷に根元がないものはない。謹んで娼妓廃絶の議を県令閣下に請願する。速やかにこの患害を除去し、県下人民の将来の幸福を招くよう願う。これを廃絶するか否かは、一に閣下の決断にある。

前回の建白書では、娼妓の存在はやむを得ないとしていたが、今回は一歩進めてその廃絶を求めた。その第一の理由として、娼妓と貸座敷は、県民の悪事の根元になっているということが挙げられている。しかし、建白書と同様、娼妓の人権そのものには一切触れていない。

庁内から意見収集

県議会は建白して一年以上も経つのに変わらない現状に危機感を持ち、より厳しい内容の請願書を提出して、楫取に決断を迫った。この請願に対して、楫取は回答を保留し、一年三カ月後に回答している。ひとまず保留して、時間をかけて娼妓廃絶に関して、各界の意見を聞こうとした。このことについて、『群馬県史　明治時代』から引用する。

楫取県令はこの請願書を特に慎重に取り扱い、翌十四年に、庁内の最高幹部や各郡長までに諮《はか》り忌憚《きたん》ない意見を徴した。その結果は廃止には反対して現状維持を主張する者が多かったが、主な理由は道理上は廃すべきであるが現実的には和姦、強姦、密淫売を増すということが一致した反対意見であったのは当然であろう。したがって急に禁ずるのではなく、準備期間をおいて実行するならすべきだというのが意見の大部分であったようである。

県会常置委員に諮問

準備期間を置くべきという庁内の意見を踏まえて、明治十四（一八八一）年三月二十六日、楫取は娼妓廃絶を念頭に、県会常置委員へ諮問した。猶予期間、廃娼の手順、救済策について意見を求めた。娼妓と貸座敷業者の反対論に、楫取が反駁《はんばく》する場合に備えて、議会の意見や具体策を求めたものであろう。『群馬県史』資料編二十一」から引用する。

一　貸座敷営業並ニ娼妓稼ノ者、向十五ヶ月ヲ期シ廃業可申事
一　一郡内協議行届、十五ヶ月以内廃業施行可相成見込具状アラバ、聞届ケ可申事
一　廃業候上ハ別ニ手慣タル業体モ無之、活計差閊《かっけいさしつかえ》シ者更ニ一廓ヲ設ケ他営業者ト混淆《こんこう》不申様営業可致事

常置委員は半年後の九月十六日、次のような趣旨の答申書を楫取に提出した。中間答申である。

娼妓は有害無益で、実に風俗を乱す原因になるものなので、きっぱり娼妓廃絶の事は決行していただきたい。万一そのために他に弊害を生じれば、その時になって矯正する施策を設けても、いささか差し支えはない。

常置委員は宮崎有敬、志村彪三、永山茂吉と、キリスト教信者の湯浅治郎、星野耕作、野村藤

太の六人だった。常置委員六人の内、信者が三人を占めていたことからして、請願の主導者は、信者であった可能性が高い。文面からは、娼妓の存在を問題視していることが分かるが、人権に視点を当てた言及はみられない。

楫取は同日この答申書に付箋《ふせん》を付けて、次のように諮問の趣旨を再度伝えた。諮問した三項目に対する具体的な回答を求めた。

諮問の趣意は、廃娼した場合の患害を予め考えるもの。すなわち行政上の施策に大いに関係するものである。それから徳義上とか国法上とか云々するのは、いわゆる理論に過ぎない。更に委員に任せるので、前件諮問の趣意に基づき意見を述べてもらいたい。

これに対して十月十四日、常置委員は次のように補足説明を行っている。

娼妓廃止の後は、売春の弊害を生ずる疑いがあるという趣旨で、この撲滅策の考案が諮問であるが、国法が許さないことなので、今日においてはこれといって特に良案はない。万一弊害が生じた時は、その時になって矯正する方策をぬかりなく設ければ、いささかとも差し支えはないと考える。

十月十八日、常置委員から次のような趣旨の最終答申書が提出された。箇条書きにして示す。

一　第一項、第二項には、いささかも非難すべき事はない。

一　第三項の一遊郭を置き一活路を与えることについて
・許可するとしても、場所を指示せず、県民の協議に任せれば、かえって転業の方向を迷わせる。指示しても付近の郡村の苦情を防ぐ方法はなく、到底実行は覚束ない。
・廃業後は本県に原籍があり、生活に支障がある者には、授産所を置き、一年間技能を修得させる。
一　善後策について何等の考案もなく、将来売春防止のため、厳法を施行しても異存はない。

小暮篤太郎が内務省へ直訴

明治十五（一八八二）年二月七日、伊香保村在住の小暮篤太郎が、内務省衛生局長に次のような内容の「伊香保温泉場廃娼の義に付建議」を提出した。県令楫取を飛び越えてのことで正に直訴である。（『群馬県史』資料編二十一）
・伊香保温泉場は、日々隆盛しているが、最も害にして最も急を要するのは、客舎と妓楼が雑居していることである。
・その弊害の一は、唱歌弾弦昼夜止まず安眠が得られないこと。二は妓楼が隙間無く並んでいて不潔極まりないこと。三は遊徒酒客が妓楼に夜通しいれば、失火の虞があること。
・その状態を解消するには、数カ月の時間を与え、雑居の弊害を理由に、正業に復帰させる方法あるのみである。数町の外に転居する者には、あえて廃業を命ずる必要はなく旧業に就く者は半ばであろう。その他はどんな業種に従事しても、決して活路に窮する事はないだろう。

・貸座敷の制度は元より公平なものではない。当県下においても、僅か十一カ所に許可して他は許可していない。これを興廃するのは、土地の状況によるものである。
・かつて廃娼の議を我県令楫取君に建白したが、延び延びになって今日まで実行していない。日々被害を被り、本業の温泉業を廃業しようかという状況で、寝ても覚めても忘れることができない。

小暮の直訴は、常置委員の答申を支持する現場の声を代弁するもので、伊香保の窮状を訴え、廃業後の生計の手立てについても方策を示し、困窮することはないだろうと述べている。楫取が最も憂慮することについて、楽観的な見通しを持って廃娼を支持し、楫取に決行を迫った内容である。

伊香保は免許の場所として認められた所だ。現場からこの時期に、廃娼支持論が出たことは、常置委員の最終答申の内容が県下に知られ、世論が高まってきた証拠だろう。楫取はこの世論の高まり、機が熟するのを待っていた。県議会に続いて、利害関係者からも娼妓廃絶の支持論が出され、外堀が埋まってきた。

廃娼発令の立案を草すべし

明治十五（一八八二）年二月二十六日、楫取は自ら決断を下し、次のような付箋を県庁幹部に示して勧奨した。（『群馬県史　明治時代』）

山田顕義（国立国会図書館所蔵）

小官出京ノ際主務省ノ意見ヲ問ヒ並ニ卿輔（内務大臣、次官のこと）ニ向ッテ陳述スル所アリ。最早別ニ経伺ヲ要セサル也。各課ノ所見亦蒐聚セリ発令ノ立案ヲ草スベシ

楫取は小暮の直訴後、上京して内務省に意見を聞きただし、内務大臣・次官に自らの考えを陳述した。この時の内務卿は山田顕義だった。山田は長州藩士・松下村塾生で、楫取の後輩である。楫取は、山田に廃娼の意志を伝え、内務省の了解を取り付けたのだろう。

これらの経緯を見ると、庁内と内務省という内堀、県議会と利害関係者という外堀を少しずつ埋めながら、廃娼へのステップを進めたことが分かる。

県議会が再度の請願

明治十五（一八八二）年三月十七日、県議会は、「娼妓廃絶ノ建議」として再度請願した。四十五人の議員中、四十三人が賛成した。内容は明治十三（一八八〇）年十二月三日提出の請願書とほぼ同じであった。この時の県議会の様子が、『湯浅治郎と妻初』に記されているので引用する。

新島　襄（国立国会図書館所蔵）

治郎の廃娼についての考え方の基本は、女性であっても社会の中に差別を作ってはいけないというものであり、福沢諭吉の「人の上に人を作らず、人の下に人を作らず」の精神と、新島襄《じょう》の人権尊重の考え方であった。当時治郎と共に自ら医者の立場で廃娼を訴えた斉藤寿雄はその時の県会の様子を次のように述べている。

「明治十五年三月県会の開かれていたとき、湯浅治郎は『前議会において萩原国太郎氏よりの貸座敷営業規則の改正の建議が保留されていたが、むしろ娼妓そのものに問題があるので、これを全廃するのがよい』と提唱した。四十五名の議員中、賛否不明の二名の外は全員賛成した。知事はにこにこして『良い建議だ』と喜んで受理した」

これまでの県議会は、娼妓が他に及ぼす悪影響を問題視してきた。しかし、湯浅治郎は、人権尊重の考えに基づいて、娼妓そのものに問題があるとして、全廃を主張した。

楫取は内外の堀が埋まりつつある状況から、既に廃娼の決断を下していること、湯浅の人権尊重の考え方に共感して、にこにこして『良い建議だ』と喜んで受理したのだろう。

娼妓及び貸座敷営業廃止の布達

受理した翌十八日、楫取は明治十三年の請願書に次のように記した。

書面ノ趣今般県会ヨリ建議ノ趣モ有之候条、追テ何分ノ処分ニ可及義ト可心得事
明治十五年三月十八日　　群馬県令　楫取素彦

楫取は遠からず議会の請願に応える策を発動すると明示。しかし、この頃廃娼反対論が全くなかった訳ではなく、四月十日には、「娼妓廃ス可カラザルノ建言」が楫取に提出された。それは、娼妓を置くのは社会に利益を与えると言うのではないが、成り行きでこれを置かなければ、かえって大きな弊害があるという論旨で、娼妓の人権を全く無視したものだった。
また、四月二十九日発行の「朝野《ちょうや》新聞」に、廃娼反対論者が実力行使に及んだ記事が掲載されている。『群馬県史　明治時代』から引用する。

群馬県会議員湯浅治郎、大館嘉門等の諸氏は廃娼の建議を議場に呈出し、多数の賛成を得て、弥よ廃娼と決したるを、該県十一ケ宿の貸座敷仲間が聞き込み、それでは腮が釣り上がると大騒ぎにて総代人を選み議員の旅宿に就て湯浅、大館の両氏に面会し、大談判の末激論暴語を吐き、彼の総代等は終に腕力に訴へんとする折柄、議員野村藤太氏が総代等に向ひ、貸座敷営業者の不満は尤も也、拙者も彼等の建議は始めより不同意なりしか共衆寡

敵せずして素志を貫く事能はざりし者なれば、県令に面接して意見を述ぶべきに付、怒を忍びて結果を待つべしと懇々説諭されければ、総代等は漸く引取しが、野村氏は早速県令に面謁し事情を陳ぜし処其言を容れられしにや、来る廿一年七月迄廃止を延期すべきに付此七年間に於て転業致す様達せられ貸座敷業者一同一先づ安心せし趣

野村藤太議員は信者でもあったので、不同意だったかは疑問である。また、楫取に面会して、貸座敷業者の不満を伝えたか否かは確認できない。しかし、一カ月後の四月十四日、楫取は、六年間の猶予を設けて娼妓及び貸座敷営業を廃止する旨の布達を出した。(『群馬県史』資料編二十一)

甲第二十七号
管下貸座敷営業及娼妓稼之儀今般詮議之次第モ有之ニ付、来ル明治二十一年六月ヲ限リ廃止候条此旨布達候事
但貸座敷所在外ノ地ハ勿論従来所在地ト雖モ、自今新タニ貸座敷開店ハ不相成候事
明治十五年四月十四日

県議会の最初の建議が明治十二(一八七九)年六月に出され、楫取はその三年後に、六年間の猶予を設けて娼妓と貸座敷営業を全廃する旨の通達を出した。この件は、五月五日発行の郵便報知新聞に掲載された。東京の新聞に掲載されたことからも、群馬県の廃娼問題は、世間の注目を集めていたことが分かる。

楫取は廃娼を確実に実施するため、独断専行を避け、時間をかけて県内外の多くの人々から意見を聞きながら合意形成を進めてきた。楫取の慎重な姿勢がうかがえる事例である。また、猶予期間について、当初は十五カ月を想定していたが、最終的には六年間になった。明治十五年当時の娼妓の人数は八百八十六人であり、この人達や業者への配慮と考えられるが、少々妥協してでも娼妓の転職、貸座敷業の転業を確実にさせたいという強い思いがあった。

後任県令の免官

楫取の後任の佐藤与三県令は、実施日の五日前、明治二十一（一八八八）年五月二十六日になって突然延期の通達を告示した。（『群馬県史』資料編二十一）

群馬県令第三十二号

明治十五年甲第二十七号布達娼妓貸座敷営業廃止ノ儀ハ詮議ノ次第有之当分ノ内延期ス

これに対して県議会は態度を硬化させ、県議会の中で廃娼延期の非を度々主張した。世論もこれに同調した。県議会は、明治二十三（一八九〇）年十二月十七日、佐藤に辞職を勧告した。これに対して佐藤は、翌年一月一日、県議会の解散を命じたが、再選挙の結果二人を除く前議員が再選された。県議会で再度辞職勧告が決議されたため、四月十九日、佐藤は依願免官となった。

廃娼問題に関わった佐藤の姿勢と結末から、楫取の真摯《しんし》な姿勢が際立つ対応振りであるように思う。

日本最初の私鉄　東京・高崎・前橋間の鉄道建設

群馬県民に親しまれている「上毛かるた」の読み札に、「関東と信越つなぐ高崎市」がある。この裏面には次のような解説が書かれている。

「高崎市は古くは中山道の宿場町として、また城下町として栄えました。現在でも高崎線、信越線、両毛線、上越線、関越高速道路と、地方都市としては珍しいほど交通網が発達しています」

この高崎線と両毛線の高崎・前橋間は、明治十七（一八八四）年に開業し、今年で百三十一年を迎え、現在でも群馬県民には重要な交通手段となっている。かつて日本最初の私鉄であったこの鉄道の建設に、楫取は県政のトップとして大きな役割を果たした。

東京・高崎間の鉄道を前橋まで延長する事業は、明治十三（一八八〇）年二月十七日、時の太政大臣三条実美《さねとみ》により許可が下りた。この地域は諸産物が日増しに盛んで、地域が栄え人々の動きも活発なので、鉄道の必要性が認められたからである。具体的に言えば、殖産興業による外貨獲得のため、群馬県内で作られた重要輸出品である生糸や絹織物を、貿易港である横浜港へ輸送する手段として必要だった。さらに鉄道が通る群馬と埼玉の両県令、楫取と白根《しらね》多助《たすけ》の工部卿山田顕義への働きかけも、功を奏した。次官の工部大輔《たいふ》は山尾《やまお》庸三《ようぞう》だった。四人とも長州藩士で、楫取と白根は旧知の間柄、山田と山尾は、二人の後輩である。

しかし、十一月九日には、西南の役の戦費補填《ほてん》のため、建設費用の国費が支出できないとして、

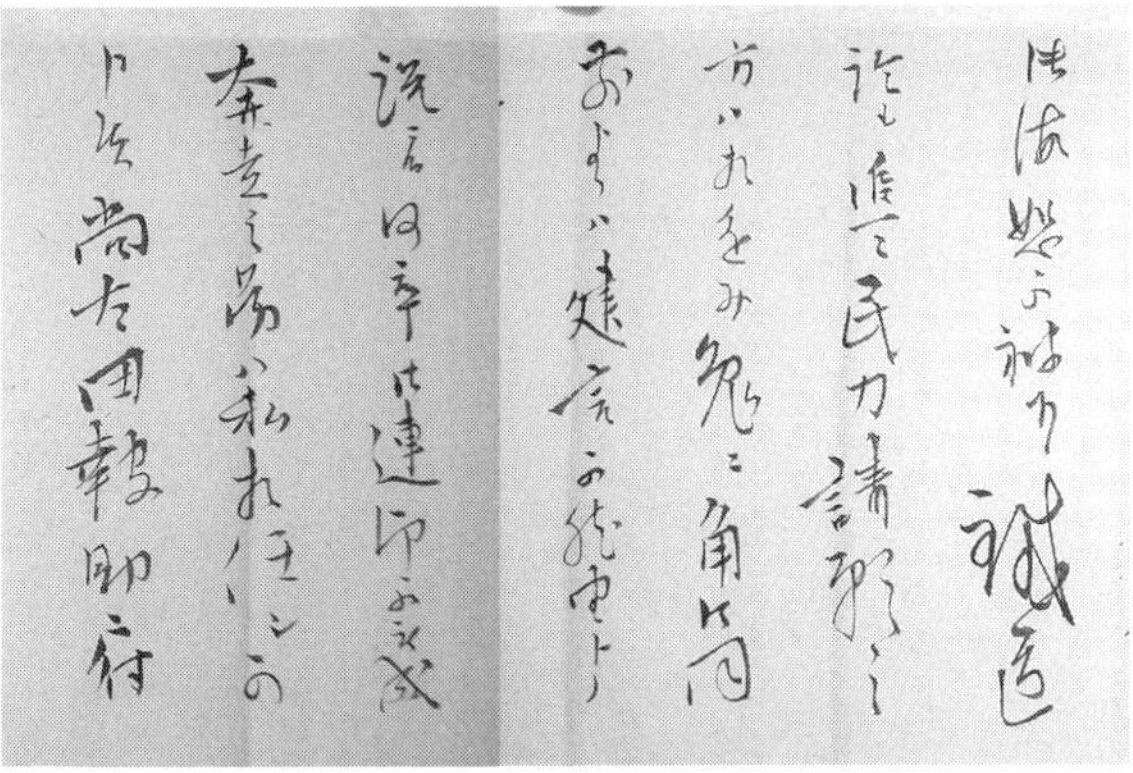

楫取が白根に送った書簡「白根家５」
（埼玉県立文書館所蔵）

毛利元徳
（国立国会図書館所蔵）

東京・高崎間の建設許可が取り消されてしまった。これで高崎から前橋まで延長するための前提条件は、崩れてしまったのである。ところが、十一月二十三日発行の「群馬新聞」に、次善の策が取り上げられた記事がある。

今度財政変革でお見合いに成し、東京から上州高崎へ鉄道敷設の義（ママ）ハ、今回第十五銀行にて引き受ける事になり、弥々近日着手《とりかゝ》るといふ

官設は取り消しになったが、東京・高崎間の鉄道建設は、第十五国立銀行が引き受けることになった。この銀行は、明治十年華族の金禄公債《きんろくこうさい》を資本にして設立された民間銀行で、日本経済振興のため、同行や出資者の多くは、鉄道事業に注目していた。最初の頭取は毛利元徳《もとのり》（定広）で、この頃は取締役を務めていた。毛利元徳は、毛利藩主敬親の養嗣子で、敬親の隠居後に第十四代藩主となり、毛利家を継いだ。

楫取はかつて仕えた藩主父子との関係を最大限生かして、この大事業を進めようと決心したのではないだろうか。そこで、十二月二十八日、白根へ決意を記した手紙を送っ

た。『埼玉県立文書館紀要第十八号』「白根家五」から引用する。

鉄道論も追々民力請願之方ハ相進み、兎ニ角御同前よりハ建言可然由トノ説ニ而、何卒御連印可被成、奔走之労ハ私相任シ可申候

『関東を拓く二人の賢者』によると、この手紙は、東京湯島梅園町で病気療養中の白根に宛てたものだ。民間による鉄道建設の請願を政府へ建言するのが当然との説があるので、連印してもらえれば、政府や銀行等への働きかけは私がすると、楫取の強い意志を伝えたものである。この時楫取は五十一歳、白根は十歳年長だった。

十二月三十一日、楫取は白根との連名で、「中山道高崎駅まで鉄道開設の上申」を三条実美に提出し、財政窮乏なら有志を募って負担する旨を申し出た。「『群馬県史』資料編二十四」より引用。

若シ目下資本ノ匱乏《きぼう》止ヲ得サセラレザルモノトセバ俯シテ乞フ、起業公債ノ法ニ倣《なら》ヒ若干ノ公債証書ヲ発行シ、以テ該費ニ補充セラレン事ヲ、而シテ多助等之レガ負担者トナリ、博ク有志ヲ募リ衆庶ト倶ニ戮力《りくりょく》以テ各其功ヲ賛セントス

明治十四（一八八一）年三月十二日発行の「東京日日新聞」には、東京・前橋間の鉄道建設に関する記事がある。

前橋鉄道　東京より前橋までの鉄道築造の義は群馬埼玉両県令より上請の通り人民の資力にて建築すべきことに内決せられしやに聞く

前橋まで延長させるため、奔走《ほんそう》した楫取の労が報われたのである。実際に許可されたのは、上申書提出から一年後の十二月十二日だった。

出資者探しに奔走

楫取は民間による鉄道建設の内諾を得ると、群馬県内で資本金募集の活動を始めた。明治十四（一八八一）年四月十八日、二十日発行の『上毛《じょうもう》新聞（第一次）』の記事によると、楫取は、郡長を召集し、鉄道建設に関して、全管下一村当たり平均四百円の計画で、各郡の人々を奨励して出金するよう尽力して欲しいと要請した。各郡長もこれを受諾したようだ。

この頃、楫取が民間人にも協力を要請していることが、「郵便報知」や「上毛新聞」に掲載されている。三社の新聞に鉄道建設に関する記事が度々掲載されていることから、この頃多くの人々が関心を持っていた事業だったことが分かる。四月二十二日発行の上毛新聞には、次のようにある。

楫取県令に八、去る十六日西群馬郡高崎及び緑野郡《みどののぐん》藤岡等へ、五（御）用にて出張せられしが、同十九日の午後八時頃帰邸せられたり、五用の赴き八判然せざれど、例の鉄道資金

募集方の五説諭にても有りしならんと、下様の者ハ評しあへり

本月十八日附高崎よりの報知に曰く、県令楫取君には一昨十六日西群馬郡役所へ出張有りて、当所の有志者を呼寄られ、今度鉄道会社設立の事に付き懇々の御演説あり、右畢て属官三名外に一人の案内者を具し、緑野郡根小屋村の内字金井沢に赴かれ、神亀年間に建設されしといふ古碑を一覧し、其れより又道を転じて同郡山名村字山の上に到られしころは、時計も既に午後七時を廻りて、〈略〉県令楫取君山名村に於て車を命じ、属官と共に藤岡を指して疾走せしめらる、時に午後九時なりき　云々

さらに、日本鉄道会社への出金を促す記事もある。

今度日本鉄道会社の設立に付き、全国の有志ハ奮て其挙に与するといふが、中にも隣県栃木県下の如き弐百五十万円ハ必ず出金すべければ、速かに実施を望むとの事を東京の発起人に通じ又福島県の如きも三百万円を出金するに決し、何れの県も之に応じ、或ハ百万円或ハ二百万円と陸続加入の申し込みがあるに、独り富饒《ふじょう》を以て全国に誇る上毛に限り、未だ何百万円を出金するとも決せず、又一人五千円以上を出金すれば発起人の列に入るの社則なるも、本県下にハ未だ五千円以上を出金して、発起人に加はりし者一人も之れ無しと云ふが、如何にも他県の人民に対して面も向けられぬ次第にて、平生の口とハ表裏を為す者と謂ふべし、且多人数の中にハ今度の鉄道ハ高崎までじゃげな、それでハ出金するも張合がないの、前橋へ引かないのなら面白くないのと、手前味噌のみ述べたつれど、本来鉄

道会社の見込みは中仙道を経て、越前敦賀の線路に接続するの大目的にて、先づ東京より高崎に通じ、其より望む所の目的に及さんとするに在りて、強《あなが》ち前橋へは架設せぬ事に決したると云にもあらざれば、今日に逡巡して来日の巨利を失するハ、何れよりするも上毛地方の利益にあらず、望むらくは愛国の人士等進んで取の気象を喚記（起）し、速に起て鉄道会社の募集に応ずる有れよ

四月二十六日発行の上毛新聞には次のようにある。

さる十七日藤岡学校新築開業式を執行せられし模様を聞くに県令閣下の御臨場あり、〈略〉

四月二十八日発行の上毛新聞にも、見出しを「上毛人士ヨ鉄道会社ニ加入セヨ」として、前号の続きの論説がある。

日本鉄道会社ノ概算ナリトテ吾輩ノ聞ク所ヲ以テスレバ、東京ヨリ上州高崎ニ達シ、此中間ヨリ陸奥青森ニ及ボスノ線路ヲ布設スルヲ最初ノ起エト為シ、〈略〉栃木ニシテ二百五十万円ヲ出シ、福島ハ三百万円ヲ出ス、顧ミテ諸君ノ郷里ナル群馬県ノ出金ヲ見ヨ、目下募集ノ景況ニテハ僅カニ五十万円ヲ上下スルニ過ギザルベシト聞ケリ、上毛ハ国産ノ国ナリ、而シテ諸君ハ平生富裕ヲ誇ルノ人ニアラズヤ、此国ニシテ此出金ヲ為ス諸君果シテ愧《はじ》ルコトナキヲ得ル耶

栃木県や福島県は、速やかな鉄道建設を望んで大金を出すという。しかし、群馬県内の出資状況は五十万円前後で、二県に比べて応募者が少ないことがうかがえる。楫取が県内を奔走したのは、応募者が期待する程集まらないので、鉄道建設の必要性を説き、募集に応じるよう説得するためだったとも考えられる。楫取自ら赴いたことは、発起人の一人として危機感を持っていたからだろうか。

また、新聞記事や他の資料から、楫取の四日間の行動を時系列にしてみると、

十六日　高崎連雀町の西群馬郡役所で説諭　金井沢碑見学　午後七時～山上碑見学～九時

十七日　藤岡学校新築開業式　祝辞　祝賀会　～午後三時退出

十八日　藤岡の緑野郡役所で説諭か

十九日　午後八時頃帰邸

楫取は十六日の説諭後、金井沢碑と山上碑を視察した。両碑の保存策を講ずるための事前の現地調査と思われる。翌日には藤岡学校新築開業式に出席し祝辞を述べ、式後は祝賀会に参加し、午後三時頃退出している。

小学校教育の充実、文化財の保存にも積極的に取り組んできた楫取は、当面の懸案事項を集中的に処理した。正に率先して行動する楫取の面目躍如《めんもくやくじょ》だった。

群馬県の応募状況

明治十四（一八八一）年五月八日、楫取は杉民治宛ての手紙の中で、鉄道建設の出資状況を知

らせている。『楫取素彦書簡（杉民治あて）』から引用。

頃日ハ東京ニテ日本鉄道会社ト申スヲ発起日本国中ニテ壱千九百萬円ヲ集メ申候巳ニ群馬縣より弐百五拾万円ヲ出金之積り去月中旬より之思立ニテ頃日マテニ二百五拾万円程ハ出金ノ約束相整ひ申候右發起ハ小生共偶首ニテ責任尤重ク右之事ニ付當月十五日頃より出京可申

楫取の意気込みが感じられる手紙であり、内容について確認する。

一　近々東京で日本鉄道会社を発起し、日本国中から一千九百万円を集める。日本鉄道会社は日本初の私鉄で、第十五国立銀行を母体に、明治十四年八月一日設立された。

一　楫取は群馬県としては二百五十万円を出資する考えを持っていた。

一　四月中旬に決断して着手し、発起日までに百五十万円出金の約束が整った。この事は、時期的には前出の上毛新聞の記事にある通り、楫取が郡長を召集した頃、西群馬郡方面に出張した頃と符合する。そして鉄道会社の株式募集に応じて発起人となるよう、豪商富農を説得した結果、発起日までに何とか百五十万円の出資が約束されたのだろう。

一　楫取は日本鉄道会社発起人の主になっていて、重責を負うことになった。

一　これらのことで、五月十五日頃より上京する。

「鉄道会社創立願書」と付属書の「日本鉄道会社出金人名」が、五月二十一日付で、東京府知事に提出されていることから、この日に合わせて上京したのではないだろうか。

五月中旬の上毛新聞に、郡長・戸長等の尽力、応募状況を報じる記事がある。

本県にても頗る奮発人多く、東西群馬・北甘楽・佐位・那波・山田等の諸郡にて発起人の列に入るもの凡五十名に及べり、此勢ひにて八日ならず上毛全国にて、三百万円位の金高《かねだか》に登るべしと聞けり

富岡町にて鉄道会社へ加入せしものを聞に、〈略〉何れも金千円宛加入、又五百円位加入せしもの数名あり、都合壱万五千円の高にいたれりと、是全く郡長世木真人及び県会議員浅野和太郎・戸長古沢小三郎等諸氏の尽力に依れりと

このような報道に対して、五月十八日発行の上毛新聞に「解惑」と題する論説があり、その中で次のような意見があったことが記されている。

一　今の群馬県には適さないので、しばらくの間様子を見て、本県が進歩するのを待って架設すべきである。

この意見は、負担したくないので、先延ばしを主張するものである。

一　鉄道の架設は、我々の営利を甚だ妨害する。仮に架設したとして、人々の需要がある時は物価が高い上州に求めず、皆東京やその他の下値の所へ行って買って来るはずである。このような時は我々の営業は大いに不利にならないことはない。

この意見は、鉄道が建設されると、人々は市外で購入するようになり、営業を妨害するというものである。

さて『工部省記録鉄道ノ部』によると、五月二十一日付で提出された創立願書には、四百六十一人が名を連ね、群馬県内では五十四人の名がある。群馬県人の割合は一一・七％だ。内訳

は前橋十七人、西群馬郡八人、碓氷《うすい》郡八人、邑楽郡六人、北甘楽《かんら》郡五人、佐位郡五人、山田郡二人、那波《なわ》郡二人、吾妻郡一人だった。

「『群馬県史』資料編二十四」によると、「日本鉄道会社出金人名」には、出金額の多い順に「出金額、住所、身分、氏名」が、五百十二人記されている。次の一覧は、明治十五年十一月二十四日現在のものに基づくが、明治十四（一八八一）年五月二十一日付のものと、総計金はほぼ同額である。各県毎に五千円以上の出金人数・出金額（円）をまとめたものである。旧県名で記されているが、現在の県名に変えて示した。

都道府県名	出金人数・割合％		出金額（円）・割合％	
東京都	一三三人	二五・八	三，三一〇，七〇〇円	五八・二
福島県	九二人	一八・〇	五〇〇，〇〇〇円	八・八
栃木県	九〇人	一七・六	四六九，五〇〇円	八・四
群馬県	五六人	一〇・九	三五七，五〇〇円	六・三
埼玉県	四九人	九・六	二七〇，九〇〇円	四・七
宮城県	三八人	七・四	二一〇，〇〇〇円	三・七
青森県	一四人	二・七	八〇，〇〇〇円	一・四
岩手県	七人	一・四	三五，〇〇〇円	〇・六
秋田県	六人	一・二	四六，〇〇〇円	〇・八
山形県	四人	〇・八	二〇，〇〇〇円	〇・四
他	二四人	四・七	三九二，七〇〇円	六・九

合計　　　　　　　　五一二人　　　　　　五，六九一，四〇〇円
外ニ金拾八万五千四百五十円（五千円未満華族）三百七十三名　総計金五百九拾万九千八百五十円
右の外八千余名の入社人ありと雖ども、目今其調中なるを以て略す。又百株以下の人名数未だ枚挙せず。

楫取は発起人の一人だが、在官の身のため願書には名はない。一方、出金人名簿には、五千円の所に名がある。楫取の手紙には、百五十万の出金が約束されたとあるが、いざ蓋を開けてみれば遠く及ばない金額で、楫取の顔を立てて名前は出すが金は出さないということだったのだろうか。

楫取が資本金募集に奔走する一方で、それに水を差すような動きもあった。五月三十日の上毛新聞に先日郡長の交代があって、折角出来た株金も大変素っ気なくなり、殆ど立ち消えになりそうな様子という記事がある。さらに六月十四日には、いよいよ加入御免を願い出るとか、出したとかという噂があるという記事もある。

大隈重信《おおくましげのぶ》に期待

明治十四（一八八一）年五月、楫取は「日本鉄道会社高崎線ヲ前橋迄延長スルノ議」を大隈重信に提出し、高崎から前橋まで鉄道を延長する必要性を強く訴えている。大隈は近代国家の建設

大隈重信（国立国会図書館所蔵）

には、鉄道が必要という考えの人で、日本の鉄道のゲージを狭軌と決めた人でもある。また前大蔵卿でもあり、大隈の影響力に期待したものと考えられる。原文は「早稲田大学図書館　古典籍総合データーベース」にあるので割愛するが、一部意訳して示す。

　前橋市街は物産の輻輳《ふくそう》する所として全国屈指の地となり、自ずから鉄道の敷設は切要である。官ではすでに清水嶺開削の議論が起きている。これが竣功すれば前橋は、北陸への近道の地となり、運搬、旅行で鉄路の需要は計り知れない。会社株金発起者は県下で一番多い。以前鉄道官設の議論があった時、主務省の省論は一決している。距離も僅か八キロであり、測量も終わっている。今日官設はなくなり、鉄道会社は私設になったが、博く公益を図るのに官私の別はない。前の測量線により高崎を迂回して前橋に至る鉄道敷設の挙があることを請う。素彦懇祷《こんとう》の至りに堪えない。

　但し、利根川架橋は巨額の費用を要するので、暫く停車場を西岸に置き、利益に従って架設するも可か。

私印が押してあることから、公文書ではなく、有力者である大隈の理解を得るために作成した私信と思われる。なお大隈は、「日本鉄道会社出金人名」に名があり、五千円を出資している。

出資人数で第一位

明治十五（一八八二）年五月、鉄道局長井上勝は、工部卿に次のような趣旨の「日本鉄道東京・前橋間鉄道建築の儀につき伺」を提出した。（『群馬県史』資料編二十四）

井上勝《いのうえまさる》は長州藩士で二十歳の時、山尾庸三・伊藤俊輔《しゅんすけ》（博文《ひろぶみ》）・遠藤謹助《きんすけ》・井上聞多（馨）と共に英国へ密留学し、化学・地質学・数理物理学・鉄道技術等を学んで帰国。鉄道建設の中心的な役割を果たし、「日本鉄道の父」とも言われている。映画「長州ファイブ」に密留学前後の様子が描かれている。

東京・前橋間の鉄道建築は、日本鉄道会社の願意として許可され、その工事は全て私に委任された。しかし、その頃日本鉄道会社の景況を見ると、未だ起業金が準備されたようでもない。もし建築資金が供給できなければ、政府が負担するのか。財政困難の状況で、簡単に会社の願意を許し、このような大業を起こし、いつか大きな不都合を来すこともあるかもしれない。これが私の最も憂慮するところなので、将来の方策を事前に定めて指示して欲しい。

内藤分ステーション跡の碑（前橋市石倉町）
この碑は、利根川右岸の石倉に設けられた駅の跡地にある。

井上は建築資金が十分でないから、建設が中止になった場合の方策を定めて欲しいと申し出て、工部卿に最終決断を迫ったと考えられる。別紙により、東京・前橋間の鉄道建築費の予算を三百二十万余とし、工事開始から四カ月毎の必要金額も明示している。井上が憂慮した建築資金の出資状況について、実際はどうだったのだろうか。

「日本鉄道設立略記株主姓名録（明治十五年十一月二十四日）」によると、一株は五十円で、株金は六年間にわたって十二回に分け、毎年六月と十二月の年二回払い込むと記されている。第二回の払い込み状況は次表の通り。

日本鉄道会社株金領収表　明治十五年十二月三十日（『群馬県史　資料編二十四』）

府県	人員	株数	金額円
東京	一、〇五五	八三、四四九	五六一、五五三・二五三
埼玉	三九六	三、七八一	一六、六八〇・〇〇〇
群馬	三、二三三	七、二〇八	三五、三一〇・〇〇〇
栃木	三	三四	一七〇・〇〇〇
福島	一四二	六、二八一	一一、〇九七・〇〇〇
宮城	二三九	四、一三七	一二、七九〇・〇〇〇
岩手	四三六	二、四五三	一一、八七〇・〇〇〇
山形	一、六三一	三、三〇三	一六、二〇〇・〇〇〇

以下略			
合計	七、三六八	一一五、四九一	六八五、八六七・二五三

六年間の払込金額は、第二回の合計金額を基に試算すると、一千万円以上になり、井上が示した前橋までの建設資金三百二十万を大きく上回ることになる。これは山形・岩手・宮城等の東北各県の払込金額が多いからである。東京・高崎の中間から分岐して、青森まで建設する計画に期待してのことだろう。

群馬県の株主総数は、三千二百三十三人で、府県別では最も多く、全体の四三・九%。株数は七千二百八株で、東京に次ぐ二番目で六・二%。払込金額三万五千三百十円は、五・一%で二番目。一人当たりの株数は、平均すると約二・二株。十二回分の群馬県の払込金総額は、約四十二万円位である。

明治十五年四月十八日付、津久田村（現渋川市赤城町津久田）の「日本鉄道会社入社盟約証」によると、入社したのは十人で、加入株数は各人とも一株の合計十株。明治十五年七月、とある津久田村戸長役場作成の『鉄道会社株金取集簿』によると、第一回の払込金は、各人五円の合計五十円となっている。

楫取は郡長を召集し、一村当たり平均四百円の出金を計画して協力を要請したところ、群馬県全体や津久田村の状況を見ると、計画通りに進捗《しんちょく》したとも思われる。楫取・郡長・戸長という組織がうまく機能し、多くの出資者を集めることができたようだ。一方、払込金総額は、楫取が見込んだ二百五十万円を大きく下回り、見込みはずれの結果となってしまった。

この背景としては、鉄道建設に消極的、否定的な意見や動きがあった中で、楫取が提唱した鉄道の公益性を認めて、多くの県民が賛意を示したからに他ならない。楫取が率先して県内を奔走して行った説諭が、多くの県民の心に届いたということだろう。払込金額が少なかったのは、松方財政の緊縮政策により、繭、生糸、米等の価格が低下し、農村が窮乏していたためと考えられる。

また、この鉄道建設の裏には、楫取を中心とした、毛利元徳、白根多助、山田顕義、山尾庸三、井上勝という長州人脈が、建設を促進したと考えられる。

かくして、多くの群馬県民の期待に沿って、東京・高崎間は、明治十七（一八八四）年五月一日に開業した。高崎・前橋石倉間は、同年八月二十日に開業した。楫取は同年七月三十日、県令を退任したので、楫取の大きな置き土産となった鉄道である。

富岡製糸場が世界遺産、国宝に！

富岡製糸場は上毛かるたに「日本で最初の富岡製糸」とあるように、明治五（一八七二）年、器械による製糸工場として、日本で最初に設立された官営の模範工場である。創業以来、約百四十年が経過した。そして、ついに平成二十六（二〇一四）年十月十七日、国の文化審議会（宮田亮平会長）は、旧富岡製糸場を国宝に指定するよう文部科学大臣に答申した。これが認められて十二月十日、群馬県内では初の国宝に指定された。対象となる建物は、「繰糸所《そうしじょ》」「東置繭所《ひがしおきまゆじょ》」「西置繭所」の三棟。いずれも木造の骨組み、レンガ積みの壁という「木骨煉瓦造《もっこつれんがぞう》」で、ほぼ建設当時のままで現存する明治期の最大級の建物だ。

これに先立つ六月には、田島弥平《やへい》旧宅（伊勢崎市）、高山社跡《たかやましゃあと》（藤岡市）、荒船風穴《あらふねふうけつ》（下仁田町）とともに「富岡製糸場と絹産業遺産群」として世界遺産に登録された。

今回、世界遺産および国宝に指定され、群馬県民にとって、この上ない喜びであることは当然であるが、約百四十年間存続に尽くした先人の努力にも敬意を払う必要がある。

存続に貢献した人として、まず楫取が挙げられるので、経緯とその取り組みについて触れたい。

西南の役に費やされた戦費による財政的圧迫により、政府は明治十三（一八八〇）年十一月、「官営工場払下概則」を制定した。富岡製糸場も対象となり、引受人を募集したが、規模が広大過ぎて応募する者がいなかったため、翌年政府は「払下ノ手立ヲ尽シ猶請願人ナキトキハ閉場ノ手続ヲ為スヘシ」と決定した。また、同年三月、「富岡製糸所速水堅曹《はやみけんそう》へ貸渡之儀伺」が、農商務省から上申された。この主な内容は、速水に営業費二十万円を交付して五年間貸与し、その間は速水に損益を負担させ、その後民間への払い下げの地歩を築くというものだった。

このような状況に憂慮した楫取は、富岡製糸場の存廃《そんぱい》について、概要次のような意見書を農商務省宛てに、十一月十六日に提出した。（『富岡製糸場誌　上』）

楫取群馬県令意見　農商務省宛

万が一にも富岡製糸場を廃滅することにすれば、全国製糸の模範工場の役割をどうして果せようか。なんと慨嘆《がいたん》のきわまりではないか。素彦は地方に在任し、実情を直に見てきた期間は相当長い。管下の製糸に熱心な者が皆言うことは、製糸場は欧米各国に知られ、製糸者にとって、どんな感想を持たれるかということは最も大切なことであり、政府が製糸場を廃滅させれば、工業が日新月歩の今日、各国に対して甚だ愧である。

そうであるならば、これを維持して政府の当初の熱意を継承するのは製糸営業者の責務であり、どうして他に譲る必要があろうか。まして我々は地元にあって、器械による製造を側で見て模範にさせてもらっているのでなおさらである。

そうではあるが、目下人民は資力の不足に苦しむ秋《とき》で、直ちに払い下げを求める状況ではない。よって願う、官においては本県人民の前述の精神を推察され、また製糸場を廃滅させてはならない理由を見極め、しばらく今までのように、政府において維持し、物産を勧奨・誘導する要具に充て、人民に製糸工業上の進取の志を進めさせて、続々と輸出の利益を収めさせるようにすれば、上州一国で全国の富国強兵の大半を補うとも言える。

願わくは政府は、実情を地方官から聴取し、管内人民の実況を知り、製糸場が全国製糸の模範となる準備を整えるため、しばらく今日の状態、即ち官設のままにして置いて欲しい。製糸場の事業は、これまですでに改制の功を経ている上は、官において損失するところは絶対ないようにして、その利を見ることを望む。政府は物産を勧奨する意図を持って、ぜひ当分据え置かれるよう衷心よりお願いする。

明治十四年十一月十六日

農商務省の上申の際、楫取の意見書も添付された。この上申に対して、翌年の五月五日、次のような回答があった。

富岡製糸所営業資金ヲ付シ五年間速水堅曹ニ貸与セント乞フ允《ゆる》サス当分従前ノ如ク施行セシム

結論は従前通りということで、当分の間存続が認められた。この理由として、群馬の状況をよく知る楫取が意見書で「政府において維持、当分据え置く」と、要望したことが功を奏した。

楫取がこの意見書を提出した理由として、次のことが考えられる。

一つは、大久保利通の殖産興業政策が念頭にあったこと。大久保は既に凶刃《きょうじん》に倒れていたが、楫取が大久保に熊谷県権令に推挙された時、重要輸出品である生糸生産の必要性を説かれ、以来製糸産業を発展させることを使命としていた。そのため技術の進歩が速い今日、民間に貸与してしまうと、技術に関する進取の志が失われ、進歩が阻害されてしまうことを危惧した。

もう一つは、意見書にある「管下の製糸に熱心な者」と「輸出」のこと。楫取の脳裏には代表的な人物として、星野長太郎《ちょうたろう》と、その実弟の新井領一郎《りょういちろう》の存在があった。

楫取が意見書を提出したこの年の一月から、富岡製糸場で生産した生糸の全てが、同伸《どうしん》会社を通じて、フランスのリヨンとニューヨークに直輸出《じきゆしゅつ》されるようになった。同製糸場製の生糸の品質は精良で、欧米において高く評価され、直輸出は外貨獲得の有益な方法であったことが、楫取を動かした要因と考える。なお同伸会社の社長は速水堅曹、星野は群馬県の役員、新井はニューヨーク支店の支配人だった。

星野長太郎と新井領一郎兄弟

楫取は二人とは熊谷県時代から、ずっと交流を続けてきた。話をさかのぼって、その一端に触れることにする。

星野は富岡製糸場の創設に刺激されて、明治七（一八七四）年、勢多郡水沼村（現桐生市黒保根町水沼）に、水沼製糸所を開設した。製糸業を勧奨するため、管内を巡視していた楫取は、翌年星野の製糸所を見学し宿泊している。この時に詠んだ詩が『関東を拓く二人の賢者』にある。

明治八年某月到水沼村投星野宅
主人長太郎新造水車器繰蚕糸男女来而従事業者六十余名　課程有観者
水近泉源極清冽　俗離城市絶浮廬　可憐児女勤工課　昼製蚕糸夜読書

星野のような製糸業者にとっては、最新の技術を学べる模範工場は必要不可欠であったと考える。

弟の新井は前述の通り生糸の直輸出を担った人で、その契機について触れることにする。『海を渡った幕末明治の上州人』によると、渡米していた佐藤百太郎《ももたろう》は、ニューヨークで貿易商店を開店するため、商業実習生として日本人の青年を募集しようと帰国していた。佐藤はオランダ医学を修得した佐倉順天堂の佐藤泰然の孫で、茶をアメリカに輸出していた。楫取や星野は、佐藤から海外貿易や殖産興業のことを説かれ、生糸の直輸出に興味を持った。明治八（一八七五）年、熊谷で楫取、佐藤、速水堅曹、星野は会談を開き生糸直輸出とこの仕事をやる適任者について相談した。いろいろ検討の結果、英語や商法にも堪能な新井が良いということに決まった。

星野は日本の商権回復と生糸の直輸出開始のためには、なんとしてでも新井をアメリカにやらなければと、水沼製糸所の設立や経営で資金が苦しいときであったのにもかかわらず、地所を抵当にして渡航費用を調達した。
こうした兄の気持ちを受けて新井は渡米を承知、翌年三月渡米することになった。新井は星野の勧めでこの直後に、楫取夫妻を表敬訪問した。この時の様子は、新井の孫娘、ハル・松方・ライシャワーがその著書『絹と武士』の中で詳しく記しているので引用する。

星野は県令が生糸の輸出に熱心であり、しかもアメリカとの直接貿易を始めようとする星野の考えを強力に指示してくれている人なので、ぜひ領一郎に挨拶に行くようにと望んでいた。県令は、領一郎のために政府からいくばくかの援助をとりつけてくれた人でもあった。兄と弟が楫取県令夫妻を訪ねると、いったん座をはずした夫人は紫色のブロケード(錦)に包まれた何か細長いものを持って部屋に戻ってきた。夫人は領一郎の前に膝をつき、それを彼の前に置いた。包みが開かれると、中から美しい短刀が現れた。これは夫人の亡くなった兄、吉田松陰の形見の品だという。〈略〉領一郎は楫取夫人の贈物に驚いた。しかし、彼女はこの品には兄の魂が込められているのです。その魂は、兄の夢であった太平洋を越えることによってのみ、安らかに眠ることができるのです、と語った。領一郎はうやうやしく刀を拝受し、信頼に値する人間になることを誓った。

楫取夫人は、海外渡航を目論んで失敗し、安政の大獄で悲運の死をとげた兄松陰の遺志を果たしてもらいたいと思って贈った。
新井は楫取の写真を携えて渡米し、ニューヨークでそれをもとに肖像画を描かせ、楫取に贈った。現在その肖像画は、群馬県立歴史博物館に所蔵されている。

このような経緯もあって楫取は、新井が担ってきた直輸出を窮地に陥らせないためにも、今まで通り精良な生糸を供給して、信用を得ていく必要があると考え、官営富岡製糸場の存続を強く希望した。

楫取の二つの別荘と持論

楽水園《らくすいえん》は楫取が群馬県県令に就任し、前橋に転居した時に借りた別荘。県庁の北方約一キロ、利根川が見渡せる小高い所にあった。利根川を見慣れた萩の松本川に見立て、故郷の風景を懐かしんで付けたものであろう。楫取はここで気の合う人々と雪月花を楽しみながら、鋭気を養った。

新聞で紹介

明治十二（一八七九）年九月二十五日、『東京日々新聞』の漫遊日記に、楽水園を訪れた記事があり、楽水園の造りや風景が紹介されている。

本日午後四時頃より県令の別荘へ社長および我輩を招き玉ふ旨の案内を申し伝へられたり此別荘と申すは市中を離るゝ凡そ半里余原と前橋城外の閑地にて藩政の頃には曽て旧知事の別業《べつぎょう》にてありけるを当県令の此地に来るに及びて其風景を愛し之を借り受けて官暇《かんか》

逍遥《しょうよう》の地とせられたる由なり旅寓を出て右の別荘に至るの間沿道の市中田舎の様とも自から我輩をして大に感覚を起こさしめたる言多し扨かの別荘に至るに柴門迷遂《めいすい》にして茅屋三四間庭園の草木なども自然の侭に任せて更に粧飾《しょうしょく》する所なく質素の結構は却て幾多の雅趣あるが如し利根の上流赤城の山麓は云うも更なり上武の遠巒《えんらん》みな盡く眼鏡に集まりて真に天然の風景を備へたるを知る県令楫取君大書記官岸良君を初とし宮部襄大木親石川重玄の諸君も会せられ須藤君もまた来りて一席の会飲四方山の物語にて大いに興に入り

『上毛新聞（第一次）』にも催事の記事が散見される。

　明治十四年六月十四日、城西の楽水園にて師範学校長宮部氏・教官林学斎先生等が雅会を開催する。

　明治十四年十月一日、上毛繭共進会開業式が行われ、その後宴席が、午後第五時より楽水園（利根川淵にあり）に設けられた。会主は星野耕作・松本源五郎・久野小作の三氏で、長官・次官を始めとして招待された賓客およそ四十名が所狭しと居並んだ。

また、楫取が埼玉県県令白根多助に宛てた手紙によると、年代は不明

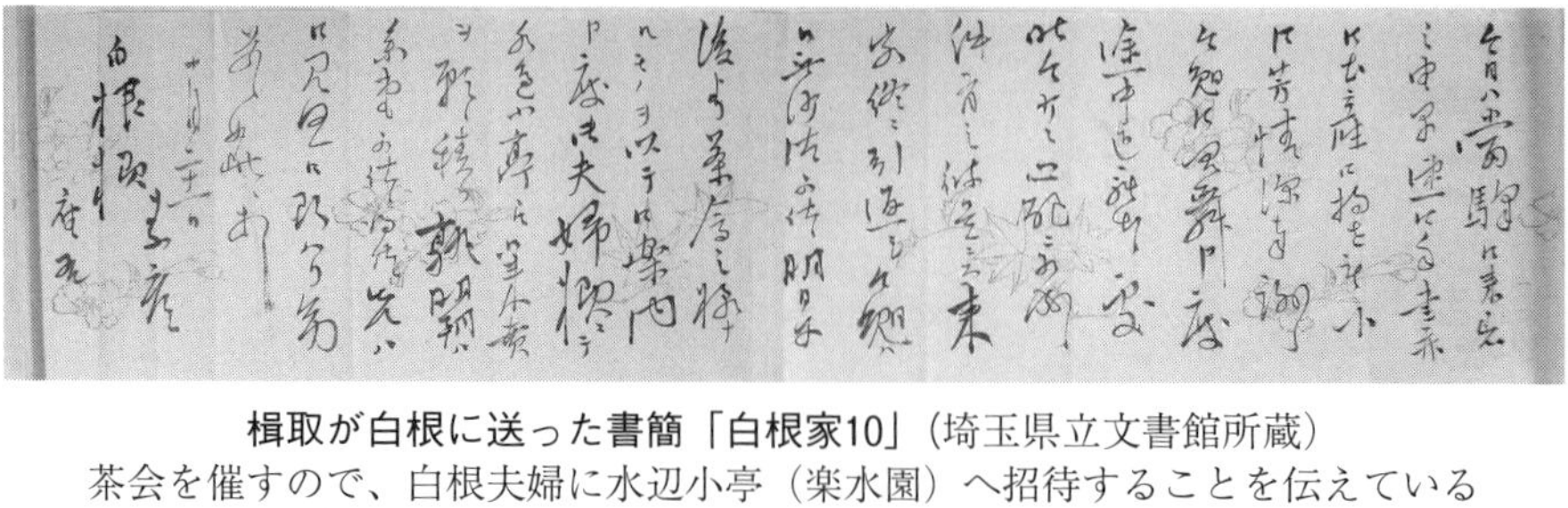

楫取が白根に送った書簡「白根家10」（埼玉県立文書館所蔵）
茶会を催すので、白根夫婦に水辺小亭（楽水園）へ招待することを伝えている

だが十月二十二日午後、白根夫妻を楽水園に招いて茶会を催したとある。(『埼玉県立文書館紀要第十八号』所収「白根家文書十」)

楽水園は楫取自身だけでなく、彼の信頼する人々が会合・懇親等のために利用していた。楫取が了解して供していると思われ、楫取の恬淡《てんたん》な性格がうかがえる。また、楫取は茶道も嗜《たしな》んでいたことが分かる。

次の二句は、春から初夏にかけて詠んだ詩。初めの詩は『楫取家文書一』から、次は『上州の書』からの引用。明るい日差しを受けて、植物が生き生きしている様子が目に浮かぶようだ。楫取は楽水園の茅葺きの屋根、庭、庭木を、大変気に入っていたことが分かる。仕事を離れて、この庭で季節毎に咲く花の色や香りを愛でて、日頃の疲れを癒やしていたのであろう。園丁の高木庄八は、楫取の意を汲んで丹誠して育てていた。

樂水園百絶之一

城西去訪郭駝家　百卉生々横又斜　半架盆栽紅一片　矮松枝接石榴花

意訳　城西に行き園丁の家を訪ねる。色々な草が生き生きと広がり、棚の片方に盆栽が艶やかに一つある。低い松の枝は石榴《ざくろ》の花に接している。

十笏茅堂傍野塘　豪奢敢擬魏氏荘　小庭儘有賁園処　紅薬牡丹随分芳

楽水園偶詠　　　　畊堂老人　印　印

意訳　庭の茅葺きの別荘は堤の傍らにあり、派手さは敢えて魏氏の家に似せた。庭は華やかな別荘をそのままに保ち、芍薬《しゃくやく》、牡丹《ぼたん》が随分と芳しい。

磯部《いそべ》の別荘

明治十八（一八八五）年十月十五日、高崎から横川まで信越線が延長し、磯部駅ができると、県令を退任した楫取は、温泉街のすぐ南側の高台に別荘を設けた。余談だが磯部温泉は、地形図に使われる温泉マーク（♨）の発祥の地として知られている。

明治十九（一八八六）年発行の『磯部鉱泉繁昌記』の挿図《そうず》「磯部鉱泉地細見《さいけん》」には、楫取邸の他、佐藤與三群馬県県令、井上馨外務大臣、大木喬任《たかとう》文部大臣の邸の位置が描かれている。佐藤と井上は、楫取と同じ長州藩士。

井上馨（聞多）
（国立国会図書館所蔵）

安中市観光協会発行の『磯部温泉誌』に、磯部鉱泉地土地取得者名簿（明治十六年〜明治二十八年）が掲載されている。この名簿から、三人が取得した土地の広さ、経過を比べてみる。

佐藤は明治十八年五月六日が最初で、同二十二（一八八九）年までに、四百三十六坪取得し、別荘を新築している。信越線の開通を見越してのことであろう。

井上は明治十九年五月十四日が最初で、同年中に七千七百二十三坪取得し、同二十八（一八九五）年までに、合計で一万一千三百九十九坪取得している。井上は貨殖《かしょく》の才を発揮して、信越線の開通後、地価が高騰すると見込んで、磯部の土地を買い占めた。

楫取は明治十九年六月一日、三十六坪の土地を、当時七歳であった孫の楫取三郎名義で取得している。佐藤、井上に比べて、取得時期は遅く、土地の広さも僅かであった。その場所は磯部一丁目の薬師堂のすぐ東南にあった。北を臨めば、湯元の湯煙、その先には碓氷川が見えたであろう。この年旅館が新たに数軒開業し、入浴するには便利な場所だった。

磯部鉱泉の宣伝に協力

楫取、佐藤が率先して別荘を設けたことにより、別荘地としての評判が高まったので、磯部鉱泉の観光地化、宣伝に多大な貢献をしたと思われる。前出の『磯部鉱泉繁昌記』に、妙義山を詠んだ楫取の歌がある。

夕立のひとむら晴てかみなりの
音はるかなる峯の白雲

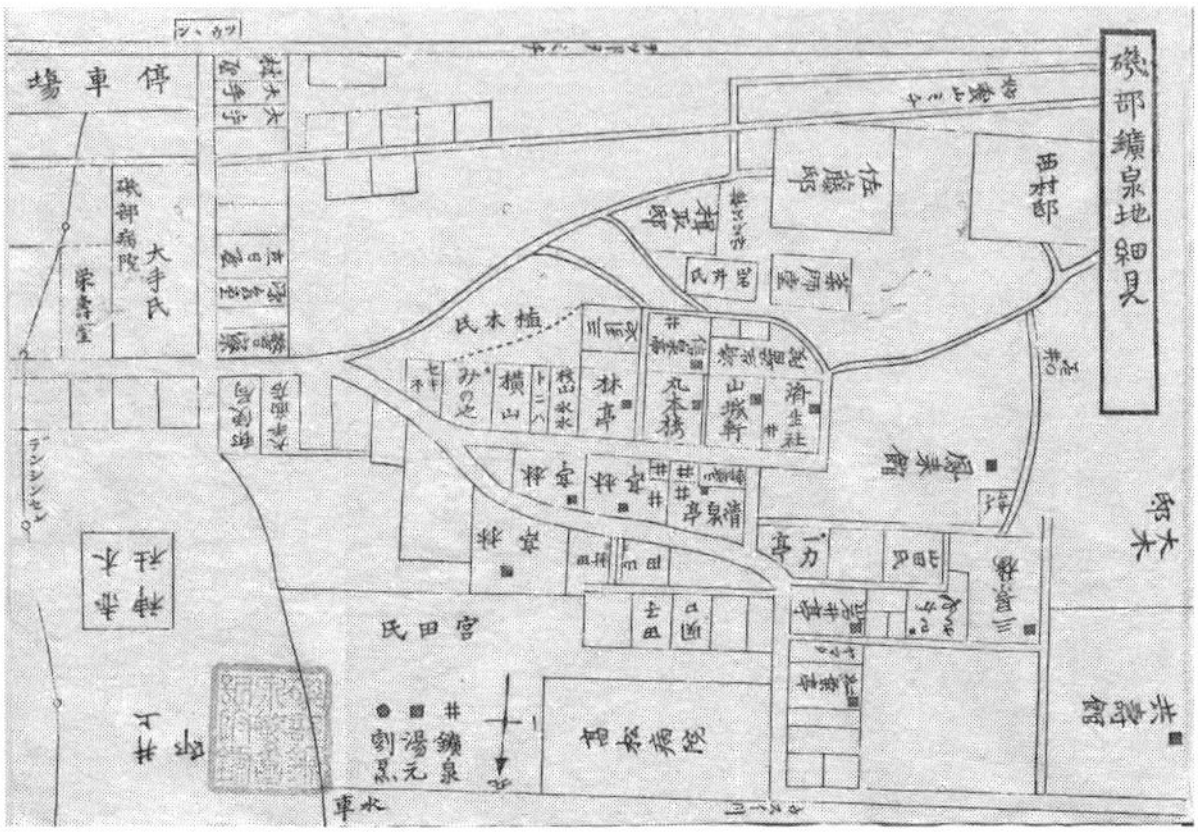

磯部鉱泉地細見
（「磯部鉱泉繁昌記」所収　群馬県立図書館所蔵）
楫取が取得した36坪の広さの土地。「楫取邸」とある。

楫取の影響力、あるいは県民の関心は、県令を退任してからもあったようで、当時の新聞に楫取が磯部に来た記事が散見される。

・明治二十年四月六日発行の「群馬日報」

楫取元老院議官　過日中より磯部へ入浴中なりし同君には、俄の御用の由にて去一日第二列車にて帰京されし

・明治二十年十二月二十二日付の「上毛新聞（第二次）」

楫取元老院議官は一昨日出発磯部温泉へ入浴のため来県せられたり

・明治二十一年八月三十日付の「上毛新聞（第二次）」

元老院議官楫取素彦君にハ近日磯部の別邸へ来らるゝ由

八月三十日付、楫取が杉民治へ宛てた手紙がある。多分明治二十一年で、この新聞記事の事と思われる。『楫取素彦書簡（杉民治あて）』から引用。

過ル十二日より小生大磯海水浴ニ参リ跡より道明兄弟孫ヲ連阿三和来り夫より江ノ島鎌倉ヲ巡覧瑞泉寺ニ立寄竹院和尚之金殿跡ヲ尋ニ十二日

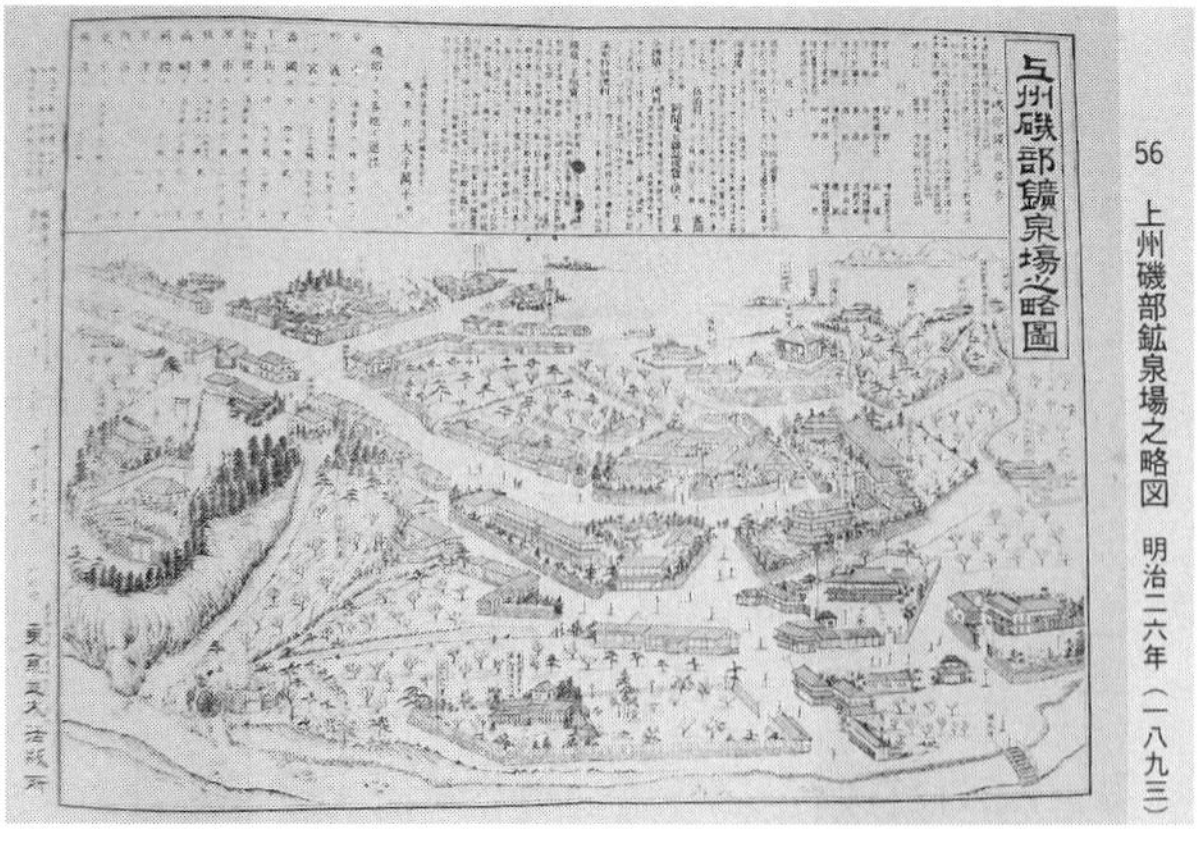

磯部鉱泉場之略図（群馬県立歴史博物館所蔵）
群馬県立歴史博物館第25回企画展「上州の温泉」の図録から転載。中央の少し右上の平屋に「楫取公邸」とある。

帰京又々来月二日より上州磯部之別荘ニ行七日斗リ滞浴之積リ同シク阿三和三郎児ヲ相連行候筈也扨暑中休暇ハ東京官吏社会ニテ旅行の風習与相成其間ニ贅沢落財家モ有之弟ハ其流ニ倣候ニ非ス只ノ養生ノ為ナル故節倹主義ヲ第一トセリ然ルニ府下ハ懐玉之習慣小生一七日間之浪費殆ント七拾円ト相成御地ノ諸士ニ対シテハ実ニ赤面千萬シカシ行懸リ致方モ無之磯部ハ自邸モ有之阿三和ヲ携自炊ニ而相暮候積リ

九月二日、この手紙にあるように、東京から磯部へ向かう車中、それに到着した頃に詠んだと思われる詩がある。明治二十四（一八九一）年発行の『磯部鑑』から引用する。

磯部村寓居雑詩

携帯妻児作薄遊　蘆湖湖畔且淹留　七湯澡倦移羈寓
更訪名山向上州

同五首

午食辞京邸　何関銕路賒　瞬間過卅里　到野未昏鴉
大廈祠林外　層楼野水涯　渓頭臨瀑布　最小是吾家

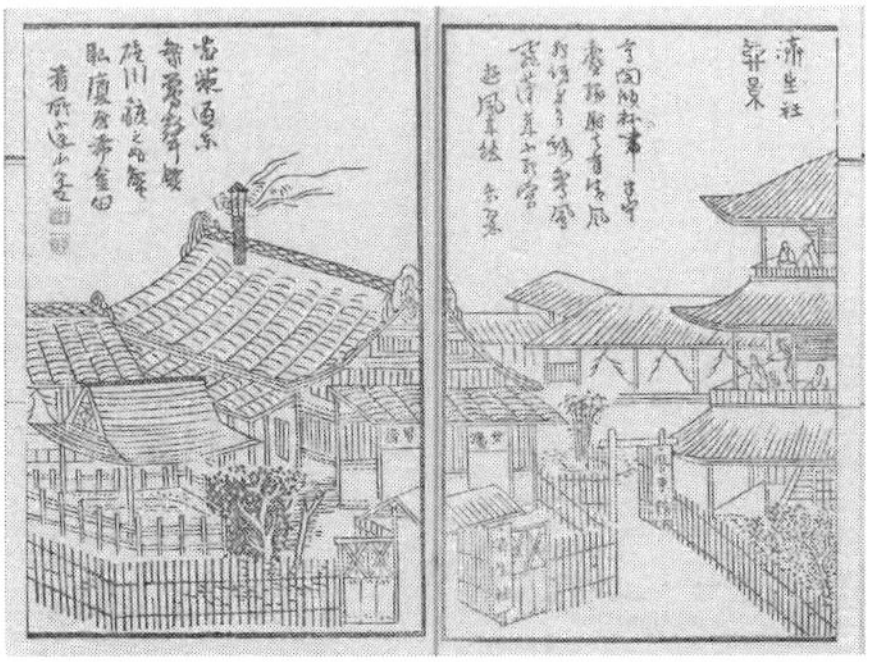

「磯部鉱泉繁昌記」所収の済生社真景（群馬県立図書館蔵）　右の三層の建物が鳳来館。別荘の庭からこれを見て、「層楼野水涯」と詠んだ。

「磯部鉱泉繁昌記」所収の聖明寺瀧山之真景（群馬県立図書館蔵）　磯部の別荘の庭から、碓氷川対岸にある聖明寺の滝を見て、「渓頭臨瀑布」と詠んだ。

檐声残滴歇　晴景到疎籬　袖手看園卉　花開紅蜀葵
村荘数弓地　矮樹接庭階　休笑規模小　聊茲寄素懐
夏末初来宿　芭蕉碧影垂　何人代名刺　新葉有題詩

磯部の別荘で詠んだ詩の意訳

妻児を連れてつつましい旅をし、芦ノ湖畔にしばらく留まる。箱根七湯に入るのも飽きて旅の宿を移す。もちろん名山を訪れるため上州に向かう。

妻児とは、妻の美和子と孫の三郎である。

五首の意訳

昼食をとって東京の邸を去る。どうして線路の遠いことがあろうか、瞬く間に三十里を過ぎる。別荘に着いてまだ鴉が見えないほど暗くはない。

当時上野と磯部間の所要時間は、約四時間だった。磯部駅から別荘までは、約五百メートルあり、ゆっくり歩いても十分位だろう。

大きな家は社の林の外にある。高楼は川岸にある。谷の上に滝を望む。最も小さいのは我が家だ。

別荘から北を眺めた時の景色である。大きな家は井上伯爵邸だろう。高楼は鳳来館《ほうらいかん》の木造三階建ての客室だろうか。当時評判の建物で「高楼空を尖くが如し」と言わ

「上州磯部温泉案内」に書かれた楫取の題辞
（国立国会図書館所蔵）　明治22年２月15日出版、蘇東坡詩集にある言葉「僊雲擁寿山」。

れた。瀑布は対岸の聖明寺《しょうみょうじ》滝山から落ちる滝のことだろう。

庇に落ちる雨垂れや滴の音がやんだ。雨上がりの景色がまがきの方に見える。腕を袖の中に入れたまま庭の草を見る。一本の赤い葵の花が開いている。

別荘は数弓の土地、丈の短い木が庭の階段に接する。笑うなかれ、規模は小さい。取り敢えずここに日頃の思いを寄せた。

夏の末初めてこの宿に来た。芭蕉の碧の影が垂れる。何人が名刺に代えたのか、新しい葉に詩がある。


楫取は磯部の高級別荘地化が進展する中、湯治のため度々当地を訪れていた。妻美和子の健康を気遣っていたのかも知れない。滞在中は節倹主義を貫き、自炊で過ごした。

また、明治二十二年発行の『上州磯部温泉案内』には題辞を書き、明治二十六年発行の「いそべ案内」にも、磯部の魅力を詠んだ前出の詩を載せて、宣伝に協力している。

楫取の磯部の別荘地は、時期は不明だが、磯部村に寄贈された。建物の痕跡は、現在では認められず、小さな公園になっている。園内の数本の桜の下に、聖徳太子碑、安中市指定史跡「仙石因幡守《せんごくいなばのかみ》の石祠及び頌徳碑」等の石碑が建てられている。

楫取は、両別荘の所有に関して、以前からの持論を杉民治に書き送っている。手紙には元号の表現がないが、明治二十一（一八八八）年以降の十一月二日と考えられる。『楫取素彦書簡（杉民治あて）』から引用。


弟事上州ニ別荘ヲ構候云々世上評判高新聞ニモ往々掲載除リ仰山ラ敷其実ハ御存之落水

園ハ前橋旧藩主之所有ナルヲ弟在任中借受遊燕之処ニ成置弟彼地ヲ去ル之後園地払物ニ成候ヲ人民弟ノ為買得今ニ弟カ所有表札掲ケ有之候得共其実弟より者出金不申即人民共有之遊息所ニ為シ置最前より之園丁植木屋庄八ナル者看守人ニ而居住只今ニテモ旧県令ノ別荘トテ不断来観人有之春夏秋冬来人ノ茶代ニテ相応看守人ノ所得モ有之由也又碓氷郡磯部邨者近来礦泉入浴場ト相成繁昌之地ト成リ此モ弟在任中開湯場之手始申置今日ニ至リ益々盛ニテ地価モ頗ル騰貴即弟事彼地ヲ去之後壱畝斗リ之崖地ヲ人民ノ勧メニ因リ小板屋ノ偬買入右江建増シ孫ノ三郎カ所有名前ニ致置候処世上ニハ楫取之別荘とテ評判ヲナシ実ニ当惑且井上大臣ヤ今ノ佐藤与三カ別荘と並称ニ預リテハ恥敷次第併シ弟ハ固ヨリ之持論アリテ管轄地内ニハ尺寸地モ所有不申両別荘モ弟ガ旧跡ヲ残シ呉トノ勧ニ依リテ不得已所有セリ別条拙心ハ其志ヲ明ス之誇ニ而御推量可被下候磯部村之別荘図面モ差送リ申候今般崖地江石垣ヲ致シ地ヲ坪シ候得者凡ソ弐畝斗リ之宅地ト成リ地価ハ現場取引上三百円位建物と下地ノ分候建添又〃三百円程ヲ費シ候得共家族ヲ始弟共絶而得参リ不申当節者霜葉好時節ニ而一泊ニ而モ参リ候様番人ヨリ参リ候得共其暇ヲ得不申家内共無益ノ別荘江入費ヲ懸候ヲ毎々何是位覚候又ニ条窪同様他日ハ持除シ物カと奉存候併シ持除物故同時估却候共原価ニハ相成リ可申歟此義モ御書面ニ依リ急渡申置候　草々頓首

十一月二日

楫取の持論は「管轄地内にはわずかな土地も所有しない」ということである。そして「その志を明確に示す」ことを誇りとした。手紙にあるように、楽水園は所有せず、磯部の僅かな土地も県令退任後に取得し、しかも崖地に石垣を築き、建て増しもして時価以上に出費し、楫取自身は全く得していないようだ。前出の詩の四首目に「聊茲寄素懐」と詠んで持論を披瀝《ひれき》している。他人に疑念を持たれるようなことはしない、これが楫取の為政者としての信条だった。

難治県と言われた群馬県を治めるためには、まず我が身を修め、県民の模範たらんと考えたのであろう。楫取は儒学者らしく「修身斉家治国平天下」を、群馬の地で実践した。

楫取の置き土産　臨江閣と畊堂庵

前橋公園の北にある臨江閣《りんこうかく》の新築の契機が『故下村善太郎《しもむらぜんたろう》翁と未亡人（中）』にあるので引用する。本編は、当時新聞記者をしていた豊國義孝が、明治三十三（一九〇〇）年七月から八月にかけて上州新報に掲載したものである。臨江閣については、神山武作氏から聴取したもの。

臨江閣を建てると云ふそもそもの主動者は、彼《か》の楫取県令でありまして、アノ人が元老院の議官に栄転する少し前のことで、明治十七年のことであります。或る日、楫取さんが故善太郎、大島喜六《おおしまきろく》、松本源五郎《まつもとげんごろう》、横川重七《よこかわじゅうしち》、星野耕作などの諸氏を招かれ、改めて言はるゝよう、

私も永らく皆さんの御厄介に成ったが近年は追々老衰にも及び劇務に耐え難くなったから、今度願って他の隠居役に転任させて貰ふ決心であります。翻《ひるがえ》って考ふるに私の赴任以来、当前橋町も諸君の御尽力にて追々進歩発達の功を奏したが、但《た》だ目下欠けて居る処

は若し将来高位高官の方でも来られた時に之を待遇する家屋が無い。然るに自分が楽水園（下河原にある同氏の別荘）より県庁へ往復の途次、熟々《つらつら》考ふる所に拠れば旧虎ケ淵の北方の堤上こそ、之を建築するに足る適当の場所と考へられる。就いては自分も多少の寄附はする考へなれば、各有志に於ても御奮発ありて、至急亭榭《ていしゃ》を新築するやう取計られては如何。

と云ふ相談を掛けられたそうです。スルと一同の人々も頗る賛同を表し、幸ひ該地所は三好善《みよぜん》（善太郎）の所有であったから、有志の者が一万五、六千円の金円を拠出して其の翌年、臨江閣を拵《こしら》へたのであります。何でも茶室の方の大半は楫取さんの寄附に係るものだと云ふことです。臨江閣の未だ出来上がらない一漸と新壁の出来た許りの時、楫取さんは元老院へ行かるゝことに成ったので、其の半出来の中で送別会を開かれたやうに覚えます。

楫取がこの提案をした理由は、前橋に来た高位高官を待遇する家屋がない、ということだった。思うに楫取の脳裏には、天皇の北陸東海巡幸があったのではないか。本県に行幸された明治十一年九月三日、行在所《あんざいしょ》に前橋の生糸改所が充てられた。しかし、尊皇家の楫取には、粗末な施設で恐縮したとの思いがあったと思われる。このような思いが、臨江閣新築の思いを抱かせ前述の提案になったと想像する。転任に際して、置き土産として新築しようとしたのであり、在任中に新築しなかった点に、楫取の無欲恬淡《てんたん》な面が現れている。

前橋市民の送別の辞

楫取は明治十七（一八八四）年七月三十日、群馬県県令から元老院議官に転任。県令在職中の事務引き継ぎとして、八月五日から十七日まで、群馬県に滞在した。この間少なくとも二回、送別会が開かれ、送別の辞が送られた。

八月十日の送別会は、楫取を慕う身近な人々が催したもので、次の送別の辞が送られた。『楫取素彦と幕末・明治の群像』「前橋某等送別の辞（楫取素彦あて）（楫取能彦氏蔵）」から引用する。

旧《もと》の我県令正五位楫取君閣下、今や将《ま》さに任を転じ去て中央政府に入らんとす。某等《それがしら》斯《こ》に聊《いささ》か祖筵《そえん》を設け、謹て別に餞《せん》するの意を表す。回顧すれば、曩《さ》きに閣下の来て我県を治せらるるや、首として産業を興起し、学事を奨励し、治績大に挙る。抑《そもそ》も上野の俗たる古へより称して頑獷《がんこう》治め難しと做《な》す。閣下の来て県治を施さるるや、一に至誠を推《お》して人心に及ぼし、寛裕以《もっ》て下に臨む。民その徳に化せらるるもの、茲《ここ》に年あり、某等亦その余沢《よたく》に浴し、以て今日の康寧《こうねい》を得るに至りしは、深く感激する所なり。今や閣下将さに中央政府に入らんとす。閣下に於ては光栄賀すべきも、某等衷心洵《ちゅうしんまこ》とに追慕に堪へざるものあり。然《しかり》と雖《いえど》も斯の行実に国家の公事《くじ》に係れり。人民の私情豈《あ》にこれを沮止《そし》するを得べけんや。只須《ただすべか》らく今後益《ますます》協睦《きょうぼく》以てその業に勉め、我県民の福祉をして将来に昌盛《しょうせい》ならしむべきのみ。是《これ》閣下の恩且《か》つ徳に酬《むく》ゆる所以《ゆえん》のものなり。今日別に臨む、未だ所思《しょし》の万一を尽くす能《あた》はず。冀《こいねがわ》くはこれを諒せられんことを。時方《ま》さに炎熱、閣下請ふ、自愛せよ。某等頓首

明治十七年八月十日

八月十六日、事務引き継ぎが終わった日、未完の臨江閣で楫取の送別会が開かれた。前橋市民有志とあるので、広く呼びかけられ、多くの人々が参集した。楫取に送られた送別の辞である。群馬県立文書館蔵の『楫取県令訣別の辞』から引用する。

地方治民ノ任古《いにしへ》ヨリ最モ難《かた》シト為ス、蓋《けだ》シ其職タル、上《かみ》政府ノ意ヲ体シ下《しも》人民ノ情ヲ達ス、而《しか》シテ其一挙手一投足ハ親ク衆庶《しゅうしょ》ノ瞻仰《せんぎょう》スル所、実ニ之ガ休戚《きゅうせき》ノ繋《つな》ガル所ナリ、其任亦重カラズヤ、楫取君閣下曩キニ明治七年出テ旧《も》トノ熊谷県ニ令タリ、尋《つい》デ該県ヲ廃セラルゝヤ、移テ、我ガ群馬県ヲ治セラル、爾来《じらい》歳ヲ閲《けみ》スル事茲《ここ》ニ十一、治化洽《あまね》ク熙《お》コル、按ズルニ上野ノ国タル、旧来小諸侯各所ニ分立シ、加フルニ幕府旗士ノ給地アリ、故ニ、犬牙《けんが》相接スルノ所ト雖ドモ、大ニ人情風俗ヲ異ニシ好悪各同シカラズ、之ヲ統一シテ治ヲ施ス、極メテ易シトセザルナリ、閣下本県ニ令タルヤ、善ク時勢ノ赴ク所ヲ視、人心ノ嚮《むか》フ所ヲ察シ、勧業ニ教育ニ水利ニ土功ニ措置其宜シキヲ得、粲然《さんぜん》トシテ面目ヲ改メザルハナシ、然リト雖ドモ、興《おこ》ス所ハ興サゝル可ラザルノ利ナリ、除ク所ハ除カザル可ラザルノ弊《へい》ナリ、決シテ無要不急ノ挙ナシ、是《ここ》ニ於《おい》テ乎《か》、各殊ノ民情大ニ平カニ野ニ怨嗟《えんさ》ノ声ヲ聞カズ、閣下治民ノ任亦尽セリト謂《い》ツベキ哉《や》、今ヤ元老院議官ニ栄転セラレ、将サニ明日ヲ以テ駕《が》ヲ発セラレントス、某等誠ニ閣下ノ恩沢《おんたく》ニ浴スルヤ久シ、情豈《あに》別離ニ忍ブベケンヤ、然レドモ是レ公事《くじ》ナリ、復奈何《またいかん》トモス可ラズ、謹テ斯ニ別ニ餞シ聊《いささ》カ鄙言《ひげん》ヲ呈ス、嗚呼《ああ》国家ノ閣下ニ待ツ所其責猶重シ、冀《こいねがわ》クハ為《ため》ニ自重セヨ、前橋市民有志某等頓首

明治十七年八月十六日

二つの送別の辞に共通することは、楫取の県治を賞賛している点。その一つは楫取の統治姿勢である。「至誠を推して人心に及ぼし、寛裕《かんゆう》以て下に臨む」とあり、楫取の心構えが、至誠・寛裕であったこと。第二は、「時勢と人心の動向を察して、勧業、学事、水利、土功《どこう》」に取り組んだと、楫取の措置が適切だったこと。第三は、県民が徳化され、民情が平穏になったことである。

これらの変化は、正に楫取の人徳、先見性、洞察力によるものと考える。大久保の抜擢が適切だったことを裏付けている。

臨江閣（前橋市）

利根川に臨む臨江閣

明治十七（一八八四）年九月に完成した臨江閣は、木造二階建て、入り母屋造り、瓦葺き屋根の和風木造建築。利根川に臨むところから、臨江閣と名付けられた。現在玄関車寄せにある「臨江閣」の額は楫取が揮毫した。昭和六十一（一九八六）年三月七日、群馬県指定重要文化財に指定されている。

指定後の保存修理の際、一階の座敷「一の間」の床下地中から、五個の甕《かめ》が発見された。さらに、この座敷の床板が、他の部屋の物よりも厚いことが分かった。これらのことから、この座敷は能舞台を兼ねた造りになっていることが判明。しかし、能舞台が設けられた経緯は、定かではない。楫取の存在を指摘し、楫取の意向が反映されたと考える見方がある。（上毛新聞　平成二十年五月十九日）

寄付で建てられた茶室

茶室は臨江閣に遅れること二カ月の十一月に完成した。木造平屋建て二十一坪、瓦葺き屋根で、楫取と県庁職員が資金を出し合って造った。建築は京都の茶室大工である今井源兵衛の手による。茶席は京間四畳半・本勝手・下座に床の間を持つ形式。臨江閣と同日、群馬県指定重要文化財に指定されている。

衆人の注目の的となり、片時も気を抜けない天皇他高位の人々が、ほっと一息つける私的な場所を提供すべく造った。飛び石伝いに茶室へ案内され、木々に囲まれた静寂な空間

畊堂庵（前橋市）

の中で、疲れを癒《いや》したことだろう。

建築に関わった大島喜六は能書家、絵は金井烏洲《うじゅう》の弟子で、専門家の域に達していた。歌もやれば茶道もやるといったように、多方面に趣味を持った人だった。楫取は大島の茶道の弟子であったので、茶室の建築は茶道を知る楫取の発案と考えられる。

後年、楫取のお孫さんが前橋に来たとき「戦災で焼けた世田谷の自宅に茶室があった」ということを話したという。前橋を去っても、茶室で茶を飲みながら、巡り合った群馬の人々を懐かしんでいたのではないだろうか。

明治三十二（一八九九）年、皇女貞宮《さだのみや》が夭折《ようせつ》すると、楫取は宮中を辞して防府三田尻岡村に隠棲《いんせい》した。村田輝夫氏の会誌『佐波の里』二十四号「楫取素彦（小田村伊之助）」によると、楫取は迫戸町《せばとちょう》に茶席を作り、美和子夫人と共に、毛利元徳等の賓客を迎えては歓談した。

臨江閣の落成式

臨江閣は明治十八（一八八五）年三月二十日、楫取も出席して新築落成式を迎えた。みやま文庫八『明治あれこれ』掲載の三月二十七日発行の「郵便報知新聞」にこの時の様子を伝えた記事がある。

臨江閣（前橋市）

前橋通信　去る二十日当前橋の臨江閣落成式を行へり。相会せしは旧県令なる楫取元老院議官並びに県会議員、各会社員、銀行頭取、官吏、豪商等無慮《むりょ》三百余人にて楼上楼下に国旗を掲げ、球灯を点じ、午後二時頃より夜十一時頃まで利根河原に於て数多の花火を打揚けしなど中々の盛大なりし。

盛大に落成式が挙行されたようで、楫取や善太郎達は、旧交を温めながら、歓談したことだろう。

その後臨江閣は、明治二十六（一八九三）年十月二十日から二十二日にかけて、近衛師団小機動演習展覧のため、本県に行幸した明治天皇の行在所になった。誇りを持って天皇を迎えた前橋市民の顔が浮かぶようだ。

臨江閣本館一階の内部

茶室の席名は畊堂庵《こうどうあん》

時代はずっと下って、平成十九（二〇〇七）年十月二十三日、前橋市は、この茶室の席名を

「畊堂庵《こうどうあん》」と命名したと発表した。楫取の功績をたたえて、彼の雅号、畊堂から取った。平成二十（二〇〇八）年三月に開幕した「全国都市緑化ぐんまフェア」では、市内の茶道会等により茶会が庵で催されている。同市によると、建設当初から名称はなく、昭和五十七（一九八二）年に有志らの懇話会から、「畊堂庵または畊堂亭」との案が出されたが立ち消えになっていたという。同フェアに向けた整備・補修事業を契機に再び茶室にスポットが当てられ、今回の命名に至った。席名の揮毫は、楫取のひ孫で第十六代拓殖大総長を務めた小田村四郎氏（八十四歳）が行った。席名は、同フェアに伴う前橋公園整備で、新設した露地門に木製額として掲げられ、直筆の書は軸装、額装して茶室内に保存されている。

畊堂庵の茶席

こぼればなし

群馬県庁、元々は高崎だった

現在の群馬県が設置された時、県庁は高崎とされた。県令の楫取が高崎に赴くと、全役人が入って執務できる建物がなく事務処理に支障を来した。また、県庁を置けるような空地もなかった。物価も値上げして、楫取は困っていた。このことを聞きつけた前橋の下村善太郎は、県庁舎や官員住宅を提供する、師範学校や病院を設置する、物価の値上げをしない等の条件を示して、県庁を前橋に移すよう懇願した。楫取は、この条件と下村達の熱意に心を動かされ、移庁を決意し県民に知らせた。これに驚いた高崎町民は、元通り高崎に置いて欲しいと、嘆願書を出したり、前橋に移した経緯について説明を求めたりした。楫取は、「今は地租改正に際して事務多端なので、仮に前橋に県庁を置くけれども、その事務がきちんと片付けば、高崎に必ず戻す」と言って、高崎町民の動揺を収めたようである。

しかし、五年後、楫取が前橋を本庁位置に改定したいと、政府に申し出たところ認められた。これを知った高崎町民は、衝撃を受けて、県庁奪還の抗議運動を起こした。高崎町民代表は、楫取と面会して「高崎に戻す」と約束したと主張し、楫取は説明はしたが約束はしていないと主張し、両者の主張は水掛け論となった。楫取の弁明に納得しない町民代表は、数百人を動員して県庁に押しかけた。一方県庁では、陸軍省高崎営所へ電報で出兵を依頼する文案を準備するほどだった。このような大騒動に発展したのは、楫取の当初の発言にあったと言わざるを得ない。このことは尾を引き、大正五年に県会議事堂の新築場所をめぐって、再度県庁の移転問題が再燃したのである。トップの発言がいかに重いかを物語る一例である。

第五章

松陰の妹――二人の妻

糟糠の妻・寿の介護

楫取は熊谷県権令に就任した頃から、寿の持病の胸病を気に掛け、医師の治療を受けさせていた。楫取の義兄杉民治へ宛てた手紙、萩博物館蔵『楫取素彦書簡（杉民治あて）』に、寿の病状を知らせる記述が度々見られる。

明治七（一八七四）年七月一日付手紙には、「阿久も宿疾差起候由」

熊谷県権令昇任を知らせる七月二十九日付、「去々月より阿久胸痛相悩一時ハ劇痛相苦」

明治八（一八七五）年七月三日付、「阿寿モ宿痾発作候得共直ニ手當向為致目今ハ平快」

明治九（一八七六）年四月二十日付、「阿久儀モ去月来相煩一時ハ相気遣候得共」

明治九年八月二十五日付、「阿寿も先ツ無別条御案思被下間敷候」と、穏やかな状態にあったようだ。

しかし、『妙好人楫取希子の傳並に其遺言書』によると、明治十（一八七七）年四月頃、寿は中風症に罹った。

明治十年五月十日の手紙から引用する。

阿久回春尤手足ハ今ニ本ニ復シ不申
気分者最早平日同様風呂江モ日々抱
キテ為被入候看護モ醫者ハ尤深切醫

楫取素彦の妻寿の写真
（藤岡市　西蓮寺所蔵）

生ハ一人食客ニ入込居候日々エレキ相用薬剤モ横濱より精良之品斗り取入為飲来月中ニハ東京邸江差出シ粂二郎許ニ於養生為仕候積リ且ツ外国人之醫師ニモ診察ヲ乞度候

さらに一週間後、十六日の手紙には、次のようにある。

阿寿気分ハ先ツ平生ニ復シ飲食モ地道ニナリ只々手足ノ神経今ニ廻リ不申起居大小用共輿ヒテ通ヒ申候尤先日より風呂江ハ為入候処至極気分ノ為メ宜敷毎日醫師両度見廻エレキヲ頻リニ用ヒ申候〈略〉阿久モ来月ハ東京邸迄連行保養為致度候〈略〉阿久出京モ手足不叶故奥高ニハ候得共利根川筋小蒸気船ヲ買切候乎又ハ前橋迄ノ馬車ヲ買揚候乎ニテ出京為致度候

この手紙にあるように楫取は、中風で手足が不自由になった寿を、日々抱いて風呂へ入れたり、起居、大小用共担いで行ったりして、寿の介護に献身的に当たっている。それに医師には往診を頼んでエレキを用いたり、横浜から精良の薬剤を取り寄せたりするなど、出来る限りの治療を受けさせている。さらに保養のため東京へ連れて行く手段として、利根川を運行する小蒸気船にするか、東京前橋間を往復する馬車を使おうかと思案もしている。

結婚以来苦楽を共にし、窮地に陥る度に自分に尽くしてくれた寿を思えば、当然のことだったろう。糟糠《そうこう》の妻寿への愛情、感謝の気持ちが、いかに深かったかが察せられる。

寿の死

明治十一（一八七八）年十二月頃、『妙好人楫取希子の傳並に其遺言書』によれば、寿は、息子二人の嫁、多賀子《たかこ》（希家《ひさいえ》夫人）、美寿子《みすこ》（道明《みちあき》夫人）の二人に遺書を書いて後事を指示した。同書によれば、明治十三（一八八〇）年東京に移った寿は、十一月になって胸膜炎を併発。楫取はこの頃まで東京にいたが、年末で仕事も多くなって群馬県に帰った。寿は、夫の帰県が永遠の別れになるであろうと覚悟したが、夫の公務を妨げてしまうことを心配し、その表情も見せなかった。その後病がますます悪化したため、子供達は楫取にその事を知らせようと言ったが、寿は重い頭を振って、「今や、わらはが死生は私事なり、年末の御用は公務なり、私事のために公務を妨げて何にかせん」と言って全く聞き入れなかった。

遺書を見せて後事を指示する寿
「瑞華叢譚」 曽我智教著 明治15年7月発行 （国立国会図書館所蔵）

正に吉田松陰の妹、気丈な寿である。兵学師範を務める吉田家を継いだ松陰が、叔父玉木文之進から教えを受けていた時の逸話がある。松陰が玉木の前で勉強している時、蝿が顔に止まったので何気なく顔を掻いた。ところがそれを見た玉木は、「それでも侍の子か」と、烈火の如く激怒して松陰を殴り倒し、「松陰には学問をすることは公務であり、顔を掻くことは私事である。私事を許せば私利私欲を貪る大人になる」と説いた。母・瀧からこの逸話を聞いていた寿の胸中には、このような玉木叔父の言葉が去来していたのだろう。

臨終の前日明治十四（一八八一）年一月二十九日、死期を悟った寿は、身体を洗って髪を櫛で整え着替えた。翌三十日午前七時、親戚や居並ぶ知己の人々に、落ち着いて厚く介抱の礼を述べ、端座合掌《たんざがっしょう》して往生した。最愛の妻を失った楫取の悲しみは、いかばかりか筆舌に尽くしがたい。享年四十三歳、法名を「心月院貞松玉映大姉『松陰先生にゆかり深き婦人』」、寿の写真の裏には「心月院釋貞照玉英大姉」とあり、贈り名を心月と言う。心月には、月のように澄みきって明らかな心、悟りを開いた心という意味が込められている。まさに夫を支え続けてきた寿にぴったりではないだろうか。

二月二日の午後、東京麹町平川町にて葬式を行い、青山墓地に葬られた。この時、楫取五十三歳の目前だった。

寿を追慕

明治十四（一八八一）年五月八日付、杉民治宛ての手紙によれば、楫取は寿を東京青山の墓地に残して群馬に帰った。長男の希家夫婦は、寿の衣類や手回りの道具を前橋邸に持ち帰った。その中でも楫取は、臨終まで着用した衣類を、そのまま手元に置きたかった。しかし、襟垢《えりあか》が付いたままでは、梅雨になれば黴《か》びてしまうのでやむなく洗濯した。この事は楫取にとっては、誠に惜しく、とにかく涙の種であった。また、楫取が村々を回る時、寿が生きていた頃は、留守中の取締は何も心配なかったが、寿亡き後はそうもいかず、内助の功の大きさに気づくのだった。

希家夫婦が東京へ帰り、一人になってしまった楫取は、何につけても寿のことを思い出すばかりで、深い悲しみに沈んでいた。

百箇日の五月九日には、前橋邸に小野島《おのじま》行薫《ぎょうくん》を呼んで読経、寿が日頃から好んでいた料理を出して、内輪の小法会を催した。

楫取は七月に心月の新盆の法要を行う。昨年のこの頃は、お盆や仏事の世話をしてくれていたのに、人生はまさに朝露の如しとしみじみ思う楫取。心月が生前愛用していた器や皿などを並べたり、嗜好品を集めてお供えしたりしても、真に儚《はかな》いものと希家共々悲嘆に暮れた。東京の次男道明には、毎夜墓参し灯明を上げさせたり、墓地の周りに心月が好きだった秋の七草を植えさせたりもした。

楫取寿の墓（東京・青山墓地）

楫取は心月を恋しく慕う気持ちを慰めたいと、心月の小伝の撰文をしたいと思っていた。墓石も今年の盆までに建てられるよう、墓碑や台石の研磨も仕上がっていたが、碑陰の文を調べたいと思い付き、しばらく建てるのを見合わせていた。石は伊豆の国からわざわざ切り出したもので、随分と立派なものである。石工《いしく》達によれば、青山墓地に立てられれば、大久保内務卿、野津中将に次ぐという。心月の碑陰記は、八月初旬までには出来て、撰文を民治に送って意見を求めている。

楫取が九月に建てた墓碑は、現在も青山墓地に屹立し、長い年月を経て、黒く風格を感じさせるものとなっている。墓碑には「従五位楫取素彦妻杉氏墓」とあり、碑陰には次のように、楫取の文が刻されている。

君名比瑳舊山口藩士杉常道弟三女年甫十六嫁余余家固貧君任内事拮据尤勉既而擧二男時際徳川氏季世天下多故余奉藩命奔走東西不遑寧處而君鞠二児大小家事皆身任之君兄吉田義卿獲罪幕府幽於杉氏日集親戚子弟講尊攘之義君在側喜聴其説甲子之變藩議鼎沸大起黨錮之獄余座下獄姻戚畏禍莫敢存問君爾然獨立倍信余輩所為尋幕府大擧討伐毛利氏余奉使在廣島為幕府所拘方比時國内戒厳日夜修戦脩君在山口激勵族戚従事兵馬無幾幕府解兵余亦釋還閲歳有戊辰之役大政一新余奉職地方乃携家遷群馬縣君軆質薄弱久病胸膜医臼此若齢苦神所致在辱五年以本年一月三十日没享年四十三法諡曰心月葬東京青山之墓地君疾自知不起集子婦指畫後事易簀前日命湯沐更衣服至病舊言語自若端坐而逝嗚呼悲哉所生二男長希家継小田村氏次道明承楫取氏　明治十四年辛巳九月　山口縣楫取素彦誌

上毛龍雲不可得謹書

進藤鑾齋刻

意訳

君の名は比瑳（寿）、旧山口藩士杉常道の第三女（二番目は早世）。年齢がやっと十六（実は十五）になったばかりで私に嫁いだ。私の家はもとより貧しい。君は家事を任せられ、せわしく働き、とりわけ励んだ。暫くして男子二人を産んだ。時代は徳川氏の末の世で、世の中事件が多かった。私は藩命で、東西を奔走し落ち着いていることがなかった。

しかし、君は二児を養い、大小の家事を自ら担った。君の兄吉田義卿は、罪を獲て幕府に幽閉された。杉氏は日々親戚の子弟を集めて尊攘の義を講じた。君は側にあって喜んでその説を聴いた。甲子の変（蛤御門の変）で、藩論が沸騰し、當錮《とうこ》の獄が激しく起きた。私は連座して獄に下り、姻戚は災いをおそれて敢えて慰問することがなかった。君のみ然として、単独でますます我らが行動を信じた。間もなく幕府が大挙して毛利氏を討ちに来た。私は使者として広島にあり、幕府に捕えられた。

正にこの時、国内は戒厳状態で日夜戦いの準備をしていた。君は山口にあって、一族、親戚を激励し軍事に従事した。間もなく幕府は兵を解き、私もまた解かれて帰還した。一年経って戊辰の役があり、大政一新した。私は地方に奉職し、一家を引き連れて群馬県に遷《うつ》った。君の体質は弱く、久しく胸膜を病んだ。医者が言うに、この年齢まで神経を苦しめてきた結果であると。病床にあること五年、本年一月三十日に没す。享年四十三、贈り名を心月という。東京青山の墓地に葬る。

君は病み、起きられないことを知ると、息子と嫁を集め後事を指で書き示した。病床を取り換え、前日身体を洗い、着替えた。病は以前のままに、言葉は落ち着き、きちんと座って逝《い》った。ああ哀しいかな。実子は男二人、長男・希家は小田村氏を継ぎ、次男・道明は楫取氏を承ぐ。

心月の年忌

心月が亡くなって一年を迎えても、昨年のこの頃には生きていて云々などと、度々あれこれ話し、益々心月のことを思い出す愛妻家楫取だった。特に楫取の脳裏には、波乱の幕末・明治に、国事に尽くす夫を側で支え、常に無事の帰宅を祈って、あれこれ心配することが重なり、寿は心身ともに疲れ果ててしまっていたことを思うと、哀惜の念が一層募るのだろう。さらに東京の道明が昨年昇任したが、心月を喜ばせることが出来ないのを残念にも思うのである。

明治十五（一八八二）年一月三十日、心月の一周忌を東京邸で執行し、前橋では酬恩社員に仏前に茶を供えさせ、心月に縁のある人達が集まって、故人を偲んだ。

心月の三年忌には、先に逝った妻への哀惜の情を歌に込めている。以下『松陰先生にゆかり深き婦人』から歌を引用する。

　　心月院三年の忌におもひを述ぶる
今はただかひこそなけれもろともに花のうてなに住まんちぎりも
そのむかし今ごろ君にわかれしと思へばかなし朝げする時

極楽から住み慣れた家へ、一夜でよいから帰れと呼びかけた歌もある。

住なれし花の臺《うてな》もひとよだに出でたち来ませもとの住家へ

明治十七（一八八四）年一月頃にも、心月の不幸を時々思い出し、とりわけ三年前のこの頃は、病床にあったことを思い出してもいた。
明治二十（一八八七）年の七回忌には

春雨のそぼつ擔《のき》ばに七年《ななとせ》のふりし昔をしのびけるかな

八年の忌には

別れしははや八年《やとせ》にもなりぬれどきのふけふかとおもひけるかな

生前の好物を霊前に手向けて、心の思いを寿に語りかける。

ありし世にたしめる物のかずかずを手向くる心知るや知らずや

楫取が六十四歳を迎える明治二十六（一八九三）年の十三回忌には

そのかみを偲びながらにたどり行く雪に埋もれし奥津城《おくつき》の道

心月と苦楽を共にした時を思い出しながら、雪に埋もれた墓への道を踏み分け歩く楫取の姿が見えるようだ。さらに

おくれつゝなほながらへて老にけり十とせに餘る年をふるまで
としふれば君が手なれし玉くしげあけてや残るかをりだになし
たきものゝかをるけぶりに俤《おもかげ》のあらはれいづるこゝちこそすれ

何年経っても心月の面影を偲んで、哀惜の情を歌に込める楫取だった。

美和子《みわこ》との再婚

文（美和子）は、父杉百合之助《すぎゆりのすけ》の第六子として、天保十四（一八四三）年に生まれた。兄には梅太郎、後に吉田松陰と名のる大次郎の二人、姉には千代、寿、早世した艶がいる。寿より四歳年少。

安政五（一八五八）年、文は十五歳の時、松下村塾生の久坂玄瑞に嫁いだ。久坂十八歳の時だった。久坂は十四歳の時に母を亡くし、十五歳になって間もなく、僅か一週間ばかりの間に、兄と父とを亡くしている。一人だけになった久坂家を存続させるため、松陰や周囲の人が、文と結婚させたものだろう。この結果、二十九歳の小田村と久坂は、義兄弟になり、両家の関わりが深まっていく。

その初めは、小田村が五歳の次男久米次郎を久坂の養子にしたこと。久坂が文に宛てた文久三（一八六三）年八月二十九日付の手紙にその事が記されている。『楫取家文書一』「一三八」から引用する。

このうち小田村兄さまおたちのおりしもかの二男の方を養子にもらひおき候まゝみなさまへおんはかりなされておもらひなさるべく頼入候

小田村は長男篤太郎が病弱で、養育にあたる寿の負担を軽くするため、二男久米次郎を久坂の養子にし、国事に奔走《ほんそう》する久坂も、万一のことを考えて養子に迎えたと考えられる。文も姉と一緒に久米次郎を養育することで、夫のいない寂しさを紛らわすことができただろう。

元治元（一八六四）年六月五日、久坂が山口までは帰れたが、用事繁多《はんた》で萩へは立ち寄れないからと、久米次郎を山口へ呼び寄せた時の様子が、文への六日付の手紙に記されている。久坂が久米次郎に期待し、可愛がったことがよく分かる。『楫取家文書一』「一六四」から引用する。

粂二郎昨日まいり久しぶりにあいたい大によろこひ昨夜も一しょにね候粂二郎大小も大坂にあつらひおき候得共此度はまにあひ不申候いつれのぼり候上は相調早々さしおくり可申候

粂次郎は一両日とゞめおき候いかにもおとなしくあそびおり候御あんもしなさるへく候

ところが久坂は、一ヵ月半後の七月十九日、「蛤御門の変」で大敗し自刃して果てた。この時久坂は二十五歳、文は二十二歳だった。

文や寿達の深い悲しみが癒《い》えぬ内、小田村は俗論党の粛清により、十二月十九日、野山獄に投獄された。文は、剛胆な寿に連れられて獄に行き、食事などの提供に協力した。

翌慶応元（一八六五）年二月、高杉達の正義党が俗論党を排斥し、小田村は二月十五日出獄した。この頃小田村が文を詠んだ歌の草稿が『松陰先生にゆかり深き婦人』にある。

久坂義助（玄瑞）身まかりて後一とせを過ぎ春も半ばになりぬれど、残りし妻のはたちにも足らぬ少女ながら、貞節を守りて来し方を嘆き、疾《やまひ》にうち伏しければ、徒然を慰めんとて

しづたまきくりかへすらん青柳の糸の乱れにむかししのびて

姉の看病

久坂の亡き後、文は実家の杉家で、老父母、兄夫婦と共に過ごしていた。この間一時は藩に要請されて、最後の藩主である毛利定広の長男、元昭の守り役を務めている。文が定広に信頼されてのことであろう。文が名を美和子と改めたのはこの頃だろう。

楫取が熊谷県権令に就任した明治七（一八七四）年頃から、寿の体調は徐々に悪化して行ったようである。そのため楫取は、病気がちな寿の面倒を見て貰うため、美和子を前橋や東京に度々呼び寄せた。楫取が民治に宛てた手紙『楫取素彦書簡（杉民治あて）』にそのことが度々記されている。

・明治九（一八七六）年十月二十九日
今般阿三和氏帰県ニ而一筆相呈候〈略〉

・明治十（一八七七）年五月十六日
阿三和殿出京モ何時ニテモ宜敷候〈略〉阿久モ来月ハ東京邸迄連行保養為致度候〈略〉爾後阿三和殿仕候〈略〉阿三和殿ハ来ル六月ニ入リ被登候様相待申也
・明治十年五月二十七日
阿久モ孫対面旁出京為致度〈略〉阿三和殿ニモ六月中ニハ何卒御出被下候様相待申候

楫取や美和子の手厚い看護も虚しく、寿は明治十四（一八八一）年一月三十日午前七時、知己の人々に厚く介抱の礼を述べ、端座合掌して往生した。享年四十三歳、楫取はこの時五十三歳。

白根《しらね》多助《たすけ》が仲介か

楫取は、寿が亡くなった三カ月後の明治十四（一八八一）年五月八日、民治への手紙に心情を吐露している。

回村共申候節阿寿存在スル時ニ候得ハ、仮令《たとえ》東京ニ滞留候テモ留守中之締ハ心配モ無之候処、同人不在之人トナリシ以上、留守中モ頗ル懸念、加之希家夫婦帰県候共、同シク締リ方行目ニ行不申様覚申候、後宴の事大津唯雪之説モ有之一通リハ尤ニ候得共、只今ニテハ迚モ阿寿之後任ヲ負担シテ小生ノ気ニ入ル者ハ有之間敷候、むしろ侍婢《じひ》ト思ひ候時ハソレ丈之心持ニテ、使令《しれい》モ原来雇人視候故、物毎行目ニ不行トモ自分ニ落出候也、他日只々後

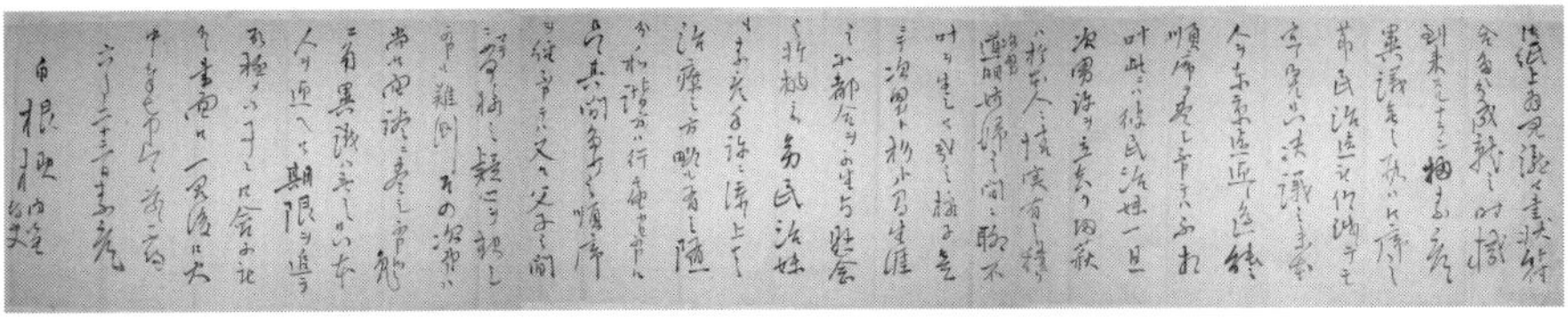

楫取が白根に宛てた手紙「白根家２」（埼玉県立文書館所蔵）
明治14年６月23日付の手紙。

任トナルベキ婦人有之ハ格別、尤モ無之時ハ凡《おおよそ》終トナル一生故侍碑
ニテ済セ可申、毎々癖情申進御哭被下間敷候

目下のところ、とても寿の後任が務まり、私の気に入る者はいないでしょう。何時の日か、後任となれる婦人がいれば格別です。居なければ、侍婢で済ませることにしています。寿が亡くなって今更ながらその存在の大きさを痛感し、途方に暮れあきらめにも似た心情が察せられる。

この手紙を読んだ民治は、実母・瀧に伝え、二人は楫取の心情を慮《おもんぱか》って、美和子を後添いにと考えたのではないだろうか。そして、民治は、埼玉県令白根多助を介して、楫取に意向を伝えたのではと考える。

楫取が白根に宛てた六月二十三日付の手紙は、その返答ではないか。『埼玉県立文書館紀要第十八号』「白根家二」から引用する。

素彦ニ異議無之段ハ、御序《おついで》之節民治迄被仰越候テモ宜候得共、只決
議之末本人ヲ東京迄迎候辺、能々順序ヲ尽シ不申テハ不相叶、此ニハ
彼民治妹一旦次男許ヲ立去り、帰萩ハ於本人ニ情実有之積り、次男道
明姑婦之間ニ聊《いささか》不叶ヲ生シ候哉之様子、是ニテ次男ト杉トノ間生涯
之不都合ヲ可生と懸念之折柄ニ付、旁《かたがた》民治妹モ素彦手許ニ添候上は、
治療之方略モ有之、随分和諧《わかい》方ハ行届力セ可申候、只々其間多少之順
序ヲ経不申テハ又々父子之間ニマデ如何様《いかよう》之疑心ヲ起シ可申モ難測、

その次第ハ尚御面談ニ尽シ可申候、兎ニ角異議ハ無之、只本人ヲ迎ヘ候期限ヲ追テ取極メ候事ニ御含可被下候、書面御一見後、御火中奉希上候、草々不備

意訳

素彦に異議が無いことは、ついでの時に民治まで話されても宜しいけれども、三人の意見が一致して、本人を東京へ迎えることについては、念には念を入れ手順を踏まなければ、思うようにはならないと思います。これには、民治妹が一旦次男の元を立ち去り、萩の実家へ帰ることは、本人にとっても偽り無い気持ちと想像します。次男道明と義母（美和子）との間に、困ったことがあったようです。これが原因で次男と杉家との間に、一生の不都合が生じやしないかと心配していた時なので、いずれにしても民治妹も私の手元に添わせた上は、手立ての方略もあり、可能な限り和諧《わかい》については気を配ります。ただそれまで多少の順序を経なくては、またまた父子の間にまで、どのような疑心を起こすかも予測できません。その順序は、ご面談の時に全て話します。兎に角異議はありません。ただ本人を迎える期限を今後取り決める事を含んで置いてください。書面一見後は、火中へお願いします。

この文面の「異議無之」から、楫取は美和子を後添いとして、東京へ呼び寄せることに、異存は無かったようだ。しかし、義母と次男との間にすれ違いがあって、まずは久坂家から萩の杉家に戻るという手順を踏む必要があると考えていた。

七月二十日付の楫取から民治宛ての手紙『楫取素彦書簡（杉民治あて）』に、次のようなことが記されている。

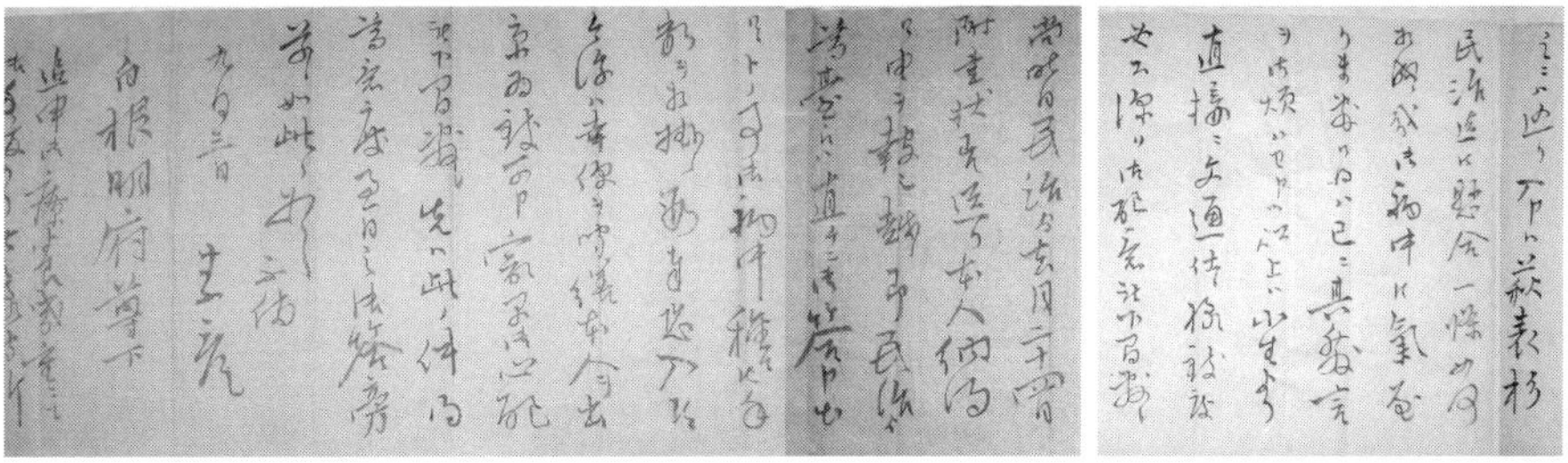

楫取が白根に宛てた手紙「白根家１」㊨　明治14年８月９日付の手紙。
楫取が白根に宛てた手紙「白根家13」㊧　明治14年９月３日付の手紙。
（埼玉県立文書館所蔵）

当地（前橋）ハ新暦盆会ニテ心月祭典モ為相済
阿三和子より之書状も落手候段御申伝可被下候

楫取は美和子からの手紙を受け取ったことが分かる。しかし、内容は全く分からない。八月九日付の楫取から白根宛の手紙に、「民治に掛け合った一件はどうなっていますか。私から直接文通するようにしたい」と、書き送っている。白根は病気療養中なので、美和子を後添いに迎える端緒《たんしょ》を開いてもらってあるので、後の交渉は自分でするという焦りが感じられる手紙である。この文面から想像して、美和子の手紙は、楫取が納得するような内容ではなかったと思われる。「白根家文書一」から引用する。

萩表杉民治迄御《お》懸合《かかりあい》一條《いちじょう》如何《いかに》相成候哉、御病中口気ヤカマ敷候得バ、已ニ其発言ヲ御煩ハセ申候以上は、小生より直接に文通仕候様致度、必ス深ク御配意被下間敷候

美和子、楫取の元へ

明治十四（一八八一）年九月三日付、楫取が白根に宛てた手紙によると、八月二十四日付の民治からの手紙で、美和子が納得したことが報告されている。さらに、今後は都合の良い時を聞いて、本人を出京させるとも記している。『埼玉県立文書館紀要第十八号』「白根家文書十三」から引用する。

昨日民治より去月二十四日附書状差送リ、本人納得候由ヲ報シ越候、即民治より尊臺《そんだい》江ハ直チニ御答申出候トノ事、御病中種々御手数ヲ相掛候段奉恐入候、今後ハ幸便ヲ聞繕《ききつくろい》、本人ヲ出京為致可申、最早御心配被下間敷候、先ハ此ノ件得尊意《そんい》度、過日之御答旁

美和子の決断の背景には、実母・瀧《たき》の勧めがあったという。『松陰先生にゆかり深き婦人』に次のようにある。

明治十四年には楫取素彦に嫁して居た姉の希子が亡くなって、次第に老境に向ふ夫と二人の遺子とが淋しくもそのあとに残されたので、実家の母瀧子は孫達の不便さや、素彦の身辺を案じて、美和子に姉の後を見るやうにとの懇ろな諭しがあったが、〈略〉

翌十五（一八八二）年一月三日付、楫取から民治へ宛てた手紙に、美和子が前橋に来てだんだ

んと歩み合ってきていると記されている。何時来たかは書いてないが、年末頃だろう。美和子の実母・瀧には、娘が前橋に来て、話し相手を欠いてしまったことと想像しますと、思い遣ってもいる。『楫取素彦書簡（杉民治あて）』から引用する。

　当地阿三和来着後追々折合〈略〉只阿三和不在ニ而種々御間《おあい》ヲ欠候事共想像罷在候

一方心月の一周忌が近づき、昨年のこの日はこの世にいたのになどと、益々心月のことを思い出す楫取。

萩の民治や瀧を気遣ってか、十日後の一月十三日にも、楫取は民治へ手紙で、美和子と次第に折り合っていること、心月一周忌のことを書き記している。『楫取素彦書簡（杉民治あて）』から引用する。

　阿三和モ次第ニ折合候間必ス御省念下度、〈略〉本月三十日ニハ心月一周忌ハ於東京邸執行

さらに五月二十一日の手紙でも、美和子の心境を知らせ、心配は無いと書き送っている『同』から引用。

　見和殿モ当分東京ハ絶念之由反テ案入候北堂侍養ノ為メニハ可罷候得共此地滞留中心配南ク被懲候共ニハ無之歟宜シク御申傳可被下候

美和子入籍

楫取は明治十六（一八八三）年三月二十三日付の手紙を民治から受け取った。それには、楫取が待ち続けた「美和子入籍承諾の旨」が書かれていた。四月十三日、楫取は民治へ返事を書いた。『楫取素彦書簡（杉民治あて）』から引用する。

> 阿三和モ本月出立帰県候様子、今日ハ別シ而御分袂《ぶんべい》之離情萬緒《ばんちょ》与想像申候〈略〉
> 北堂君先日ヨリ咽喉狭窄云々〈略〉此際阿三和御離別ハ殊更難、御帰次第何卒一層御念ヲ被入様奉存候〈略〉
> 阿三和送籍モ御運被下安神仕候〈略〉
> 阿三和帰京ヲ待チ、一同帰県申度相考候処江、県会開設中拙生不在ニテハ決ヲ取ルニ込マリ候トテ緊敷帰県ヲ促シ来リ過ル九日帰任、阿三和東京迄帰リ候得ハ道明ニ同行罷来候様托シ置候而東京ヲ去リ申候
>
> 四月十三日　素彦

この手紙によると、美和子は、萩にいて実母の看病に当たり、四月には群馬に帰る予定のようだった。一方楫取は、三月三十日、用事で東京へ出て、美和子が帰京するのを待って一緒に群馬に帰るつもりでいた。しかし、県議会が開会中で、楫取が不在では議決できないので、厳しく帰県を促され、九日に帰県した。美和子が東京へ帰ってきたら、道明に同行させて帰県させようと

考えていた。このように美和子への対応を細々と書き送り、杉家の不安を払拭しようとする楫取の配慮がうかがえる。

美和子が群馬に戻り、五月三日、美和子は入籍した。この時、楫取は五十五歳、美和子は四十一歳。明治十四年五月以来、丸二年間の時間、熟考を経ての美和子の決断だった。

涙袖帖《るいしゅうちょう》

楫取は美和子との結婚を契機に、久坂玄瑞が文に宛てた手紙を整理・装幀《そうてい》して、「涙袖帖《るいしゅうちょう》」と名付け三巻にまとめた。「楫取家文書一」には、久坂が妻に宛てた手紙二十一通がある。久坂の手紙を読む度に、袖に涙する美和子を慰める意図があってのことだった。美和子は生涯この涙袖帖を離さなかったという。

こぼればなし

部下を信頼させた献身的介護

楫取は公務多忙にもかかわらず、麻痺のある寿を献身的に介護した。中々出来ないことである。楫取は本当に思いやり深い人であることが分かる。

楫取の部下は、この献身的な姿を見たり聞いたりして、トップとして信頼に足る人物であると、確信したのではないだろうか。また、美和子も楫取の姿を見ていて、楫取を信頼して再婚を決意したのではないかと思う。

第六章　文学修行と交友

明倫館に入学

小田村は藩儒小田村吉平の養嗣子となったときから、明倫館の儒学の指導者となることを運命づけられていた。弘化元（一八四四）年九月、十六歳になった小田村は明倫館に入学し、文武の修行を開始した。

長州藩の儒者には藩主や上役の求めに応じて、漢詩文を作ったり、読み書きしたりする能力が求められていたようで、そのため文学の修行には人一倍努力した。

安積《あさか》艮斎《ごんさい》塾に入門

小田村は嘉永三年（一八五〇）三月、二十二歳の時、大番役のため江戸藩邸へ派遣された。早速四月二十一日には、艮斎塾に入門していることから、派遣のもう一つの目的は文学修行にあった。この時の艮斎塾は、九段坂下俎橋《まないたばし》の南にあった。この橋は現在も千代田区の靖国通りにある。

艮斎はこれより少し前の三月二十八日、昌平坂学問所の教授に就任した。艮斎六十歳の時だった。小田村は当代一流の儒者艮斎のもとで、文学の本格的な修行を開始した。

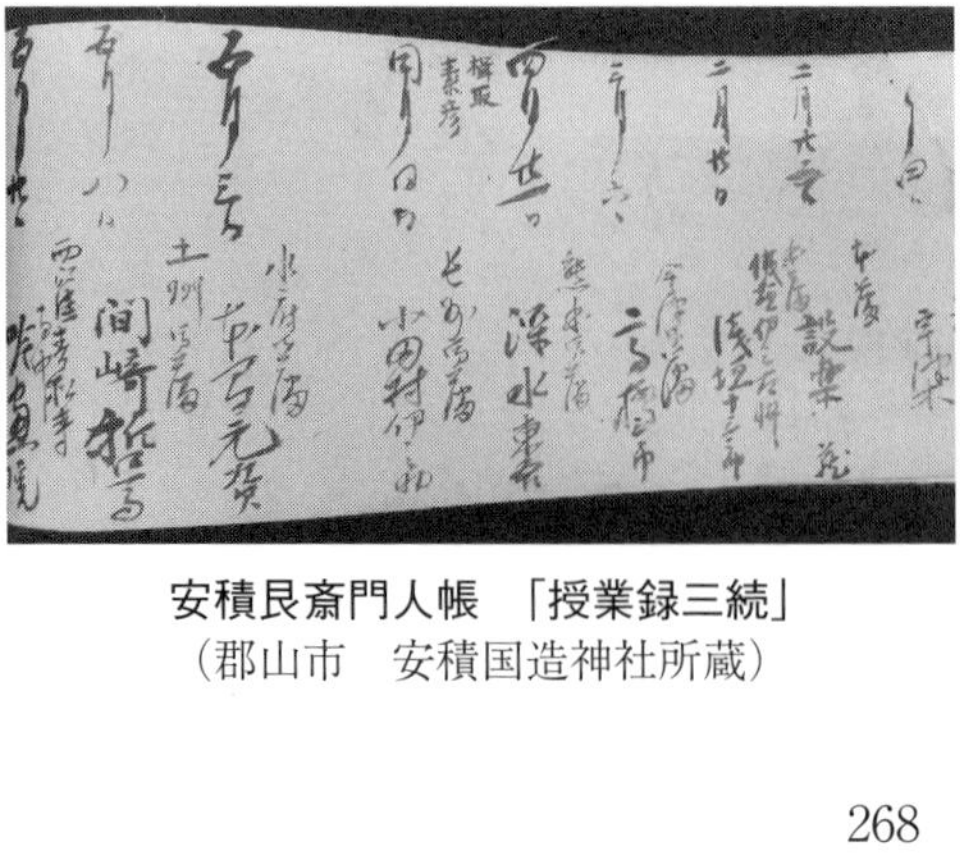

安積艮斎門人帳　「授業録三続」
（郡山市　安積国造神社所蔵）

安積艮斎の門人帳には、次のように小田村直筆の署名がある。（安積艮斎門人帳『授業録三続』＝安積国造神社所蔵）

四月廿一日　熊本御藩
深水東吾
同月同日　長州御藩
小田村伊之助

安積艮斎とは

安積艮斎肖像画＝椿椿山画
（郡山市　安積国造神社所蔵）

艮斎は寛政三（一七九一）年三月二日、福島県郡山市清水台に鎮座する安積国造《あさかくにつこ》神社の第五十五代宮司・安藤親重の三男として生まれた。名は重信《しげのぶ》、略して信《しん》とも記す。字は思順《しじゅん》、通称は祐助《ゆうすけ》、号は艮斎《ごんさい》という。

十七歳の時、学者を志して江戸に上り、佐藤一斎《いっさい》、林述斎《じゅっさい》に入門した。八年間の猛烈な努力により、学問を大いに進歩させ、文化十一（一八一四）年、二十四歳にして私塾を開いた。嘉永三（一八五〇）年三月二十八日、六十歳の時昌平坂学問所の教授に就任した。艮斎は、私塾及び公教育において、四十七年間にわたり、二千二百八十二人の門人を指導育成した。

艮斎は、朱子学者ではあったが、朱子学を権威化したり、絶対化したりしていたわけではない。その思考法はかなり柔軟で、朱子学と対抗してあらわれた陽明学に対しても、無用に対立しようとせず、むしろその妥当性を認めようとさえしていた。

艮斎の文学論

艮斎は文章について「辞は達するのみ」とし、先人の字句を借りて、それをつづり合わせて満足するのではなく、自分の言わんとするところを主として、人に分かるように必要な字句を駆使《くし》すればよいと考えていた。

『安積艮齋詳伝』には、小田村の一年先輩の門人重野安繹《やすつぐ》が、艮斎に文章の添削を請うた時、艮斎は「達意の一点を勉むべし」と言い、さらに「用字用語の選択は抑末事なり」と諭したとの記述がある。

作詩の心得について、「我性情《せいじょう》を主とすれば世好を逐うべからず」とし、他人に誉められよう、世間の風潮に合わせようと思って作るものではない。他人の心に叶うようにと考えていると、却って「性情の天真」を失い、自然ではなくなってしまう。巧みであるよりも、「我が中心（心中）の誠を尽くすにしかず」と説いている。

新政府の高官となった宍戸璣《たまき》（山県半蔵）は、嘉永五（一八五二）年閏二月一日、艮斎塾に入門した。宍戸は艮斎塾に四年いて、内二年間塾頭を務めた秀才だった。ある年の春の日、宍戸は向島に花見に出かけ、「墨堤観桜」という古詩を作り、艮斎に添削指導を依頼した。艮斎はこの詩中に美人を詠んだ「金蓮歩々云々」の句があるのを見て、遊楽に溺れることを心配して、早速古詩一首を与えて戒めとした。宍戸は艮斎の深い愛に感激し、厚意に感謝したという。

小田村は艮斎から文章論、作詩論を繰り返し説かれたり、艮斎の文章や詩を鑑賞したりして、自身の文章論・作詩論を築いていった。

艮斎塾の教育内容

吉田松陰は門人帳によると、小田村に一年遅れ、嘉永四（一八五一）年四月二十五日に入門した。松陰は五月五日付、父・叔父・兄宛て手紙の中で、艮斎塾の教育内容・方法について報告している。（『吉田松陰全集　第七巻　一五』）

一　去月二十五日艮齋翁へ入門仕り候。五の日易経、八の日論語輪講討論、一の日書経講釈に御座候。討論會等も至って切実にて益に相成り申すべく相考へられ候。中村百合（蔵）・勘介・宍道恒太《しじつねたいず》孰れも入門仕り會へ出席仕り候。二の日有備館へ艮齋参り講釈仕り候。是れ亦面白く御座候。

さらに五月二十日付、兄杉梅太郎宛の書簡『同　一九』の中では、

一、會毎の多きに当惑仕り候
一の日、艮齋の書経洪範《こうはん》口義聴聞
三の日、武教全書初めの方、御屋敷内の部、有備館にて。
四の日、中庸、同前初めの方
五の日、朝、艮齋易會。継辞上傳　午後　荘原文助中庸会。中程《なかほど》
九の日、艮齋論語。郷党編

この二つの手紙によると、艮斎塾では、易経、書経、中庸について艮斎の講釈を聞いたり、塾生が論語を順番に読んで内容を発表したり、それについて全員で討論したりしていたようだ。小田村もこのように学んでいたと考えられる。

小田村は三年間の大番役・麻布藩邸番手の勤めを終えて、嘉永六（一八五三）年四月に一旦帰藩するが、十二月頃には再度江戸へ派遣された。江戸藩邸の有備館稽古《けいこ》掛を務め、明倫館版、四書素読本上木《じょうぼく》、幕府向伺昌平改等周旋を命じられた。

小田村は安政元（一八五四）年六月二十四日、萩の村田清風に、次のような手紙を送っている。『村田清風全集　一〇二』より引用する。

艮齋師え之御送り物も無相違相届申候私より御禮申置呉候様申事ニ御座候被命候記文未タ安積え参り不申候折角先日催促仕候得ハ私ニ代作ヲ可致由申事ニ候得共他家之頼と八事替

り願く八師匠之草稿を頼度儀申置候間早々丈人《じょうじん》被撰候記文私迄御送り奉希候

小田村が再度江戸へ派遣された理由は、明倫館版の四書素読本を出版するに当たり、昌平坂学問所の教授である艮斎との連絡・調整役にあった。艮斎門下の新進気鋭の儒学者だったことが清風に評価されたのだろう。

また、注目すべきは、小田村が艮斎から「代作ヲ可致」と言われた事。この頃小田村は、艮斎に認められる程の文章力を身に付けていた。

回顧談から見えること

『安積艮齋詳傳』には石井研堂氏が、明治三十（一八九七）年前後に艮斎塾の門人から聞き取った事も掲載されている。楫取の回顧談もいくつかあるが割愛する。

楫取の回顧談を読むと、艮斎の風貌、衣食住、国政批判の禁止等が述べられている。残念ながら、入塾の眼目であった文学修行に関して、師弟間の直接的な交流に言及したものはない。

入塾時、小田村は二十二歳、艮斎は六十歳と年齢差が三十八歳もあったこと、文学修行を開始したばかりの小田村に対して、艮斎は幕府の儒者であり、立場に大きな開きがあったこと、小田村は大番役もあって文学修業に専念できなかったことなどが考えられる。

しかし、艮斎の日々の言動や著作、重野や宍戸達への指導から、艮斎の文章論・作詩論、人間性に感化されたことは十分考えられる。

保岡嶺南《やすおかれいなん》に詩作を学ぶ

小田村は文久元（一八六一）年九月十六日、藩主の東行の駕籠に従って萩を出発した。江戸麻布に着いたのは、十一月十二日で、翌年の六月三日までの七カ月間江戸で過ごしている。翌年一月十五日の朝起きた「坂下門外の変」の事が、小田村の『楫取家文書二』「侍讀《じどく》日記」に記されている。

今朝水府浪士《すいふろうし》六人御老中安藤對馬守《つしまのかみ》様御備内へ斬込双方怪我人有之浪士六人は即死對馬守様御家来は四五人手負深手壱人有之對州侯も御背江創を被受下馬内殊外《ことのほか》混雑朝飯後比浪士之内壱人桜田有備館へ駆込同夜有備館に而切腹即刻有躰御届出る。

また、この時小田村が詠んだ詩が、『楫取家文書一』にある。

壬戌首有坂下之舉志所感

腰刀三尺髪衝冠　春浅大城壕水寒　上巳上元均義挙　擣虚偏易伐謀難

保岡嶺南の嚶々吟社《おうおうぎんしゃ》

文久二（一八六二）年三月十七日、三十四歳になった小田村は、五十九歳の儒学者保岡嶺南を訪ねた。『保岡嶺南先生日記其十九』にこの時の記述がある。また、「侍讀《じどく》日記」では、十七日、十八日の両日とも、公務に関する記述がないので、非番の日だったと考えられる。

十七日　長州小田村文助　名哲　字士毅　号畊堂　（嚶々吟）社ニ入ル明朝墨水《ぼくすい》朝花ヲ賞スル約ヲ結フ

十八日　暁七ツ時小田村来ル小川及廣瀬ニ寄リ共ニ墨提《ぼくてい》ニ至ル小川木母寺《もくぼじ》之主僧ヲ識《し》ル同所ニテ飲シ浅草之奴鰻ニ午食《ごしょく》シ八ツ時頃帰ル

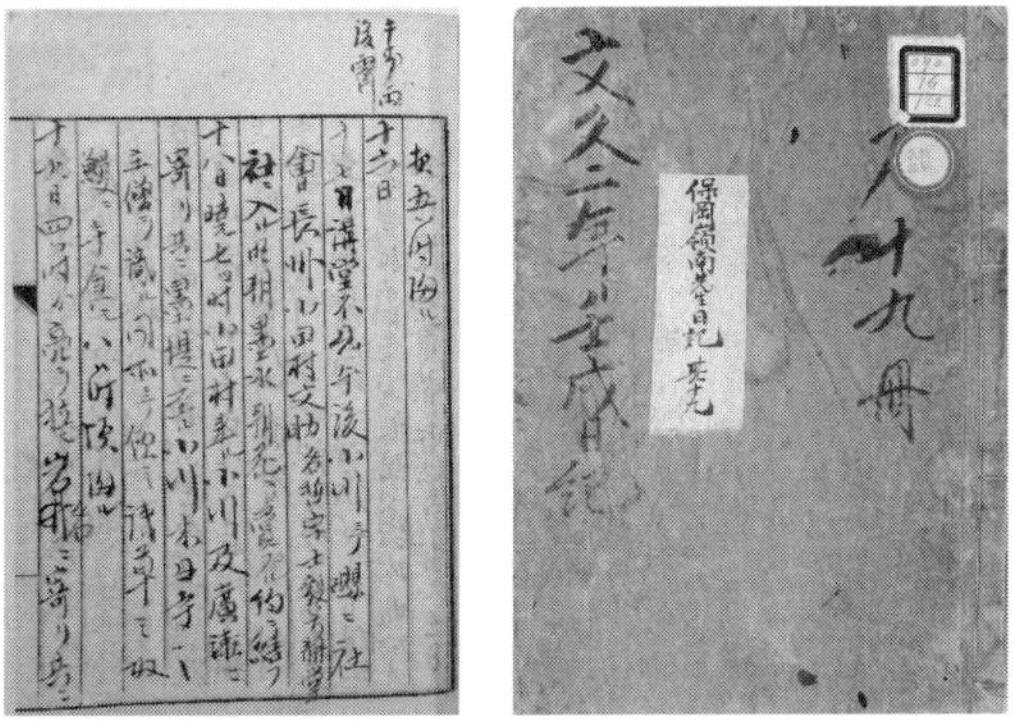

安岡嶺南先生日記㊨＝其十九　表紙
同日記㊧＝文久２年３月17日、18日
（前橋市立図書館所蔵）

名、字、号が記されていることから、小田村は初めて嶺南を訪ねたと思われる。意気投合したのか、会った当日に詩作サークルである「嚶々吟社」あるいは「嚶々社」に入り、翌朝隅田川の桜を観賞する約束をしている。嚶々吟社は、毎月順番に同志の家を会場にし、酒を酌みながら詩作を競うことが常であった。

小田村は約束通り翌十八日、新暦の四月十六日午前四時頃、嶺南宅に来た。小田村と嶺南は、小川と廣瀬宅に寄り、四人一緒に隅田川の堤防に行った。小川は木母寺《もくぼじ》の住職を知っていて、同寺にて飲酒した。隅田川は江戸時代から桜の名所であり、木母寺は隅田川の堤の側にある寺。桜と酒を前にして、小田村がどんな詩を詠んだのか気になる。その後も交流を続けているので、詩作について学ぶために嶺南を訪ねたと考えられる。

保岡嶺南は川越藩の儒学者で、頼山陽《らいさんよう》の「日本外史《にほんがいし》」の校訂《こうてい》に携わり、天保十五（一八四四）年、藩校博喩堂《はくゆどう》版「校刻《こうこく》日本外史」を出版。各藩の藩校では、この日本外史を所蔵した。嶺南は中国史ばかりを重視し日本史を軽視する学者に反発、多くの人々に日本史を読んでもらいたいと思っていたようで、本書によって嶺南の名は日本全国に広まった。ペリーの来航後、多くの勤王の志士に読まれた。当然小田村も読んでいて、意見交換したとも考えられる。

慶応二（一八六六）年、川越藩主が上野国前橋藩に移封《いほう》になった際、嶺南は職を辞め、江戸で私塾を開いた。嘉永三（一八五〇）年、孫の亮吉が生まれた旨が同日記にある。保岡亮吉は小田村が群馬県令となったとき、警部に迎え入れた人物。

嶺南を檜邸《ひのきやしき》に招待

「侍讀《じどく》日記」によると、文久二（一八六二）年三月二十五日、「今日御前講に候得共風邪相煩病気届申出る」とあり、これに続いて「二十六日、二十七日、二十八日、二十九日、三十日　今日迄病気にて引き込める」とある。病気で伏している時詠んだと思われる詩が、『楫取家文書一』にある。確証はないがいずれかの日に詠んだのだろう。

春末書事
杏花時節雨聲多　適意人生無幾何
臥病況違吟社約　薬爐鼎畔二旬過

嚶々吟社の申し合わせにより、次回は小田村の役宅で詩会を開く約束ができていたのだろう。しかし、ずっと薬を用いてきたのに風邪で臥《ふ》してしまい、吟社の約束を違《たが》うことになってしまった、人生は思うようにならない、という気持ちを詠んだ。

一方『保岡嶺南先生日記其十九』によると、小田村は、三月二十九日に嶺南へ使いを出して、翌三十日に嶺南と小川の二人を麻布藩邸の檜邸に招待した。四日間の休養で風邪が軽快し、気力も回復したのだろう。

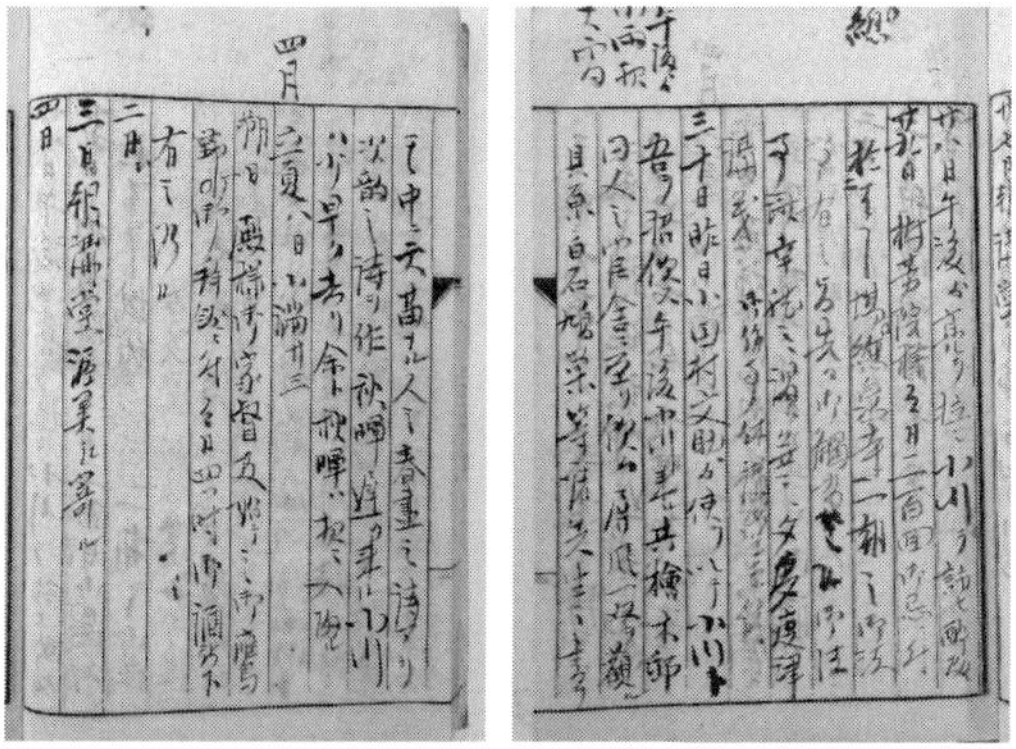
安岡嶺南先生日記＝文久２年３月30日
（前橋市立図書館所蔵）

午後二人が来て宴が始まり、小田村は屏風《びょうぶ》一双、貝原、白石、鳩巣《きゅうそう》等の書、天苗という人の春盡《しゅんじん》の詩を見せた。嚶々吟社開催の条件を整えたと言える。次韻の詩を作ったことからも、それぞれの力量を試し合ったとも考えられる。次韻の作か分からないが、この日小田村は、『楫取家文書一』にある次の詩を作って二人に示した。

壬戌春盡日保岡小川二子来訪賦示
寓楼相会送春帰　片々落花無力飛
留客尤宜亭午雨　免看窓紙上斜暉

小田村はこの後も非番の四月十一日の午後、嚶々吟社会に出席し、日暮れまで詩を学んでいる。だが長州に帰ることになったため、六月三日、嶺南を訪ねたところ、嶺南から送別の詩を贈られた。

六月二日、藩主は江戸を出発し、京都に向かっているので、藩主を送った翌日、嶺南を訪ねたことが分かる。多分小田村は藩主に少し遅れて京都に向かったのだろう。

嶺南の送別の詩が気になり嶺南の詩稿《しこう》『近仙居乱稿』を調べたが、吟詠《ぎんえい》年代は天保十三（一八四二）年から弘化四（一八四七）年頃に掛けてのものであり、小田村が嶺南を訪ねた文久二年より、ずっと以前のものだった。侍讀日記も、文久二年五月八日までしか記録がない。藩主の上京が決まり、その準備に忙殺されたのだろう。

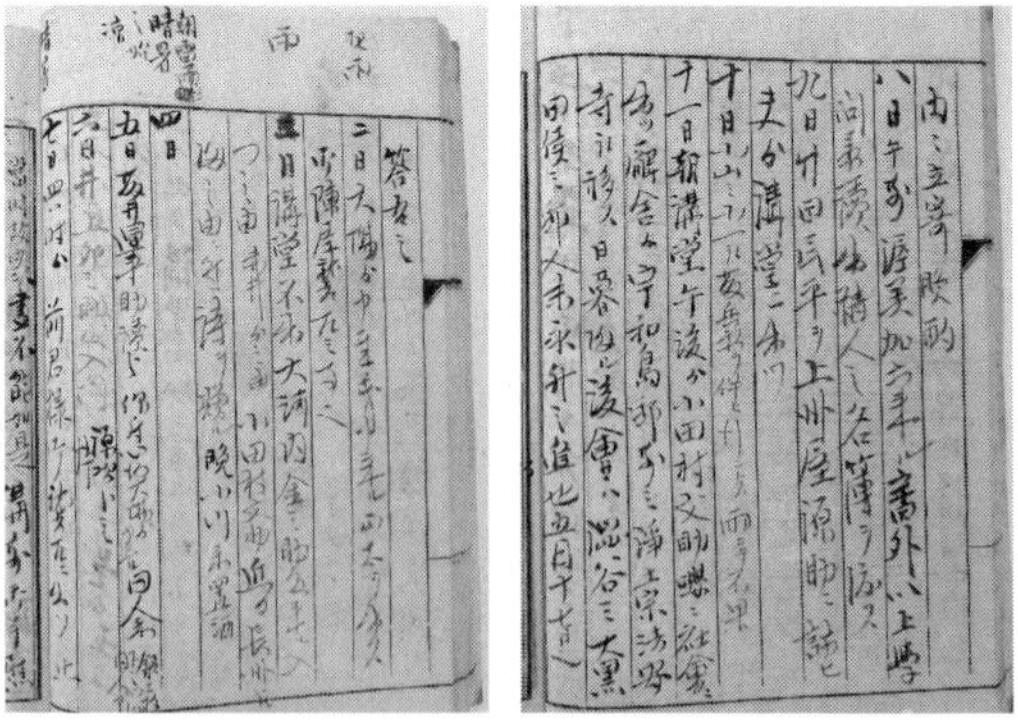

安岡嶺南先生日記㊨＝文久２年４月11日
同日記㊧＝文久２年６月３日
（前橋市立図書館所蔵）

野村望東尼《のむらもとに》との歌の交わり

野村望東尼は司馬遼太郎氏の小説『世に棲《す》む日日』の中にも登場する女流歌人。高杉晋作が長州藩の俗論党に追われて筑前に逃れた時、平尾山荘に匿《かくま》った人物。

望東尼の人物像を語る資料に、長州藩で望東尼と最も親交のあった楫取が、明治二十六

（一八九三）年五月に撰文した「野村望東尼墓碑銘」がある。『楫取家文書一』から引用する。

丁卯之冬幕府傳旨召長藩別封及老臣於大阪藩兵屯駐各地者請從行藩議可之衆屯華浦開洋有日會望東尼來防府舍菅祠絶粒週日以祈一行福利遂疾寒冒客死於華浦焉後二十五年三條内府念其以一女子盡力國事託余重修墳墓因爲之銘曰尼名茂登筑前福岡士族父曰浦野重右衛門尼其第二女嫁野村新三郎生四子皆夭新三郎死剃髪號望東尼尼爲人明慧鍼黹中饋能執婦道尤好國詩善筆札初新三郎之致仕也卜地城南平尾山中夫妻隱居縱心林泉歌詠唱和超然於塵壒之表已而新三郎死尼遊京師歴覧勝地間出入公卿之門與名士交是時徳川氏政衰勤王佐幕横議紛錯而志士往々誘尼以參其議有司忌之拘尼處流以絶關係是時高杉晋作督隊兵在赤間關命部下奪尼於配所匿於賣人之家後移之山口及大阪議起尼來華浦居無幾得疾危篤之報達山口藩主遣侍醫存問然醫薬無効以其年十一月六日歿年六十二葬山口縣佐波郡桑山西麓至明治二十四年冬朝廷録前之労國事者賜位階而望東亦在其列贈正五位踵而墳墓重修之擧聞内廷皇后賜五拾金而毛利三條諸公各捐資助工事竣其功余亦得完結内府之囑因略記尼之偉蹟繫之以銘

平尾之山　峯巒邐迤　名媛棲此　絶跡城市　其所涵養　志等烈士
身在絶島　泰然樂只　囚室家居　險夷一視　宸闕表勳　彼蒼降祉

野村望東尼の墓（防府市　桑山墓地）
裏に楫取撰文の野村望東尼墓碑銘がある。

天定勝人　循環有理　吾人鑑此　知所興起

一部意訳

尼の名は茂登、筑前福岡士族。父は浦野重右衛門と言い、尼はその第二女。福岡藩士野村新三郎に嫁し四子を産んだが皆夭折《ようせつ》する。新三郎が死ぬと剃髪《ていはつ》し望東尼と号す。尼の人となりは、明るくて賢く、針仕事、食事の支度等よく婦道《ふどう》を行った。そうはいうものの和歌を好み、書法も善くした。その契機は新三郎の退隠《たいいん》だった。城南の土地を選択し　平尾の山中に夫妻は隠居した。自由な境地で遊び、世を逃れて隠れ住み、歌を詠み唱和し、塵《ちり》まみれの世に関与しなかった。やがて新三郎が死ぬと、尼は京師《けいし》に遊び、勝地を歴覧《れきらん》する間に、公卿の門に出入りし、名士と交わった。この時徳川氏の政治は衰え、勤王と佐幕の論議は入り乱れていた。志士は、しばしば望東尼を誘って論議に参加した。役人はこれを忌避《きひ》し、尼を拘束して流罪に処して関係を絶たせた。この時高杉晋作は、赤間関《あかまがせき》（下関）の兵隊を督励《とくれい》し、部下に命じて尼を配所《はいしょ》（唐津湾にある姫島）から奪還させた。商人の家に匿《かくま》い、その後尼を山口に移した。尼は大阪の議が届くや発起して華浦《かほ》（三田尻、現在の防府《ほうふ》市の地名）に来た。間もなく病気にかかり、危篤の知らせが山口に届くと、藩主は侍医を派遣し診察させた。しかし、医薬は効果なく、その年の十一月六日に没した。六十二歳。山口県佐波《さば》郡桑山《くわのやま》の西麓に葬られた。明治二十四年の冬に至って、朝廷は、維新前の労を記録し、国事者は位階を賜った。そうして望東尼もまたその列にあり、正五位を贈られた。引き続き墳墓の立て替えの事が内廷に聞こえると、皇后は五十円を賜った。そして毛利三條等の諸公は、各々資金を出して工事を助け竣功させた。私もまた、内府の依頼を完結させ得た。よって望東尼の偉大な事績を簡略に記した。碑文を作ってこれに応えることにした。

平尾の山は、山並みが彼方へ広がっている。名高い女性がここに棲むが、城下から遠く離れた所である。涵養《かんよう》するところは、志士や烈士《れっし》。身は離島にあっても、泰然としてただ楽しむ。囚われた家にいても、世の治乱を見る。朝廷は功績を表彰し、青い空は神の恵みを下す。回天の大業が成就して俗人事に勝利したが、この循環には道理がある。我らはこれを鑑とし、意気の奮いたつところを知る。

自宅に住まわせ交流

望東尼は慶応二（一八六六）年九月十六日、晋作に助けられて下関の白石正一郎宅に匿われ、翌年の四月下旬には山口の小田村家に移った。小田村は、九月下旬までの半年間、望東尼を自宅に住まわせ、妻寿と共に親しく交わった。

三十八歳の小田村、六十二歳の望東尼、二人の共通点は歌を詠むこと。時には小田村はこれまでに作った歌を望東尼に示し、添削を頼んだこともあった。

慶応三（一八六七）年七月付、望東尼の小田村宛ての手紙に、次の文面がある。（『楫取家文書一』）

さて御詠草もはやく拝見と存乍さまさまととりまきれやうやうこのころ拝しはてたれはもてまかりいつへく思ひまつるをりからこゝちそこなひはた玉まつりにもなり侍れは中々なる御さまたけかとて

小田村の詠歌の草稿を早く拝見したいと思いながらも、いろいろ取り紛れ、ようやく最近拝見できたので、持っていかなければと思っていましたが…という内容である。

この手紙に添えられた歌かどうか分からないが、望東尼が小田村の歌を添削したことをうかがわせる記述が『松陰先生にゆかり深き婦人』にある。

慶応二年広島に使して幕府の為に幽囚《ゆうしゅう》せられ死を覚悟した頃、故郷の子供を案じて作ったらしい、

（原作）　ふるさとの妹が垣根は五月雨におひやそふらん大和撫子《やまとなでしこ》

（添削）　故郷の妹が垣根も五月雨の雨にやたわむ大和撫子

と。その終わりに

「あるじましまさで生そひ給ふらんなでしこいかが」

と、望東の筆がはいって居る。又同じ時

広島のやどりにて松原・広沢二氏に別るとて

神かけて誓ひし君が真心を国の柱と我や頼まむ

といふ素彦作の歌の下に

「かゝる時の御心こそ思ひやられ侍れ」

と望東が書き記して居る。

原作は小田村が慶応二年五月、宍戸備後助とともに広島に派遣された時、幕府によって拘引され、死を覚悟して作った歌であるが、共に歌を詠む二人が、励まし合いながら、切磋琢磨《せっさたくま》してい

た様子が分かる。

勤王の志

望東尼が小田村家に寄寓《きぐう》するようになった理由の一つとして、小田村の妻寿の存在も大きかったと考えられる。安政六（一八五九）年に江戸で獄死した吉田松陰の妹である寿は、望東尼と同じように勤王の志を強く抱いていた。憂国《ゆうこく》歌人望東尼の話し相手として、最適の人物だったのではないか。

『防州日記《ぼうしゅうにっき》』の慶応三（一八六七）年九月十二日の項に次の歌がある。日頃から抱えている憂さを嘆き合った時の心情を詠んだ。

九月十二日山口に住みける時、小田村寿子の君がもとにて
世のうさを歎きあひたる友がほに鳴くね悲しききりぎりす哉

䑓《はなむけ》の歌

望東尼の『防州日記』にはたくさんの歌が記されているが、次の「小田村大人《うし》に」の歌が最初である。

慶応三（一八六七）年九月、薩摩と長州及び長州と芸州間に討幕出兵協定が成立した。長州では奇兵隊、遊撃隊等四百八十人と各隊参謀一名を大阪へ派遣することになり、二十五日までに三田尻に集合するよう命令が出された。小田村も、九月二十一日、家老毛利内匠の参謀として上坂するよう命じられた。この時望東尼から贈られた餞の歌である。自らの志を小田村に託す気持ちが込められており、小田村と望東尼の関わりの深さを物語る。

　小田村大人に
何時《いつ》しかと我が待ち侘《わ》びしたづむらの聲《こえ》を雲井《くもい》に上《あぐ》る時来ぬ

『楫取家文書二』には、同じ時に詠んだと思われる望東尼の歌三首がある。一首は「防州日記」にもあるが、その歌とは違う言葉が使われていて、望東尼の歌に対するこだわりの強さを物語っている。

　いつしかとわか待わひしまなつるのこえをくもいにあくる時きぬ
　みよのためいくさたちするものゝふにこゝろはかりはおくれやはする
　かたくの國々とゝもに物し給ふ時のいたれるにわか筑紫《つくし》のさもなくてよかよかしきかい
　みしかりけれは
紅葉《もみぢは》の大うち山にてりみちてこゝろつくしもそめよとそおもふ

歌のやり取り

小田村は九月二十五日、藩命により楫取素彦と改名する。

楫取、國貞直人、山田市之丞の一行は、慶応三（一八六七）年九月二十六日、山口を出発して三田尻に集合したが、彼らを乗せる薩摩船はまだ到着していなかった。船が何時入港するか分からない状況で、『防州日記』によると、楫取は九月二十八日の夜、國貞や山田を伴って、望東尼が宿としていた荒瀬家を訪れ、山口で作った歌を披露した。

　　難波江《なにわえ》のあしの仮寝《かりね》も戀《こい》ならでよの憂《う》きふしとなりにける哉

望東尼は返歌の気持ちで、同じ夜に次の歌を詠んだ。

　　嬉《うれ》しさと別れ惜《お》しさをかたかたにしぐれてしほる墨染《すみぞめ》の袖

　　いざといひて勧めもすべきいくさ立ち知らずや別れ惜しむ涙は

東行《とうぎょう》大人（高杉晋作）が書いた書を掛け物にしたものを、小田村が見て

・・・・・・・・・・・・・・・・・・・・・・・・・（ママ）

とあったのを、其の返歌として

　　いくさ立ちとはん我が身にあらねどもまさばまさばの嘆げきのみつむ

楫取と望東尼の歌のやり取りが繰り返されており、望東尼を励ましながら別れを告げていたのだが、高杉の書を見た楫取は、志半ばで病死した高杉の無念を思うと、一気に感情が高ぶって言葉にならなかったのかも知れない。

望東尼の死

望東尼は上坂する長州藩士の勝利を祈り、宮市天満宮に日参し、六十二歳の老体にもかかわらず水を浴びたため体調を崩し、病床の人となった。

慶応三（一八六七）年十一月一日、寿は山口から山坂を越えて望東尼の病床を慰問。『防州日記』にこの時の寿を詠んだ歌がある。

霜月朔日、小田村ぬしの細君来りぬれば
我が爲めに遠き山坂越えてこし心思へば涙のみして

翌日 暇乞《いとまご》いに来た寿を詠んだ歌もある。

同二日、山口へ帰らるゝ暇乞に参られし時
露《つゆ》ばかり思ひ置く事なかりけり終のきはまで君を見しかば

『松陰先生にゆかり深き婦人』には、二日の右の歌に加えてもう一首ある。楫取に早く帰ってきて欲しいという寿の気持ちを詠んだのだろう。

あづさ弓やまとこゝろのものゝふを猶引たてゝとくかへれ君

右の歌には楫取自筆で次のような付箋がある。

「老尼病中荊妻《けいさい》山口より三田尻旅宿へ尋問候節被送候分」

十一月六日、望東尼は三田尻において客死《きゃくし》、六十二歳だった。楫取はこの日太宰府に五卿を訪ね、出兵上京について報告していたので、望東尼の死に目には会えなかった。望東尼の葬儀は、翌七日の晩、三田尻の桑ノ山の南麓曹洞宗の正福寺で行われ、桑ノ山の西麓に葬られた。大坂へ向けて三田尻港を出帆する長州軍を見送れるよう、港が見える所を選んだようだ。

十一月十一日、楫取は望東尼の死を悼む歌を作って弔った。『楫取家文書二』から引用する。

望東尼をいたみて
時雨する佐波の浦へのかれ尾花
たれをまねきて袖ぬらすらむ

野村望東尼終焉の宅　百拾周年記念之碑（防府市岡村町）

堀口藍園《らんえん》との親交

堀口藍園は文政元（一八一八）年現在の渋川市に、藍染《あいぞめ》屋をしていた堀口柳蔵の長男として生まれた。幼名を藤吉のち五郎兵衛、成人して貞歙《さだはる》、家業にちなんで藍園と号した。両親を早くに亡くしたが、家業に専念しながら学問に励んだ。十二歳にして高橋蘭斉《らんさい》から経史、ついで小暮足《そく》翁《おう》に国学と歌学、周休道人《しゅうきゅうどうじん》に漢詩を学び、地元の吉田芝渓《しけい》から人格的感化を受けた。

文久二（一八六二）年三月、江戸から関西に遊学して、勤王の志士や学者と交わる。帰郷後家塾を開いて、儒学を教えた。字句の訓詁に終わらず、必ず実践への道を説き、修身斉家、皇国への忠誠を目標とした。

明治元（一八六八）年六月十七日、岩鼻県が設置され、大音《おおど》龍太郎が、「軍監兼当分知県事」

に任命された。翌十八日、藍園は上野国鎮撫《ちんぶ》を命ぜられていた前橋藩から、名望をもって総長に任命され、群馬郡・吾妻郡を統治することになった。藍園は強圧政治を行った大音龍太郎に面接して強硬に、「徳治仁恵主義《とくちじんけいしゅぎ》政治が、時勢に照らして緊切《きんせつ》であることを力説し、人民に天朝の有り難さを知らしめよ」と進言したという。同二(一八六九)年郷学教授、同六(一八七三)年には学区取締に任命された。

明治十(一八七七)年、時の県令楫取に上申して義塾、金襴吟社《きんらんぎんしゃ》を設立し、地元子弟の教育に当たった。門人千余人の中から、町村長、郡会議員、県会議員、衆院議員、郡長、軍人、医者、教育者等、多くの人材が輩出している。藍園の詩をまとめた『藍園詩鈔《らんえんししょう》』の序文の中で、楫取が「凡上州一部落為戸長為議員苟有民望者大概出翁之門矣」と記している通りである。

藍園との共通点

藍園の経歴を見ると、楫取の経歴と共通することが多々ある。

最も顕著なものは、勤王の志を抱いて国事に奔走したこと。楫取が藍園詩鈔の序文の中で絶賛している橋本香坡《こうは》は、文久二年に藍園が大阪に訪ねた人物で、多大な影響を受けた人物だ。

橋本香坡は元沼田藩士で攘夷思想の持ち主で、尊王攘夷を唱えていた長州藩との関係が深かった人物。楫取の義弟久坂玄瑞が自刃した蛤御門の変(禁門の変)では、敗走する長州兵に食物を与えて労っている。このことから、楫取は橋本の名前を知っていたとも考えられる。橋本を間に挟んで、交友が深まった可能性がある。

また、維新直前には、息子の貞遵《ていじゅん》（文秤《ぶんぺい》）や門人を官軍に従事させ、維新直後には、自らも治安回復のため総長を命じられている。このように藍園と楫取の間には、共に命を懸けた国事と橋本がいた。会う毎にその頃のことが話題になったと思われる。

儒学者にして教育者であることも共通である。藍園が家塾を開き、後に金襴吟社を設立したように、楫取も藩校明倫館で助教を務めたり、吉田松陰亡き後の松下村塾を継承したりして、人材の育成に当たっている。

漢詩や和歌も二人が得意とする。藍園には『藍園詩鈔』がある。楫取の詩集はないが、楫取家文書には数多くの漢詩や和歌があり、群馬でも数多くの詩歌を詠んでいる。吉田松陰も、詩力では小田村伊之助（楫取の旧姓）には敵《かな》わないと書き残している。

さらに名利《めいり》に恬淡なところもよく似ている。藍園は、任命された上野鎮撫使の役目が軌道に乗ってくると、さっさと辞めて家業に戻っている。楫取も維新直後に、新政府の徴士参与の職に任命されたが、藩主敬親に扈従《こしょう》して長州に帰っている。二人とも続けていれば、それ相当の地位を占めたのではと想像する。

楫取と一回り年長の藍園との交友が、いつ頃から始まったかは分からない。

郷土誌『郷土渋川』第三号は、渋川郷学《きょうがく》特集で、藍園に関する論文が掲載されている。峯岸六郎平氏の論文「黒柿の雅帖」の中で、この雅帖は藍園の息子文秤氏所有であったとし、楫取が自ら揮毫した七言絶句を紹介している。

人謾忙時我獨閑　薄書廢案画局関　償還負債門無客　邸舎寥々似在山
丙寅歳晩作　眑堂主人哲

丙寅歳晩作とは、慶応二（一八六六）年十二月である。この頃、楫取は長州や九州にいて、四境戦争（第二次長州征討）後の処理のため、他藩との応接に忙殺されていた頃で、江戸、京、大坂にはいなかった。なぜ丙寅歳晩作の漢詩が藍園の元にあったのだろうか。誰かの手を経て藍園の手に届いたとしか考えられない。いずれにしても、楫取が熊谷県権令になった時、藍園親子は楫取の名を既に知っていたと考えられる。

荒木眞平著の『堀口藍園傳』に、群馬県令就任後の楫取と藍園との交友の様子が記されている。

先生時の楫取群馬懸令素彦氏と友とし好く、互いに相往来し相訪問し、信を以て交わり義を以て接し、知己を以て互いに任じ、抱負を談じ時世を論じたりき。先生の氏に送りしの歌あり、曰はく

家忘れ身もたなしらで上野の民やすかれと祈る君婆毛《ばも》

以て其の交誼の一般を窺ひ、其の知己の友たるを見るに足るべく、而して先生の歌才の豊富にして、亦凡ならざるを証するに足るべきなり。

この記述から、二人の交友は、信義に基づく双方向の深い交わりであったことが分かる。さらに先に記した通り、互いに勤王の志士であり、儒学者・教育者を任じ、漢詩・和歌を好くし、統治の方針も「徳治仁恵」と主義を同じくする間柄であるから、抱負や時世論の話はよくかみ合い、話すほどに肝胆相照《かんたんあいて》らし、胸襟《きょうきん》を開く仲となったことも想像に難くない。

歌を意訳すると、「家のことを忘れ、わが身も顧みず、上野の民の安泰をひたすら祈っている君よ」ということであろう。楫取への労りと感謝の気持ちが読みとれる歌だ。

また、『藍園詩鈔』に、楫取を詠んだ詩がある。

楫取令公見枉駕弊廬恭賦呈下執事

碧渓春度小桃源　忽聴鳴珂到蓽門　十畝桑陰人語静　一園花外雀聲喧

蓬蒿故宅空慚陋　金紫衣冠不挾尊　還有明公民事急　芻蕘何敢獻蕪言

意訳

楫取公が我が家に馬車で来訪するのを見て、謹んで詩を作り差し出す

青々とした谷の春が、小さな桃源郷《とうげんきょう》にやって来た。突然珂《か》（くつわの飾り）の音が聞こえると、我が家で止まった。十畝ばかりの桑畑では、人の話し声が静かである。庭の花の外は、雀の声が騒々しい。田舎の古い家は何もなく、狭苦しいのを恥じる。身分の高い官吏は、下の者を軽蔑しない。また、明公《めいこう》がいて民事は速やかに行われる。庶民が、どうして軽々しく献言《けんげん》できようか。

楫取が藍園の家を訪れた時、藍園が詠んだ詩である。時期は分からないが、花が咲く春である。楫取の来訪を「鳴珂《めいか》を聴く」と表現していることから、馬車に乗っての来訪が、今回が初めてではないことが分かる。これまでも何回か来訪し、民政について、藍園に意見を求めたのだろう。今回も私の意見を求めて来たのだろうと考え、自分の献言は、芻蕘《すうじょう》の蕪言《ぶげん》（庶民の雑な言葉）と謙遜している。堀口藍園傳に、「抱負を談じ時世を論じる」とあり、正にこのようなことで来訪した時のことを詠んだ詩だろう。しかし、具体的な日時、献言の内容は不明で、楫取の施策との関係も分からない。

また、詩から藍園の楫取観として、楫取は地位が高いからと言って、庶民を軽蔑するようなことはなく、民政にも的確かつ迅速に対応する人と、見ていることが読み取れる。

藍園の歌と詩から、楫取の政治信条もうかがえる。それは、上野の民の安泰のため、民政に迅速かつ的確に対応すること。そのためには、自分の地位を鼻にかけず、地位に関係なく人望・見識のある人に、直接意見を求めるということである。この事によって、民情を汲んだ施策が行われたといえる。

明治十一（一八七八）年七月二十日、藍園の長子、堀口文秤が任地で病没した。楫取はこの訃報を聞いて次の詩を詠んだ。『群馬歴史散歩七十六号』所収の「堀口文秤関係資料」から引用する。

藍園堀口翁喪令児　余近日喪孫因有此寄
楫取群馬県令
先候哀鴻渡曠原　觸懐風物易消魂　中情同有難堪処　君喪令児吾喪孫

孫とは六月十九日に二歳で夭折した榛太郎のこと。お互いに肉親を喪《うしな》った悲しみを共有し、藍園を慰めた詩だ。

明治十二（一八七九）年七月、英照皇太后陛下《えいしょうこうたいごう》が、伊香保温泉に行啓《ぎょうけい》された際、渋川芝中にある枝葉が繁茂した松の下に、車駕《しゃが》を止めさせ御休息された。これを喜んだ藍園は、記念碑の裏面に、同道した楫取に撰文を九月に依頼している。『群馬縣史』第四巻から引用する。

御蔭松碑蔭文

是歳巳卯皇太后宮行啓於伊香保之温泉七月十七日車駕發京往返由此道時屬盛夏掃松下休車駕矣既而土人建石命松曰御蔭請博房卿之詠屬余書題額博房卿以本官從駕余則管地方卿之詠余之題皆不可辭者碑成矣併記其事於碑蔭亦出土人之意云
明治十二年秋九月
群馬縣令　楫取素彦撰竝書

藍園詩鈔《ししょう》の序を書く

堀口藍園傳によると、「先生京に上る毎に亦必らず諸士の門を叩き、互いに旧情を温め、互いに新交を修めざるはなかりきと云ふ」とあり、楫取が県令を辞した後も交わりは続き、藍園が上京した時は楫取を訪ねたのではないだろうか。

群馬県令を退任した翌年、明治十八（一八八五）年四月、楫取は藍園の詩集『藍園詩鈔』に、次のような序文を書いている。このことからも、楫取と藍園の交流の深さが分かる。

御陰之松の碑裏
伊香保の御蔭公園。
楫取の撰文がある。

同碑表
皇太后宮大夫・万里小路博房の和歌が刻されている。

藍園堀口翁以新田氏之裔居上州澁川駅喜讀書不求聞達世業染戸雖家匪貧勤於治生未嘗以吟誦廃事居常督職工傍教子弟孜々勉焉其学以敦行為主一入其門者皆有所樹立凢上州一部落為戸長為議員苟有民望者大抵出翁之門矣翁讀書之暇好作詩〃皆實際毫不渉虚構綽然有古人之風固可傳也頃者門人等請翁刻其詩翁不許門人曰吾徒積金有年先生果不聽焉皆属徒労翁不得已付稿本乃請序于余〃與翁交日久於其平素知之最熟矣雖無門人之擧固将慫慂之也盖上毛之為地人気豪爽自古出偉人如高山正之世人所周知今不必説前後於正之而起者又有高橋道齋市川寛齋吉田子正皆以徳行奇節知名於一世近時如橋本香坡上州人士之尤錚々者翁固其流亜而學行比之於前人殆無軒輊而忠厚之氣發於詩者藹然不可掩焉興世之詩人鏤刻花鳥嘲哂風月者曷可同日而語耶嗚呼翁学識淵博詩固緒餘爾然亦因此可以窺其学之一斑則門人之擧果不属徒労也是所以余不辞而序之

明治十八年乙酉四月

畊堂主人　楫取哲撰　印　印

意訳

堀口藍園翁は、新田氏の子孫で、上州渋川宿に住んでいる。読書を好み、出世を求めず、代々染め物屋を仕事としている。家は貧しくはないが仕事に勤め、いまだかつて詩歌を詠うために仕事を止めたことはない。常日頃職人を率いる傍ら、子弟の教育にこまめに勉めている。その学問は、真心を込めて行う事を尊重する。一度入門した者は、皆しっかり身を立てるところがある。おおよそ上州の一部落で、村長となり、議員となり、仮にも人望のある者は、大概翁の門より出ている。

翁は読書しないときは作詩を好む。詩は全て実際のことで少しも作り事ではない。ゆったりとしていて昔の人のような風格があり、もとより後世に伝えるべきである。

この頃門人達が翁に詩を本にしたいと願い出たところ、翁は許さなかった。ある門人が言うには、私ら弟子は長い間金を積んでいます。先生がどうしても許さなければ皆徒労《とろう》になってしまいますと。翁はやむを得ず草稿を手渡した。そこで序文を私に頼んだのである。

私と翁の交際は長く、普段の翁を最も詳しく知っている。門人の刊行の勧めが無かったとしても、私はもとより勧めようとしていた。

たしかに上毛の地の気風は、豪快で昔から偉人を出す。高山正之のように皆がよく知っていて、ここに説明する必要もないだろう。正之に前後して出た者に、高橋道齋、市川寛齋、吉田子正がいる。皆道理にかなった行動、奇節《きせつ》で世に名を知られている。

最近の橋本香坡は、上州人の中でもっとも優れている。翁はもとよりその流派を継ぎ、学問や品行は橋本と比較してもほとんど遜色《そんしょく》はない。そして真心、厚い人情が詩に表れ、穏やかな心を隠すことができない。世の中の詩人は、花鳥をちりばめ、風月を吟じて興ずる。どうして同様に語ることができようか。

ああ、翁の学問識見は広く深く、詩は元より余技に近い。しかしまたこれによって翁の学問の一部をうかがい知ることができる。すなわち門人の行動は、徒労にはならなかった。これこそ私が断らずにこの詩鈔に序文を書いた理由である。

こぼればなし

楫取が導いた出会い

平成二十六年五月十二日、妻と防府市にある楫取の足跡を訪ね歩いた。防府天満宮から萩往還を南下して、岡村楫取本邸跡を外から見学していた。すると近くにお住いの正長さんが、私を認めて楫取について説明をしてくださった。私が楫取の足跡を訪ねて群馬から来たことを伝えると、楫取をよく知っている人がいるから紹介すると言ってくれた。大楽寺でお会いしたその方は、何と楫取素彦没後百年顕彰会会長の上山忠男氏だった。私が楫取に興味を持って調べていること、防府の足跡を訪ね歩いていること、この地での楫取と望東尼との関係に興味があることなどをお伝えすると、快く楫取夫妻の墓、野村望東尼の墓を自ら案内してくださった。道々楫取や望東尼について話してくださり、墓前で一緒に写真も撮らせていただいた。この後は御船倉跡も見学する予定であることをお伝えすると、近道を知っていると仰って、汗をかきながら自転車を転がして案内してくれた。防府駅へ戻るバスの中で、妻が「今日、正長さんや上山先生とお会いできたのは、楫取が導いてくれたんだよ。きっとそうだよ」と、興奮気味に言ったのが今でも耳に残っている。

第七章——楫取素彦の顕彰

功徳之碑《こうとくのひ》建設の経緯

元老院議官に転任した楫取の治績を頌《たた》えるため、前橋の有志が中心になって、功徳之碑を建設する計画が持ち上がった。この計画は、県内全域にも呼びかけられ、県令在任中楫取と交誼《こうぎ》を結んだ多くの人々から賛助金が集まり、前橋東照宮境内の北側で、明治二十四年頃から建設工事が始まった。このような計画が持ち上がること自体が、楫取県政の評価と考えられる。

この間の経緯が、『明治あれこれ』に記されている。

前橋市民の重立《おもだち》たる人々発起者と為り、前群馬県令楫取素彦氏の為めに功徳碑を建設せんと計画せしより各郡の有志者も大いに之を賛成し、多額の寄附金を得たるを以て、同市公園内に卜《ぼく》し、昨年来該工事に着手し最早竣功したるに付き、来月上旬に建碑式を挙行する都合なりと。同碑は長さ一丈二尺、巾六尺の菊花石《きっかせき》にして、碑額は有栖川宮《ありすがわのみや》殿下の揮毫に係り、頗《すこぶ》る壮観なりと云ふ。

（時事新報　明治二十五・三・二十二）

建碑式の挙行に関して『下村善太郎と当時の人々』の「須田伝吉」の項に、楫取の手紙があるので、その部分を引用する。

楫取素彦は、彼（須田）の人となりを愛し、彼を信用することが深く、その元老院議官となった後も、書類の往復を絶った事がなかった。随って楫取素彦の書いたものは、今も尚彼の家に沢山保存されているが、その中に明治二十五年四月六日、楫取から下村善太郎と彼に当てた書簡があった。

一昨四日附御通信之趣来る十日午後第一時建碑式挙行相成出席の儀御案内被下　辱《かたじけなく》　致拝謝候即家族一同罷出可申候重野博士にも其旨通じ候處御承諾に而出席可致回答有之金井氏は既に上州地方滞留中之由に付定めて御通知相成候事旨存候右御返詞迄如此候

四月六日午前　　匇々敬具

楫取素彦

下村善太郎　様

須田　傳吉　様

追而午前十時三十九分新宿発汽車に乗組候積人数は孫共両人従者両人以上六名にて罷出候間爲念申上置候　乞

四月十日午後一時から挙行する建碑式に、楫取と家族、重野博士も出席することを連絡した手紙である。同伴の家族は、孫二人と妻美和子であろう。楫取はこの時六十四歳。

宛先が下村善太郎と須田傳吉になっていることから、功徳之碑建設の主唱者は、この二人ではないかと。さらに、楫取が重野安繹《やすつぐ》と金井之恭《ゆきやす》の動向を知らせていることから、楫取の人脈を生かして建てられたものと考える。

撰文した重野安繹《やすつぐ》は、薩摩藩士で楫取より二歳年長である。重野は、嘉永二（一八四九）年一月十三日、安積艮斎塾に入門し、楫取は嘉永三（一八五〇）年四月二十一日に入門しているので、艮斎塾の一年先輩。二人は同時期に艮斎門下で文学修行をしていて、相知る旧知の間柄。このような関係から、楫取の紹介で、重野に功徳之碑の撰文を依頼したと考える。重野と金井の職名が元老院議官となっているが、元老院は明治二十三（一八九〇）年七月二十日に廃止されているので、撰文した時はもっと前だろう。

金井之恭《ゆきやす》は伊勢崎市境町島村生まれ、新田勤王党の一員になり、討幕の軍を起こそうとしたが発覚し投獄された。維新後は新政府の官吏となり、内閣大書記官、元老院議官等を歴任した。また、書道の大家でもある。楫取が群馬県令となった頃から関わりがあった人。

碑が建てられた場所は前橋東照宮境内の北で、楫取撰文の厩橋招魂祠記の西側だった。戦後この碑は、群馬県庁北西にある高浜公園の中に移され、平成二十六年十二月前橋公園内へ再度移設された。

高浜公園内の前群馬県令楫取君功徳之碑
＝平成26年12月、前橋公園内に移設。

碑文と内容

重野の撰文は、次の通りである。『群馬の漢文碑』から引用する。

前群馬県令楫取君功徳之碑　　参謀総長兼議定官陸軍大将大勲位熾仁親王篆額

今元老院議官楫取君之令于群馬県也勤倹以涖下忠誠以奉上休養民力宣布徳教風移俗易君已去而士民翕然謳唫弗已於是合辞謁予以功徳之碑爲請且曰上野自古称難治其民剽悍軽佻臨事躁急無老成持久之実君初至首張学政以示教化之不可忽而世方模仿泰西学術専偏於智育加以剽軽之俗其極竟爲虚誕妄進犯上凌長之風漸長君病之導以忠厚質実痛矯其流弊無幾朝議更革学制以徳育爲最智育体育次之略如君所経畫衆始服其先見焉十二年学制復変世謂之自由教育君固執不可既而地方教育果然解体君独免其害官亦卒復旧制凡君之於学事以身率先毎郡吏詣庁必先問学事然後及他郡吏亦至以其興衰爲喜戚君又用心於農桑謂富強之術在殖国産県尤以養蚕称而繭絲輸出海外者悉假手外人不能自往市易其利多爲外人所壟断君募県民有材幹者投私財助其資航海直輸群馬繭絲之名頓噪海外邦人直輸実発端於此矣其他設社倉以諭蓄積之急務奨励医学以拯県民之疾病捜訪古蹟以彰先哲之逸事諸如此類不一而足曾過邑楽郡大谷林者松樹鬱茂連亙数十町昔時上杉氏遺臣大谷休泊所手植也君乃自往見其遠孫某於一陋屋中称以祖先功労旁観者爲泣下又言君之在任十餘年居常倹素出入不駕車馬家惟修繕旧屋耳而居之晏如県民慕君如慈父母臨去老幼遮路乞留送者数千人不勝惜別之情嗚呼如君眞不愧古之良二千石者歟因頌以辞其辞曰

詩詠甘棠　千載流芳　書掲風草　萬古斯光　振民育徳　顕幽闢荒　彜倫已明　蔚起校庠
男服於耕　婦勤於織　老安少懐　既衣既食　有義有方　理平訟息　輿誦喑喑　噫是誰力
遺愛在里　何須生祠　頌美無已　茲見隆碑

明治二十三年十月　元老院議官従四位勲四等文学博士重野安繹撰
元老院議官従四位勲三等金井之恭書

意訳

今の元老院議官楫取君の群馬県において県令になるや、勤勉・倹約をもって下の者に対し、忠誠をもって上に仕え、民力を休養し、道徳面の教育を行き渡らせたところ、風俗が移り変わった。君はすでに去ったが、士民は集まり誉めたたえることをやめなかった。それで衆議一決して、私と会い功徳の碑の撰文を要請した。そこで言う。

上野は古来より難治と称し、民はすばしこくて勇猛、落ち着きに欠けて軽はずみ、いざと言う時になると性急で、思慮深さと粘り強さに欠ける。

君初めて県に来るや、教育行政を重視して教化を疎かにしてはならないことを示した。それなのに世情は、正に西洋の学術を模倣し、専ら智育に偏り、その上軽率な風俗のままにした。その極みで、ついにはでたらめで、むやみに進み、上には逆らい、年長者を侮る傾向が次第に助長された。

君は、これを心配し、忠厚、質実で善導し、力の限りその流弊《りゅうへい》を改めた。間もなく朝議は学制を改め、徳育を第一とし、智育、体育を次とした。これはほぼ君が計画したところであり、民衆は初めてその先見に感服した。十二年学制がまた変わり、世間は、これを自由教育と言った。君は固執《こしゅう》して受け入れなかった。

間もなく地方教育は案の定解体し、君は独りその害を免れた。官はまた直ぐさま旧制に戻した。およそ君は学事に関しては自ら率先し、郡吏が県庁に行く度に必ず学事を問い、その後他に及んだ。郡吏もまた盛んか否かで喜んだり、心配したりした。

君はまた心を農桑に用い、富強の手立ては国産を増やすことにあると言う。県は特別に養蚕を称賛しても、繭糸《けんし》を海外に輸出する者は、悉く外国人の手を仮り、自ら行って売買はできず、その利益の多くは、外国人が独占した。君は県民の中から、能力のある者を募り、私財を投じて援助し、渡海させて直輸出させた。群馬の繭糸の名は、海外でたちまち評判になった。邦人の直輸出は実にこれが発端となった。

その他社倉を設け蓄積の急務を諭し、医学を奨励して県民の疾病を救い、古蹟を探し訪ねて先哲の逸事を顕彰した。いろいろな事があって、これに類することは一つどころではなく沢山ある。かつて邑楽郡の大谷林に立ち寄ると、松樹が生い茂り数十町も連なっていた。昔、上杉氏の遺臣大谷休泊が手植えした所である。君はすぐ自分から行って、その遠孫某と粗末な家で会い、祖先の功労をたたえた。そばで見ていた者はそのために涙を流した。

また言う、君の在任は十余年、常日頃から質素で、出入りに馬車には乗らず、家は古い家を修繕したのみで、ここにいると安心でき落ち着いていられた。

県民は君を慈父母のように慕い、去るに臨み道を遮《さえぎ》って、老いも若きも留任を求めた。送る者は数千人、惜別の情に耐えられなかった。ああ君は真に古《いにしえ》の良二千石《りょうにせんごく》に恥じない者である。よって辞で頌える。

詩経は民衆が立派な為政者を心から慕う愛の歌を詠み、千年良い匂いを流す。書経は君子と民衆の徳を掲げ、遠い昔から輝いている。

民を奮いたたせ徳を育み、見えない徳を現し、ひどい荒れ地を必死で開く。人として常に守るべき道はすでに明らかで、学校を盛んに起こす。

男は耕作に従事し、婦人は機織りに勤める。老人は安心し、少年は親しみ、すでに衣食がある。義にかなっていれば、政治が安定し、訴訟が無くなる。多くの人が言葉を言いはやす、ああこれは誰の力かと。

残した慈しみが村々にあれば、どうして生祠《せいし》を求める必要があろうか。人の美徳を誉めたたえることに終わりはなく、ここに高い碑を見る。

重野は楫取の功績として、徳教の宣布、農桑に注力、社倉の設置、医学の奨励、古蹟の捜訪《そうほう》、先哲の顕彰を挙げている。第一に挙げた徳教は、本編で述べた「学校教育」と「修身説約」のことである。重野は、世情と当時の弊害を改めるため、「忠厚」「質実」で善導したと、儒学者でもある楫取の洞察力と先見性をたたえている。さらに学制の改変に関係なく、自らの信念を貫いたことも称賛している。

功績の第二に農桑があり、中でも繭糸の邦人の直輸出は、その発端になったと高く評価している。この直輸出の適任者に選ばれた人物は、若くて英語が話せる新井領一郎であった。

重野の辞は、楫取が儒学者であることを念頭に、詩経・書経に記された善政の故事を取り上げて、楫取の政治信条を評価。続いて楫取の重要政策に関しては、徳育により人民の意識が変わり、学校が盛んになり、農業・機業《きぎょう》に取り組み衣食が足り、この結果として世の中が安定したと、成果を称賛している。

楫取君功徳碑賛助人名の石碑

功徳之碑の左側には、賛助者の郡市町村名毎に、姓名、企業名、有志者等を刻した「楫取君功徳碑賛助人名」の石碑（口絵参照）があり、『大日本宝鑑　上野名蹟図誌』には、賛助者数千人とある。姓名は今でも判読可能である。例えば、「山田郡桐生町　佐羽吉右衛門　書上文左衛門」は、桐生の大商人で、北小の新築に尽力した人でもある。「黒保根村　星野長太郎」は、前出の新井領一郎の実兄であり、新井は、「在米国紐育　新井領一郎」とある。「紐育」は、アメリカのニューヨークのことで、直輸出の拠点となった地である。

　この碑にはその他にも多数の賛助者名があり、楫取が群馬県の原点・礎《いしずえ》を作ったと、多くの県民に感謝されていたことを物語っている。

楫取素彦の足跡を記す説明板　功徳之碑の側に楫取没後100年を記念して設置。平成24年８月14日の銘がある。

あとがきにかえて

群馬県の原点をつくった楫取

鳥羽伏見の戦い、戊辰戦争を経て、明治の世は少しずつ落ち着いてきた。平和な時代を迎えると、戦争より人々の生活の安定・向上を図ることが重要で、為政者《いせいしゃ》にはそのような能力、人格ともに兼ね備えた人物の登用が求められる。

楫取が明治七年七月、大久保から権令就任を要請された熊谷県、中でも上野国は、昔から人情が荒々しくて、常々難治と言われてきた土地柄である。一方当時の代表的な輸出品である生糸の生産高は、上野国が日本一だった。

殖産興業を推進し、生糸輸出で外貨獲得を考えていた大久保は、この上野国を統治するに当たっては、強権で臨めば人々の反発や混乱を招きかねないので、徳治で民心の安定を図り製糸業を盛んにするのが得策と考えたのではないだろうか。そこで白羽の矢が立ったのが楫取だろう。難治の国を徳によって治めるという壮大な試みとも言える。

楫取が権令に就任した同時期、大久保から酒田県県令就任を要請された人に、三島通庸《みしまみちつね》がいる。三島は薩摩出身で明治七年十二月、酒田県令に任命され、その後鶴岡県、山形県、福島県、栃木県県令を歴任している。三島は殖産興業のために、道路や都市建設の土木工事に、半ば強制的に県民を徴用した。また、騒動を強権で鎮圧したことでも知られている。楫取の徳治に対極的な強権政治とも言えよう。大久保は酒田県の民情や土地柄と、三島の性格、人間性を斟酌《しんしゃく》して適任と判断したことであり、何れの県でも成果を挙げているのは事実である。上野国の民情から判断して、他県と同様な成果を挙げられたか否かは判断のしようもない。いずれにしても、本書で記した楫取の県政は、前橋住民の評価とも言える送別の辞、功徳之碑で称賛されている通り、徳治をベースにしたことにより、民情が安定して産業が発展し、正に群馬県の原点が作られたと言っても過言ではなく、楫取を推薦した大久保の期待に十分応えたと言えよう。

楫取への興味関心

話は戻るが私が楫取を知ったのは、吉田松陰に興味があった十年前の頃だった。たまたま読んだ資料に、小田村伊之助または楫取の名があり、群馬県師範学校の創立に関わっていたことが記されていたと記憶している。それまで読んだ松陰関係の本の中で、楫取の存在に気づくことは全くなかった。そこで更に調べてみると、群馬県の初代県令を務め、松陰の友人であり、松陰の妹を妻とし、松下村塾にも関係ありと、私の興味をそそるキーワードがいくつもあり、私の興味は松陰から楫取へ、二人の交友関係へと移っていった。そこで、次のような疑問を持ちながら自分なりに調べてきた。

○　松陰の考えや実践が、楫取の県政に影響を及ぼしているか。

○　楫取が名県令と称賛されるのは、群馬県時代の八年間であり、なぜ群馬県民に慕われたのか。

松陰の影響について

まずは、松陰の考えや実践が、楫取の県政に及ぼした影響について考えてみたい。

一　至誠を大事にしたこと

「至誠」とは「人には真心をもって接する」と言うことである。楫取は江戸へ送られる松陰から、孟子の言葉「至誠而不動者未之有也」を送られた。松陰は評定の場で我が至誠が伝わるか否か、身をもって試そうと決意したのである。楫取もこの「至誠」を県民と接する時の根本姿勢にしたように思う。

楫取が県令を退任する時、身近な前橋市民から送られた送別の辞に、「閣下ノ来テ県治ヲ施サルヽヤ、一ニ至誠ヲ推シテ人心ニ及ボシ、寛裕以テ下ニ臨ム」とあり、楫取が至誠をもって県民に接したことを称賛している。楫取は元々至誠の人であったが、松陰からこの言葉を贈られて、一層銘記したのではと思う。

一　人権を尊重したこと

松下村塾は、農民・武士・商人などを差別することなく塾生として受け入れた。また、松陰は登波《とは》を烈婦《れっぷ》とたたえている。登波は夫を負傷させ、父、弟、夫の妹を殺害した仇を討つため、長年国々を回り捜し続けた女性である。松陰はこのような登波をたたえるため、自宅に呼んで話を聞き、更に泊めてもいる。身分差別が厳しかった当時、身分の低い登波にこのように接することは考えられなかったようであるが、松陰には身分を度外視する人間愛があったのである。また登波への対応のように、女性に対する差別意識も毛頭なかったのである。

楫取は公娼を全国に先駆けて廃止した。最初ということは人権意識が高いということの表れである。また、教育においても「婦女子者教育之母」という理念のもと、女子教育の充実に取り組んだ。これらのことは、松陰の人間愛や人権尊重、具体的実践の影響と考えられないだろうか。

一　**個性、能力に応じた教育を重視したこと**

松陰は時と場に応じて、塾生に必要な内容を、能力に応じて指導したそうである。楫取は小学校を卒業した生徒の学び舎として、県立中学校を設けて人材育成に取り組んだ。進学する優秀な卒業生を援助してもいる。

西南の役の終結後捕虜の処遇として群馬県では、釈放後の生活の糧を得る技術を身に付けさせることを重視した。多くの捕虜が、群馬県の先進的な養蚕技術の修得を希望したそうである。何を修得するかを捕虜自身に選択させたのは、楫取の考えを理解して取り入れたと考えられる。

一　**率先垂範を心掛けたこと**

松陰は冬の東北を遊歴したり、アメリカ船で海外渡航を企てたり、自分が正しいと思ったことは自ら実践した。だから松陰の語る言葉には説得力があった。

楫取も教育の奨励、産業の育成のため、あるいは実状を確かめるために、自ら県内の学校、史跡、工場等に出かけて人々を鼓舞《こぶ》して回っている。

群馬県民に慕われた理由

楫取が県民に慕われたということは、楫取の徳治をベースにした県政が、多くの県民の期待に応えたものであったということだろう。

楫取の県政を知るためには、楫取の県政と儒教の教えを対比して検討するのが一つの方法だ。儒教の経典である四書の一つ「中庸《ちゅうよう》」には、徳治の基本原則を述べた「九経《きゅうけい》」がある。「中庸」の第二十章にある「天下国家を為《おさ》むるに九経あり。曰く、身を修むるなり。賢を尊《たっと》ぶなり。親《しん》を親しむなり。大臣《たいしん》を敬するなり。群臣を体《たい》するなり。庶民を子《こ》とするなり。百工を来すなり。遠《えん》人《じん》を柔らぐなり。諸侯を懐《なつ》くるなり。」である。楫取は、この言葉を当然熟知していたはずである。楫取の県政に取り組む姿勢を調べていくと、正にこれらを念頭に置いて、実践したと思える。そこで群馬県民に慕われた理由について、この九経のいくつかの観点から、楫取の政治姿勢、実績、人間性について考えてみたい。

一　身を修むるなり

我が身を正すことである。欲望を抑えて奢侈《しゃし》に走らず、県民の手本となるような私生活を送ること。

難治と言われる上野国を治めるためには、まず我が身を修め、県民の模範たらんと考えたであろう。楫取の持論に「管轄地内にはわずかな土地も所有しない」ということがある。そして「その志を明確に示す」ことを誇りとした。この信念に基づいて、楽水園は所有せず、磯部の僅かな別荘地も県令退任後に取得した。他人に疑念を抱かれるようなことはしない、これが楫取の為政者としての信条だった。これに反して楫取は、寄付をよくした。火事の見舞い、多胡碑所在地の築園費用、畊堂庵の建築、大谷休泊の墓の修復等がその例である。

公的には臨江閣新築の例がある。これは転任に際して、置き土産として新築しようとしたのであり、在任中には建築のことは口に出さなかった。これも楫取の無欲恬淡《てんたん》な性格を物語るものだろう。

楫取は松陰から「老兄の気力・詩力・酒力、皆僕の当たる所に非ず」と、たたえられている。楫取は酒に飲まれることはないという意味であろう。県令就任後、開校式、懇親会等の飲酒の機会は多々あったが、酒で失敗したことに触れた資料は全くない。弟の松田謙三は、酒で度々失敗し、楫取から家への出入りを禁止されたことがある。飲酒では、慎重を旨とし、自戒を忘れないようにしていた。

また修身説約を教科書にして、県民の教化を図ろうとしたのは、県民が自ら律することができるよう期待してのこと。

一　**賢を尊ぶなり**

賢者を尊敬し、その助言、智慧を県政に生かすことである。

代表的な人物は、堀口藍園である。藍園は儒学者、教育者、職人でもあり、知識人との交わりが多かったので、民情に精通していた。楫取は、度々訪問してアドバイスを受けていたようである。

一　**親を親しむなり**

親兄弟をはじめ、親族をないがしろにしないことである。

楫取は病魔に侵された寿を献身的に介護し、最新の医療や薬を用いてきた。この姿から、寿を愛し大事にしてきたことが分かる。楫取の献身的な態度は、身近な人々の心を打ち、楫取の理解者、協力者を増やしたことだろう。また、寿の健康状態を萩の義母・瀧や義兄民治へ度々知らせており、肉親の情を大切にしてきたのである。これは、まさに「斉家」の実践であると思う。

一　**大臣を敬するなり**

重要な部下に対して敬意の気持ちを持つことである。

この代表的な実践例は、娼妓廃絶を決める過程に見られた。楫取は県議会から娼妓廃絶の請願書が提出されると、庁内最高幹部や各郡長まで諮《はか》り、忌憚《きたん》のない意見を求めた。更に県会常置委員へも諮問して意見を求めた。それらの意見を尊重して次の段階へと進み合意を形成して、日本で最初の公娼廃止を実現させた。

一　群臣を体するなり

部下を使う場合は、その気持ちや立場に配慮することである。

待堰と矢場堰の統合事案では、土木係の磯村応、木村保長、中原復亮の三人に任せている。楫取は統合という方向性を示すが、実際の調整は実務家に任せた。重大案件を任せられれば、信頼に応えようと奮起しない者はいないだろう。

また、楫取が中原の就職を岩鼻監獄の近藤に依頼した手紙を見ると、言葉は丁寧で就職を強要するような文面ではなく、相手の立場、裁量を尊重していることが読み取れる。

一　庶民を子とするなり

県民を我が子のように大切にすることである。

楫取は度々県内各地を巡視している。これは県民の声を聞くためだったとも考えられ、県民の生活実態を知るよう努めた。

楫取は娼妓及び貸座敷営業を廃止するために、六年間の猶予期間を設けた。これは娼妓や業者への配慮と考えられ、転職、転業を確実にさせたいという強い思いがあった。

西南の役の終結後、戦没者の霊を祀る祭典を挙行し、求められれば戦没者を慰霊する文を作り続けた。蛤御門の変や萩の乱で、多くの身内を失った楫取は、遺族の心情を理解することができた。

県令を退任するに当たって、二つの送別の辞を送られた。それには楫取の統治姿勢について、「至誠ヲ推シテ人心ニ及ボシ、寛裕以テ下ニ臨ム」「善ク時勢ノ赴ク所ヲ視、人心ノ嚮フ所ヲ察シ」とある。楫取の至誠が県民の心に届き、県民には広い心で接したという。また、時勢の向かうところをよく見て、県民の気持ちを察したと称賛されたのである。楫取は幕末の長州藩と幕府との葛藤の中で、二回も死を覚悟している。しかし、生かされて今があることを自覚しているからこそ、県民に優しく接することができたのではないだろうか。体験に基づいて儒学者としても大きく成長し、正に仁を実践したのである。

一　百工を来すなり

様々な技術者を招いて産業を活性化することである。

これは正に殖産興業の振興に他ならない。楫取は直接産業に関わることはしなかったが、東京・高崎・前橋間の鉄道建設、渡良瀬川の待堰と矢場堰の統合、富岡製糸場の存続に尽力した。また、生糸の直輸出のために、渡米を決心した新井領一郎を精神的、経済的にも援助した。このように、商業、農業、工業等を活性化させるため、その基盤整備に熱心に取り組み、群馬県の原点をつくった。

最後に

これまで楫取の人間性、治績、交友に関して、資料に基づいて記してきた。その資料を探して、県内の図書館を訪ね回った。当初は知ることが多かったが、次第に目新しいことが少なくなり行き詰まった。この段階で、楫取自身の考えを知るためには、楫取が書き残した文を読み込む外はないと気が付いた。しかし、いざ取り組んでみると、楫取の文章は漢文で、手紙は行草体の文字が多く、難解で悪戦苦闘の連続であった。何とか読み続けられたのは、楫取への興味が強かったからだろう。

このようにして集めた断片的な資料でも、時系列に並べてみると、相互の関係が少しずつ分かって、自分なりの筋道（仮説）が思い描けるようになった。さらに別の資料から得られた情報を加えると、筋道がより明確になり文章化するのが楽しく、また面白くも感じられるようになった。この充実感、満足感も、調査を長続きさせた。

文章化する際念頭にあったのは、当然のことではあるが、資料に基づいて事実を書くことであり、根拠も無いことは書かないということであった。書き進めるにつれて、行動の背景にある楫取の考えを推察するには、楫取の政治姿勢の根本を成す儒学についても、広く深く学ぶ必要があるとも実感した。今後の課題としたい点である。

また、松陰が楫取に宛てた手紙の中で、「老兄の気力・詩力・酒力、皆僕の当たる所に非ず」と、たたえていることを念頭に、「詩力」を明らかにしたいとも考えた。そこで楫取の詠んだ数多い漢詩、和歌の中で、時と場が特定できるものは、本文中に引用することにした。漢詩や和歌には、その時々の楫取の思いや心情が詠み込まれており、楫取を理解するのに、大いに役立つと思ったからだ。このような意図で、漢文、漢詩、和歌の意訳も記すよう努めたが、果たして楫取の思いを理解できたのか甚だ不安でもある。

浅学非才故、日本の歴史や文学、儒学に関する認識不足、資料の読解不足などが多々あると思うので、ご批正をいただけたら幸いである。

最後になりましたが、本書の執筆・発刊に際して、県内外のたくさんの図書館、博物館、教育機関等、楫取能彦氏や楫取に縁のある方々から、貴重な資料や写真を提供していただいたことに、心より御礼を申し上げます。

また、本書の発刊に際して、親身に助言してくださった上毛新聞社事業局出版部・参事の後藤信氏に厚く御礼を申し上げる。

平成二十七年二月吉日

畑野孝雄

引用・参考文献

『赤城村　津久田区有文書』　群馬県立文書館　一八八二年
『安積艮斎』　安藤智重　歴春ふくしま文庫　二〇一〇年
『安積艮斎と門人たち』　福島県立博物館　二〇〇一年
「安積艮斎門人帳」『授業録三続』　安積国造神社蔵
『安中市史』　全巻　安中市　二〇〇〇年～二〇〇二年
『維新実録　尚翁茶話』　小森谷啓作　一九二三年
『磯部温泉誌』　安中市観光協会　一九八二年
『磯部鉱泉繁昌記』　山本有所　一八八六年
『海を渡った幕末明治の上州人』　萩原進・他　みやま文庫一〇四　一九八七年
『学校沿革誌』　共六冊第貳号　明治十七年　学校沿革史材料　新田郡　群馬県立文書館蔵
　共六冊第参号　明治十七年　学校沿革史材料　碓氷郡　群馬県立文書館蔵
『楫取家文書』　全二巻　日本史籍協会叢書　復刻再刊　東京大学出版会　一九八四年
『楫取素彦書簡（杉民治あて）』　萩博物館蔵（杉家寄贈）
『楫取素彦と幕末・明治の群像』　萩博物館　二〇一二年
『関東を拓く二人の賢者』　韮塚一三郎　さきたま出版会　一九八七年
『木戸孝允関係文書』　第三巻　東京大学出版会　二〇〇八年
「木戸麟覚え書」　丸山知良『群馬県史研究』八号　一九七八年
『絹と武士』　ハル・松方・ライシャワー　一九八七年
『桐生市教育史』　上巻　桐生市教育委員会　一九八八年

「黒柿の雅帖」　峯岸六郎平『郷土渋川』第三号　渋川市郷土史研究会　一九七六年
『近代群馬の行政と思想』その五　一倉喜好　一九八八年
『群馬県教育史』第一巻・別巻　群馬県教育委員会　一九七二年　一九八一年
『群馬県警察史』第一巻　群馬県警察本部　一九七八年
『群馬県史』資料編十九　二十一　二十四　群馬県　一九七九～一九八七年
『群馬県史　明治時代』萩原進　一九五九年
『群馬縣史』第四巻　群馬縣教育會　一九二七年
『群馬県人名大事典』上毛新聞社　一九八二年
『群馬の漢文碑』濱口富士雄　二〇〇七年
『工部省記録』鉄道之部　明治十四年第壱号（巻二十二）書記局　一九六九年
『光明寺沿革誌』総本山光明寺　一九八二年
「故下村善太郎翁と未亡人」豊國學堂　豊國義孝『上毛及上毛人』第一九九号
『埼玉県史料叢書』七（上）埼玉県　二〇〇六年
『坂本龍馬の日記（上）』菊池明　山村竜也編　一九九六年
『修身説約　巻の一』群馬県立文書館蔵　一八七八年
『松陰先生にゆかり深き婦人』廣瀬敏　山口縣教育会　一九三六年
『尚古帖』小森谷啓作編　小森谷とく氏所蔵
『上毛新聞』群馬県立図書館蔵　一九一三年
『上州事始め』萩原進、丸山知良 他　みやま文庫六二　一九七六年
『上州の書』小野沢敏夫　一九八七年

『上毛忠魂録』　群馬縣　一九四〇年
「白根家文書」　芳賀明子　『埼玉県立文書館紀要』第十八号　埼玉県立文書館　二〇〇五年
『スケッチ群馬の学校一〇〇年』　上巻　一倉喜好　二〇〇五年
『鈴木貫太郎自伝』　鈴木一編　一九六八年
『大日本宝鑑　上野名跡図誌』　三巻　一九〇二年
『高崎市教育史』　上巻　高崎市教育委員会　一九七八年
『多胡の古碑に寄せて』　井上清　長谷川寛見　二〇〇三年
『館林市教育史』　上巻　館林市教育委員会　一九九五年
『男爵　楫取素彦の生涯』　公益財団法人毛利報公会　二〇一二年
『長州戦争』　野口武彦　二〇〇六年
『天皇陵の近代史』　外池昇　二〇〇〇年
『鳥羽伏見の戦い』　野口武彦　二〇一〇年
『富岡史』　富岡市役所　一九五五年
『富岡市史』　近代・現代資料編（下）　富岡市　一九八九年
『富岡製糸場誌』上巻　富岡市教育委員会　一九七七年
『富岡製糸場の歴史と文化』　今井幹夫　みやま文庫一八二　二〇〇六年
『中之条町誌』　第一巻中之条町誌編纂委員会　一九七六年
『沼田市史』　資料編三　沼田市　一九九八年
『野間清治傳』　中村孝也　野間清治伝記編纂会　一九四四年
『藤岡市史』　資料編　近代・現代　一九九四年

『復古記』第一冊　二冊　太政官編　一九二九年～一九三一年
『ふるさとの至宝』安中市の文化財　安中市学習の森ふるさと学習館　二〇一一年
『防州日記』福岡香華會編　一九二七年
『防長回天史』全十三巻　二〇〇九年
「薩長連合の発端」『防長史談会雑誌第四巻（第三十三号）』図書刊行会発行　一九七六年
「堀口文秤関係資料」神保秀正　『群馬歴史散歩』七十六号　一九八六年
「堀口藍園先生」田部井鹿蔵『上毛及上毛人』第八～十二号
『堀口藍園傳』荒木眞平　堀口藍園傳記刊行会　一九二〇年
『前橋高校八十年史』上　前橋高等学校　一九六四年
『前橋市教育史　上巻』前橋市教育史編さん委員会　一九八六年
『待矢場両堰土地改良区史』待矢場両堰土地改良区　一九九六年
『待矢場用水史』関根門三郎　一九五二年
『峯岸名誉教授教育功労記念会記念誌』峯岸米造　一九三八年
『宮城村誌』宮城村誌編集委員会　一九七三年
『村田清風全集』山口県教育会編　一九六一年
『明治あれこれ』新聞記事から見た近代群馬の明暗　みやま文庫八　一九六二年
『明治の新聞切り抜き帖』毎日新聞（群馬編）平田一夫　一九九六年
『保岡嶺南先生日記』其十九　前橋市立図書館蔵
『矢場川植木野区誌抄』梅澤弥三郎　二〇〇六年
『湯浅治郎と妻初』半田喜作　一九九四年

『幽嶂閑話』　林有章　一九三五年
『吉井町誌』　吉井町誌編纂委員会　一九七四年
『吉田松陰』　冨成博　一九八二年
『吉田松陰全集』全十巻・別巻　山口県教育会　一九七二年～一九七四年
『吉田松陰撰集』　松風会　一九九六年
『藍園詩鈔』　堀口貞歙張郷著　一八八五年
『類題和歌月波集』下巻　近藤芳樹編　萩市立萩図書館蔵　一八七四年
「群馬事件とその背景」　稲田雅洋　『歴史学研究』　四〇五号
「日本鉄道会社高崎線ヲ前橋迄延長スル議」「城多董宛て」『早稲田大学図書館　古典籍総合データーベース』

著者略歴

畑野　孝雄（はたの・たかお）

1952年　栃木県生まれ。現在は群馬県在住
1975年　群馬県内の小・中学校教諭
　　　　群馬県総合教育センター指導主事
　　　　小・中学校の教頭・校長を歴任
2013年　定年退職

至誠の人 **楫取素彦**

2015年 3 月20日　初版発行

著 者　畑野　孝雄

発 行　上毛新聞社事業局出版部
〒371-8666　群馬県前橋市古市町1-50-21
TEL 027-254-9966　FAX 027-254-9906